商业模拟

理论与实践

Business Simulation
Theory and Practice

王辉 著

经济管理出版社
ECONOMY & MANAGEMENT PUBLISHING HOUSE

图书在版编目（CIP）数据

商业模拟：理论与实践／王辉著．—北京：经济管理出版社，2024.4
ISBN 978-7-5096-9646-0

Ⅰ.①商… Ⅱ.①王… Ⅲ.①商业模式—研究 Ⅳ.①F71

中国国家版本馆 CIP 数据核字（2024）第 065367 号

组稿编辑：梁植睿
责任编辑：梁植睿
责任印制：黄章平
责任校对：王淑卿

出版发行：经济管理出版社
　　　　　（北京市海淀区北蜂窝 8 号中雅大厦 A 座 11 层　100038）
网　　址：www.E-mp.com.cn
电　　话：（010）51915602
印　　刷：唐山玺诚印务有限公司
经　　销：新华书店
开　　本：720mm×1000mm /16
印　　张：16.75
字　　数：279 千字
版　　次：2024 年 4 月第 1 版　2024 年 4 月第 1 次印刷
书　　号：ISBN 978-7-5096-9646-0
定　　价：88.00 元

·版权所有　翻印必究·

凡购本社图书，如有印装错误，由本社发行部负责调换。
联系地址：北京市海淀区北蜂窝 8 号中雅大厦 11 层
电话：（010）68022974　邮编：100038

推荐序

商业模拟教学是案例教学的延伸,是把案例分析的静态过程提升到学生直接参与决策的动态过程,属于"没有标准答案"的案例。

商业案例教学始发于20世纪20年代的哈佛大学商学院。作为世界上第一所高等商业管理教育(后来被称为MBA)专科学校的标志,商学院的教授们决定开发一种新型管理教学模式,即案例教学。

教授们选择把某家企业最近发生的重大事件或重要决策撰写成案例,让学生独立思考这些事件,并且令他们与同学讨论和比较其观点和发现,并最终得出自己的结论或解决方案。案例教学为学生提供了像管理者一样思考和行动的机会。哈佛大学商学院的学生经常会选择依靠案例而不是教科书或其他材料进行分析研究。后来,大型公司也使用案例方法来应对自己的挑战。案例教学法一直是哈佛大学商学院课程的支柱和应用最广泛的教学工具,同时也被全球顶级商学院的MBA学位课程和高管培训项目所采用。如今,案例教学成为理论联系实际的重要工具。

随着时间的推移,计算机技术发生了革命性变化,数字化商业模拟成为可能并得到了长足的发展。进入21世纪后,商业模拟达到了与案例教学并驾齐驱的程度。虽然战略模拟的历史可以追溯到公元前500年中国春秋战国时期的"棋盘推演"和在"二战"后美国兰德公司(RAND)对实战指挥控制系统的计算机模拟研究,但现代商业模拟则依然要首推哈佛大学商学院。1976年《哈佛博弈》(*Harvard Game*)的出版开启了计算机商业模拟程序在教学中的运用。商业模拟游戏通常要求参与者充当管理团队的成员，每个团队各自管理一家公司，为公司商业资源配置制定决策方案。这些决策信息根据一系列数学模型和外部环境(市场)输入计算机，计算机数学模型通过多周期迭代步骤进行市场公司间的博弈互动。模拟的经营成果以打印报告的形式由计算机产生。

  在过去20多年中，中国主要高校的商学院和培训机构开始引进和开发商业模拟教学。在我主持的西东大学中国MBA项目中，招收的学员是至少有五年企业管理经验的中层主管。为适应他们的需要，战略管理模拟(Strategic Management Simulation)被设立为毕业前最后一门综合训练封顶课程(Capstone)。王辉教授作为特聘导师和我共同主持这门模拟课程。我们在教学大纲中明确指出：商业模拟是为了商业实践，与军事演习是为了实战的道理一样。商业模拟是一个功能强大和可量化的平台。本书的设计是通过在线模拟来让学员们在虚拟环境下作为主管参与制定和执行战略并开展国际环境下的竞争。通过中央界面模拟互动，每个学习团队协作经营一家公司来和其他团队领导的公司进行多周期的竞争。通过模拟平台，学生学习制定和执行公司战略，提高领导和协作能力，提升使用各种信息管理技术的能力。对该项目600余名毕业生的问卷调查证明了商业模拟教学法收到了预期的效果。很明显，这门课的成功也得益于王辉教授对商业模拟教学法的深入理解和精益求精的指导。

  《商业模拟：理论与实践》这本专著是王辉教授十多年商业模拟教学实践的结晶和对模拟教学相关教育学理论探索研究的成果。美国著名教育思想家和哲学家约翰·杜威(John Dewey)反对传统的填鸭式教学，主张教育即生活，强调学生自主参与式教育。他提倡边做边学(learning by doing)、问题导向的学习(problem-based learning)、体验(hands-on)和批判性分析(critical analysis)等方法。这本书从学习成效、知识建构、能力培养及激励因素四个方面对模拟教学的理论基础进行了分析，引经据典，结合实际，深入浅出，其中引用了大量的统计数据和佐证资料，提高了分析的系统性和深度。同时，通读全书不难发现，本书的主要观点和杜威的教育理念高度契合。特别是第三章对如何通过商业模拟实现学员自主知识构建达到知行合一目标的分析，更令人耳目一新。

如前所述，商业模拟已经在中国高校和职业培训上得到了广泛应用。但到目前为止，对模拟教学的系统理论研究成果却很少，王辉教授为填补这个理论空白做出了令人瞩目的尝试。加强这方面的研究有利于这门学科的发展，有利于提高相关教学人员的理论水平和指导能力，也有利于学员更自觉地参与到模拟情景之中。

我在这里向对商业模拟教学感兴趣的同仁和同学们推荐这本书。

尹尊声　教授

西东大学(Seton Hall University)

前言
新技术带给教育的趋势与挑战

新技术引发的教育争论

据说史蒂夫·乔布斯与比尔·盖茨于2011年在讨论教育问题时，提出了一个很尖锐的问题：为什么信息技术改变了几乎所有领域，却唯独对教育的影响小得令人吃惊？"乔布斯之问"在教育界引起了巨大反响，有支持的，也有表示质疑的。其中，支持的观点认为该问题一针见血地指出了教育的问题所在，即目前教育根本没有跟上时代变化，变革与创新过于缓慢，对新技术发展趋势漠不关心甚至无所作为，没有自我创新与革命的勇气与智慧；质疑的观点认为乔布斯不太懂教育的本质与规律，在一定程度上夸大了信息技术的作用，教育不同于其他商业领域，信息技术作为一个工具，不能期望给教育带来什么革命性的变化。当然，也有一些人认为乔布斯的评价不客观，认为信息技术已经给教育领域带来了巨大的变化和进步。

作为身处其中的教育工作实践者，我对这些观点和感触均深有体会。一方面，我们应正视来自支持者的批评。我曾在网络上看到一个"说法"，说是如果一位古人穿越时光来到当下社会，面对如此发达的现代科技，估计他会难以适应和生存，但是如果他是一位教书先生，大概率还能站到讲台上继续讲课谋生。虽然这个讽刺带有一定的夸张性，但相对于创新成果日新月异的各行各业，教育领域的变革与创新发展确实受到了社会的众多批评与质疑。根据我个人近20年来的有限观察，尽管教育领域一直在改革和进步，但似乎并没有跟上人们的预期要求，甚至连学生的一些需求都没有跟上。一个不得不接受的事实就是，高等教育对于学生的人生成长尽管看上去不可或缺，但是其重要性却有明显弱化的趋势。另一方面，我也理解质疑者的观点，他们认为科技创新给各行各业带来了翻天覆地的变化，但不同行业的变革程度还是会存在差异，并且有些领域的问题并不是依靠高科技就能解决的，就像教育领域，信息技术这样的高科技更多的只能作为一种工具，它虽然在提高教学效率上发挥了作用，但就个人成长教育的复杂性与难度来说，其作用始终是有限的，甚至根本无法触及教育的一些核心问题。我个人对新技术的发展与应用一直抱有好奇、关注与期待，特别是在实践摸索商业模拟教学十多年后，对于新技术未来在教育领域的影响与变革作用，也有了一些自己的思考与想法。

新技术教学的实践反思

在分享个人的反思与心得体会之前，先说说自己与商业模拟的结缘过程，以及带给我的影响和改变。第一次接触商业模拟是在2007年的一次教学研讨会上，当时研讨会培训师让我们这些参会的教师分成小组学习使用一款在线模拟软件，该软件模拟经营一家企业，培训师会结合我们每个回合经营的结果与表现来讲解模拟教学。这次培训对我的影响颇深，记得当时培训师的讲课方式和风格非常新颖，整个学习过程强度大、注意力集中且引人入胜，这种教学模式与传统的授课方式明显不同，给我留下了非常深刻的印象。其中最有价值的事情是，这次模拟培训很好地引发了我从学生角度思考"如何学"以及从教师的角度思考"如何教"，而且这种思考也促使我进一步持续观察不同教学方法、模式及其效果。此后，我又找机会多次参加了一些此类的商业模拟教学研讨会。机缘巧合的是，我于2009年因到西东大学访学而结识了时任商学院副院长尹尊声教授，之后在尹教授的力推和主持下，西东大学在国内启动了MBA教学项目。尹教授当时便联系我推荐一款国内常用的"战略管理模拟"课程软件，并邀请我参与授课。我欣然答应并全力投入，后来该模拟课程给西东大学中国MBA班学生带来了良好的体验与反馈。与此同时，随着模拟教学的推广，我们学校的本科与 MBA 也陆续开设了相关的模拟课程，并且这些课程也获得了良好的反馈与评价。

通过十多年商业模拟教学的实践与摸索，我个人感觉在教学上有了许多重要改变，在这里简要分享几点，在本书接下来的具体内容中还能够了解更多、更详细的收获和总结：

第一，教学模式发生了改变：学生基于问题进行学习。与传统课堂的知识讲授相比，模拟教学围绕学生模拟经营过程中面临的决策问题展开，学习目标的重点并不是局限于记忆和理解知识，而是应用所掌握的知识来解决不断出现的问题，并在此过程中提升综合能力。在整个学习过程中，学习行为需要变得更加积极主动，学习成效在很大程度上取决于学生的参与程度。

第二，教师与学生之间的地位和关系发生变化：以学生为主，以教师为辅。在传统的课堂上，一般是教师讲学生听，教师像是主掌知识的主角，学生则是接受知识的配角。在模拟教学中，则反过来：以学生为中心和主角，教师作为辅助和配角，学习的主动权转移到了学生身上，教师则成为模拟学习的引导者与促进者。由此，教师与学生之间的关系悄悄地发生了变化，教师不再是占据知识的权威，学生也不再是听从教导的下属，而更像是能帮助解决问题的良师益友。

第三，促进教师教学能力的成长与转型，培养获得更综合的教学能力。传统教师核心的竞争力来自其积累的丰富知识和娴熟的讲课技巧。对模拟教学的教师来说，核心的能力来自其对学生所面临问题的理解与把握，并在此基础上运用自己的丰富知识与经验，循循善诱地引导学生学会分析和解决不断出现的问题。比起直接教知识和给答案，这个教学过程更加复杂，需要具备更丰富、更综合的教学方法和能力，在倾听、反馈和提问等诸多技能上需要不断成长和锤炼。

第四，教与学的良性互动更好地促进了教学的改革与创新。模拟教学在大多数情况下都是以互动的方式进行，包括人与计算机、学生与学生以及教师与学生的互动，这些互动能够从多个层面、多个视角来反馈教学的效果与问题，帮助教师找到教学改革与创新的方向。同时，由于这种互动具有的密集度、多样性与个性化的特征，非常有助于教师大量观察与分析学生的学习行为与成效，从而在教学改进上能更加紧贴学生的学习需求，也能更有效地实现教学相长的良性循环。

第五，模拟教学能带来良好体验与成就感。从学习的过程来看，模拟经营目标与成果的及时反馈与讨论，以及师生之间密切的互动与交流，能有效地带给学生即时反馈和激励。从学习的效果来看，学生不仅能够看到自己模拟经营的成果，而且在知识学习与能力训练上的提升也能够给他们带来更多的成就与信心；同时，教师也能够获得更强的成就感，一方面是学生成长带来的成就感，从学生的模拟互动表现与成果汇报中能够不断获得积极反馈，另一方面是自身教学能力的不断提升，能够不断强化自己的信心与成就感。

新技术趋势的一些期待

再回到我们开头对于新技术在教育领域应用与影响的讨论，对此我持有积极乐观的态度，并相信其带来的挑战将会促进教育进行更大的变革与创新。下面分享几点个人的判断和期待，抛砖引玉，邀请大家一起交流与讨论：

第一，新技术趋势下的高校教育模式与形态需要发生重大革命。高校传统的组织形式与运作机制在知识的研究与教学上曾经具有优势，也是人类社会最具成效的教学组织与运行模式，有效地促进了社会与经济的发展。但是随着新经济与新技术的发展，高校传统的教育模式与优势面临越来越多的挑战，未来的教育组织形式与运作模式需要更好地融合新技术的发展，来更有效地促进新经济与社会的发展。作为伴随人类工业革命发展而出现的产物，高校的传统教育模式有效地满足和促进了大规模工业经济发展的需求，但在新技术革命与新经济发展趋势面前，其优势正在衰减。高校不仅在一些知识领域的研究与生产上正失去其最前沿的阵地，同时在知识的传播与教学上，其效率也呈现明显的下降趋势，在一些领域甚至还与社会发展不协调，没有很好地去因应和满足社会发展的需求趋势。为此，我们相信教育领域的变革或革命将不会总是作为人们的一种期待或希望，在新技术的助力下应变成一种势在必行的行动。

第二，新技术将带给传统教学模式更多的创新与变革。新技术的发展正对传统的教学模式带来巨大的挑战与冲击。以商业模拟的发展为例，随着近几十年计算机技术的发展，商业模拟的建模技术不断迭代升级，其教学功能也获得了极大的提升与应用，在教育领域的影响力与日俱增，并且已经为我们展现了一个强大的教学平台，为我们传统教学模式的改革和创新带来了希望。我们可以观察到，类似的变革与创新不仅发生在高校，而且还发生在中小学，以及高校之外的教育组织机构，这些机构裹挟着新技术不仅开始对传统的教学模式与方法产生冲击和变革，同时在新技术的助力下，还正在逐步蚕食传统教学的领地。我个人开始有一种乐观的期待，随着大数据、云计算和人工智能等新技术的迅速发展与应用，未来新技术在教学领域的影响与突破也许会超乎我们的想象。

第三，新技术教学模式下教师的角色与作用需要重新定位。新技术在教学领域的应用不仅给教师带来了希望，也带来了挑战与转型要求。传统的教师在知识的生产与传播上一直具有优势，他们常年专注于知识生产与积累，通过教学实践不断提升教学能力，来保障和促进自己在知识与技能上的教学效率。但我们必须看到，未来教师所面临的挑战首先表现在传统的教学模式与效率上，新技术会以更快的迭代速度和效率提升，来超越并逐步替代传统教学的优势与功能。其次，未来的教育目标与教学范式将发生变革，为了应对来自未来复杂而不确定世界的挑战，知识学习将只是高校教育的一个基础目标，未来教育会逐步关注其他更能应对未来挑战的内容与目标，如"自主成长、问题分析解决、自我激励、创新精神"等素质和能力。由此，在高校的教育目标与功能发生变革的趋势下，教师的角色与作用也需要重新定位，其基本方向就是融合新技术来重新定位教师的优势与职能，以期能够为学生知识的学习与能力的全面提升带来更有效的成长。

第四，教师需要拥抱新技术变革和重塑自身的教学能力与优势。教育能否拥抱新技术实现变革与转型在很大程度上要落实到教师的态度与行为上。首先，我们需要拥有一个积极的心态。人工智能在20世纪打败一流国际象棋大师时，曾引起业界的恐慌，担忧行业发展将受到人工智能的冲击，但实际的结果是，由国际象棋手与人工智能组成的团队进一步引领和促进了行业的发展。因此，我们要积极拥抱新技术来提升综合的教学能力和水平，而非担忧和排斥。其次，我们要对新技术的变革效能有一个正确的认知。不能把新技术视作灵丹妙药，认为教育面临的问题在新技术面前将自然迎刃而解，实际上，这依旧是一个不断尝试与创新的过程，新技术用得不好甚至会产生负面效应。正确的方法是，要深入挖掘和开发新技术在各个教学领域的优势与潜力，就像商业模拟技术，该技术的迭代与升级蕴藏了未来巨大的教学变革优势，期待我们去研究和挖掘，本书正是在以上心态和认知驱动下做的一些粗浅尝试。

本书的主要内容与特色

模拟教学(或仿真实验)近年来在国内获得了长足发展，许多高校的经济与管理类专业都开设了相关的商业模拟课程，并获得了众多高校师生的欢迎。由于商业模拟课程教学在国内发展历程相对较短，探讨商业模拟教学的相关著作较少，本书深入梳理和探讨了商业模拟教学的理论基础与实践操作等层面的诸多主题，主要有以下几点特色：①追根溯源地挖掘商业模拟教学的理论基础与逻辑，深入探索商业模拟教学所具有的学习变革潜力。②结合最新的实践技术来打通教学理论与教学实践之间的衔接与匹配，追求商业模拟教学理论的可操作性。③知识与能力并重，不仅强调超越传统知识学习模式发展自主知识的构建，同时力主商业模拟的综合能力训练。④尽力借鉴与融合不同学科领域的研究成果，提升本书的学术性价值。

本书不仅对从事相关模拟教学的从业者具有借鉴与参考价值，同时对商业模拟学习者也具有很好的指导意义。本书内容主要有七章，内容主要介绍如下：

第一章：商业模拟发展与学习理论。主要对商业模拟的兴起过程进行了梳理与回顾，并对商业模拟的类型与特征的基本情况做了总结；然后阐释了商业模拟学习的理论基础，包括人本主义学习理论、建构主义学习理论、体验式学习理论与基于问题的学习等理论。

第二章：商业模拟的学习成效与变革优势。首先，在梳理现有学习成效理论的基础上，回顾和探讨了商业模拟的学习成效和研究成果；其次，对商业模拟的学习优势与变革优势做了重点阐释；最后，通过问卷调查来分析学生对商业模拟学习的认知、态度和行为。

第三章：基于商业模拟的知识学习与构建。首先，探讨了知识分类及其存在的学习问题，并提出了商业模拟在知识学习上具备的优势；其次，重点探讨了商业模拟在自主知识构建上的优势；最后，用一个案例分析和展示了商业模拟的跨学科知识学习与专业学习优势。

第四章：商业模拟学习过程的能力训练。主要探讨了如何通过商业模拟来训练学生的综合能力。为此本章在经典能力理论的基础上，从就业能力和创业能力两个目前高校普遍关注的主题入手，展开分析商业在这两种能力训练上具有的优势；最后，用一个实际的案例研究展示了商业模拟在综合能力训练上的优势。

第五章：商业模拟的学习机制。进一步探讨商业模拟内在的学习机制，前两节梳理和探讨了已有的激励理论与学习过程机制，最后一节通过案例研究，深入探究和分析商业模拟如何激励学生的有效学习行为。

第六章：商业模拟的教学设计与策略。从教师的教学设计角度探讨教学设计的重点策略，主要聚焦商业模拟较为重要的三个方面：体验式学习设计与策略、PBL教学方法的实践创新、商业模拟的教学反馈实践。

第七章：商业模拟教学实践技术与创新。从教学实施的角度探讨了一些重要且有效的教学技术及实践应用，主要包括商业模拟中的教练角色与技术、商业模拟中的引导角色与技术、商业模拟中的行动学习与技术。期望这些技术的引入能对传统教学方式实现突破和创新。

王　辉

2024年1月22日

目录

第一章	商业模拟发展与学习理论	**001**
第一节	商业模拟发展概述	001
一、	商业模拟的兴起与概念	001
二、	商业模拟的类型与特征	009
第二节	商业模拟学习的理论基础	013
一、	人本主义学习理论	013
二、	建构主义学习理论	016
三、	体验式学习理论	020
四、	基于问题的学习方法	028

第二章	商业模拟的学习成效与变革优势	**032**
第一节	商业模拟的学习成效	032
一、	教育目标与学习成效理论	032
二、	商业模拟的学习成效分析	040
第二节	商业模拟的学习优势与变革优势	043
一、	商业模拟的学习优势与比较	043
二、	商业模拟的学习变革优势	051
第三节	商业模拟的认知、态度与行为调研	059
一、	问卷调查说明	059
二、	学习态度与行为分析	060

第三章　基于商业模拟的知识学习与构建　　067

第一节　知识分类与商业模拟学习优势　　067
一、知识的内涵与分类　　067
二、知识分类隐含的学习问题　　071
三、商业模拟的知识学习优势　　074

第二节　商业模拟学习的自主知识构建　　080
一、跨学科专业知识的框架构建　　081
二、有意义知识的动态构建　　082
三、"知行合一"的知识自主构建　　083
四、元认知知识的评估与调节　　085

第三节　商业模拟的跨学科知识学习案例　　087
一、基于商业模拟课程的案例研究设计　　087
二、商业模拟跨学科知识学习案例分析　　088

第四章　商业模拟学习过程的能力训练　　107

第一节　就业能力与创业能力　　107
一、能力理论模型　　107
二、就业能力分析　　109
三、创业能力分析　　118

第二节　商业模拟的能力评估与训练　　125
一、商业模拟的能力评估优势　　125
二、商业模拟的能力训练优势　　131

第三节　商业模拟能力训练的实践案例　　139
一、基于商业模拟课程的案例研究设计　　139
二、商业模拟的能力训练：大学生案例　　140
三、商业模拟能力训练的重要观点　　151

第五章　商业模拟的学习机制　　154

第一节　商业模拟学习的激励因素　　154
一、基于需求理论的激励因素　　155
二、基于社会理论的激励因素　　157
三、基于奖赏理论的激励因素　　159
四、激励因素理论的整合分析　　160

第二节　商业模拟学习的过程机制研究　　162
一、商业模拟的学习过程模型　　162
二、商业模拟的学习机制模型　　166

第三节　商业模拟激励学习的案例分析　　168
一、案例研究说明　　168
二、激励学生的商业模拟特征　　170

第六章　商业模拟的教学设计与策略　　179

第一节　体验式学习设计与策略　　179
一、商业模拟体验学习过程设计　　179
二、商业模拟体验学习实施策略　　181

第二节　PBL 教学方法的实践创新　　185
一、PBL 的教学周期　　185
二、PBL 方法中的问题属性　　186
三、PBL 的问题设计与实施　　190

第三节　商业模拟的教学反馈实践　　194
一、教学反馈的内涵与构成　　194
二、教学反馈的层次与类型　　196
三、商业模拟教学的反馈策略　　198

第七章　商业模拟教学实践技术与创新　　200

　第一节　商业模拟教学者的角色　　200
　　一、传统教学的问题与困境　　200
　　二、商业模拟教学者的角色　　202
　第二节　商业模拟中的教练角色与技术　　205
　　一、教练的主要作用　　205
　　二、教练的重要技术　　207
　第三节　商业模拟中的引导角色与技术　　213
　　一、理解引导师及其价值　　213
　　二、使用团队有效性模型　　215
　第四节　商业模拟中的行动学习与技术　　219
　　一、行动学习的要素与价值　　219
　　二、商业模拟的行动学习实践　　225

参考文献　　231

附　录　　243

　附录一　不同教学方法的调研问卷　　243
　附录二　工商模拟教学问卷调查　　245

第一章

商业模拟发展与学习理论

第一节 商业模拟发展概述

一、商业模拟的兴起与概念

(一) 商业模拟的兴起

1. 商业模拟兴起的技术变革背景

"模拟"的技术与理念起源于"军事模拟","军事模拟"在中国两千多年前的《孙子兵法》中已有记载。后来,在国内外的军事战争中都开始运用沙盘模拟这一军事指挥与学习技术。军事沙盘是根据作战区域的实际地形图,用各种材料按一定比例制作出的缩小模型。这样就能运用军事沙盘形象来演示或模拟敌我在该区域的作战方案,来更好地演练作战战术,总结作战经验,制定各种可能的作战策略,同时还能用来培养军事指挥员,更好地提高各级军官的实际作战能力。

将沙盘模拟运用于商业学习的历史则相对较短,是从20世纪五六十年代才开始的。1956年,第一套名为"高级管理决策模拟"(Top Management Decision Simulation)的系统由美国管理协会开发出来,并开始运用到管理研讨会中,自1957年之后这套模拟系统开始运用到华盛顿大学的战略管理课程中。

商业模拟起初也经常被称为"商业游戏",后来这些"游戏"不断吸收能反映运用知识工作场景的元素,其逼真程度越来越高,在20世纪60年代开始被称为"商业模拟"(Hallinger and Wang,2020)。同时,在教学设计和应用上采用了互动式,并明确了从经验中学习(learning from experience)的价值。模拟和游戏为学习者提供了一个在安全环境中做决策的机会,以解决高度情景化和工作相关的商业挑战。学习者基于变化的环境做出模拟决策,然后获得相应反馈,这就能让其体验和看到他们决策产生的结果,从正反两个方面来反思他们的决策选择。指导老师进一步通过汇报总结和互动讨论来深化这些反思,以提高学习者将学习成果迁移到其他场景的能力。通过这样一种有挑战性的、逼真的和有场景意义的模拟实验学习,可以增强学生的学习动力和成效。

20世纪40年代,计算机技术的出现极大地加速了商业模拟的发展,基于计算机建模技术的商业模拟呈现出百花齐放的创新态势,不同机构都参与到商业模拟的开发与创新中。进入21世纪后,互联网技术的兴起又将商业模拟推向了一个新的发展阶段,各种在线商业模拟技术可以将各大范围内的参与者连接起来,促进了更多的交流与互动,带来了更多的挑战。随着网络带宽和5G通信技术的发展,虚拟现实、人工智能和大数据技术将加快运用到商业模拟软件的设计与运用中,这就能更好地模拟现实世界,可以为学习者提供一个沉浸式学习的商业模拟环境。

2. 商业模拟兴起的教育变革背景

商业模拟的兴起除了有赖于计算机技术的进步,还受到高等教育需求与理念变革的影响,尤其是进入21世纪后,社会对学生能力的要求开始改变,以应对新世纪的环境变革挑战。

首先,外部环境的变化要求毕业生就业能力的提升。就业市场环境发生变化,随着整个社会高等教育水平的发展,毕业生的人数逐年攀升,就业市场呈现"供过于求"的趋势,企业或组织对毕业生的要求不仅限于文凭,而且开始越来越看重毕业生实际能给企业或组织带来的效益。

其次,学生对教育内容的新需求。传统教育主要以传授知识为主要任务和目标,随着社会的发展,获取知识变得越来越容易,特别是通过互联网教育,人们现在无须坐在教室里就能方便和免费获得全国乃至全球的各类在线课程资源。因此，大学教育不是仅仅局限在知识传授层面，更要向知识的实践应用和知识的自主构建等方向发展。

最后，对学习的认知变革。人们对学习的价值越来越重视，学习不仅让人们更好地认知世界，更重要的是能够帮助人们更好地实践；学习不仅体现在知识的积累上，更要转换成我们改造世界的实践。因此，高等教育从强调知识的学习和记忆变为开始强调综合能力提升，并且力求将这种能力体现到相应的行动和实践中，实现知行合一。

3. 商业模拟在高校的应用兴起

自第一套"高级管理决策模拟"于 1956 年开发并开始应用于高校商科教学以来，模拟教学在全球商学院的应用获得了快速发展，企业、商业协会、教育机构和政府机构都开始开发出不同种类的商业模拟游戏。同时，一些调研显示，越来越多的高校开始采用模拟进行教学。1998 年 Faria 在美国随机选择的 236 所商学院进行调查，发现有 97.5% 的商学院使用了商业模拟。2004 年 Faria 和 Wellington 对北美大学 1085 位商学院教授进行调查，结果显示使用商业模拟教学的教授达到了 30.6%，有 17.1% 的教授以前使用过商业模拟教学。2015 年 Jain 对全球顶尖的 100 家商学院进行问卷调研，以分析模拟教学在商学院的使用情况，在接受调查的商学院中，有 87% 的商学院开设了包括模拟软件教学在内的课程。从这些商学院使用模拟软件的理由来看，近 2/3 的学校选择模拟课程，是因为他们认为模拟课程对学生将来的某些职业很有用；44% 的受访者选择的理由是，模拟被认为是商业分析职业的必要条件；被调查者选择的其他理由还包括满足学生的学习好奇心以及帮助学生更好地理解概率思维。

（二）商业模拟相关概念

从"模拟"的发展来看，该词本身在相关文献中包含的意义较为模糊，它有时和"游戏"一词混用，有时还关联"角色扮演"的概念，随着计算机技术的发展，又开始与"计算机模拟"联系在一起。实际上，我们在阅读一些与商业模拟相关的研究文献时，确实也会看到与这些概念相混淆或混合使用的问题。为此，本节我们对几个重要的概念进行阐释说明，然后对本书所探讨的商业模拟进行概念界定。

1. 角色扮演

角色扮演法是指在教学中设计现实世界中的一些真实问题场景,将该问题场景中出现的各种矛盾冲突呈现到学生面前,然后让学生扮演其中的不同人物角色,从不同的角色立场来分析和处理这些矛盾冲突,尝试不同的解决问题方法,以逐步培养学生解决问题的能力。

角色扮演法的理论认为每个人在社会中都要扮演一定的角色,该角色会表现出特定的个人情感、行为和思想,体现个体在社会中存在的独特性。角色的形成与个人所受教育、家庭与文化背景、社会制度规范等诸多因素密切相关。正确的角色认知可以帮助一个人更好地融入社会,并在社会中体现出更大的价值;如果缺乏恰当的角色认知和定位,就会在现实社会中与人互动交往时产生冲突与矛盾,甚至遭受挫折和失败。

我们在用角色扮演来进行教学时,通常会秉持一些基本的理念或前提假设,主要包括:①让学生去切实体验各种真实的问题情境,以体验这种模拟现实世界中不同角色的行为方式与特点;②当学生能够在情感和思维都全身心地投入到所扮演的角色中时,就可能有效地激其分析、判断、想象和创造等高层次的思维活动;③学生通过角色扮演的自我分析、反省和反思,就能较好地去检视个人的态度和行为,调整已有的价值和信念;④角色扮演者之间频繁的互动与协作,还能激发内心深处的真实情感与激情;⑤在角色扮演过程中做进一步的分析、讨论和评价,还能有效升华整个班级群体的互动学习高度,有利于共同建构知识体系和价值观念体系,提升整体能力体系。

一般来说,由于角色扮演的大多数情境都是基于人际互动技能需要而设计的,所以当主要的教学目标涉及这些技能时,角色扮演法在实现这些教学目标上就具有优势,主要包括:①提高学生的社会认知水平。在角色扮演中,学生获得接触和思考真实社会问题的机会,可以充分地体验不同角色与身份在社会生活场景中的态度与行为,以增强学生对社会现象的敏锐感和责任感,这是角色扮演法提升社会现象认知所具有的明显优势。②增强决策判断能力。在真实问题的模拟情境中,学生会遇到各种复杂的观点和意见,并面对形形色色的冲突与矛盾,在这个过程中学生必须运用情感和理智进行分析和判断,寻找解决方案和做出决策,从而提高自己的决策和判断能力。③促进人格自我完善。学生在角色的扮演过程中会体验到所演角色的需求、情感和意识，同时还可以与自己个人的情感、意识和行为进行比较和审视，这一定程度上会促进学生本人和所演角色之间的心灵碰撞，这种比较与体验可以冲击原来的思想与价值体系，给学生带来深刻反思，是一个促进人格自我完善与发展的契机。这个过程实际上也是学生进行社会化的一个过程。④有助于教师了解学生。在学生扮演角色过程中将充分展示其对角色的理解和问题解决的态度与方法，教师借此可以探视学生的内心世界，了解学生在情感、态度和价值观等方面的表现，以及可能存在的一些潜在社会行为问题。

2. 游戏化学习

游戏在教育领域中的应用早在20世纪80年代就引起了关注，"游戏化"(gamification)这个专用术语被提出，并被定义为在教育情景中游戏设计元素的应用(Deterding et al., 2011)，或者是被定义为在教学中通过游戏思想和游戏机制的应用来实现教育的目标。在游戏化学习之前的一些术语还包括"基于游戏的学习"(Game-based Learning, GBL)、"教育游戏"(education game)和"严肃游戏"(serious game)。因此，游戏化学习运用了娱乐电子游戏中的许多重要属性，例如游戏背景与故事情节、游戏机制与规则、沉浸式的交互体验、挑战和风险、竞争和结果等。游戏化学习利用游戏元素的融合设计来协助教学实施，但并不要求改变教学内容与目标，而是想借鉴游戏的乐趣，让学生对学习内容和过程有更大的兴趣和投入，从而实现更好的教学效果。

在游戏化学习中，我们需要关注三个核心概念：乐趣、激励机制和过程追踪。首先，乐趣是游戏化的核心要素，游戏化设计的一个重要目的是借鉴游戏机制让学习者在各种学习情境中感受到乐趣。其中，有四个因素得到了关注：艰巨乐趣(hard fun)、轻松乐趣(easy fun)、情感状态(altered states)和人际因素(the people factor)(Lazzaro, 2004)。艰巨乐趣是从有意义的挑战、战略或困惑中克服困难和障碍后获得的乐趣；轻松乐趣是指用模糊、不完整和细节来吸引学生注意力以获得享受和沉浸于游戏的乐趣；情感状态是指通过游戏体验将感知、行为和思想结合在社交环境中，从而产生情感和其他内部感觉，最常见的是兴奋和宽慰；人际因素是指将游戏作为社交体验的机制，享受着娱乐、幸灾乐祸和满足等情感，这些情感来自竞争、团队合作的社会经验，以及与他人一起游戏所带来的社会联系和个人认同的机会。Lazzaro 认为，人们玩游戏是为了改变或构建自己的内在体验。一些人喜欢让自己的大脑充满与工作或学校无关的想法和情绪，其他人则喜欢迎接挑战和机会来测试自己的能力。有些人喜欢逃离现实世界，逃避社会规范。几乎所有人都喜欢挑战和全神贯注的感觉。游戏的刺激和放松效果也非常吸引人，有些人可以利用它的治疗效果来获得看问题的"新视角"；对另一些人来说，游戏仅仅是为了获得放松、满足，或者知道自己做正确了的一种成就感。

其次，从行为学机制来看，游戏化与奖励的激励机制密切联系。游戏化通过提供各种形式的奖励机制来改变用户的行为。奖励从不同的方式来看，可以表现为多种形式，例如，有形奖励和无形奖励，意料之中的奖励和意料之外的奖励，无条件奖励和有条件奖励。奖励无所谓好坏，关键是在教学设计中能让学生感觉到意义，并能为此付出努力。

最后，在游戏过程中，对完成目标的过程追踪是非常重要的，这一点也类似于教育中的反馈。因为"好的反馈是给予学习者指导大纲，并且这个大纲能够帮助他们在未来的学习中提升自身优势。过程追踪就是为了起到一个里程碑似的作用，记录每一步采取的措施，以及下一个步骤可能的选择"(刘俊和祝智庭，2015)。

3. 计算机模拟

计算机模拟的发展首先源自近几十年来人类在计算机技术上的突飞猛进。从 20 世纪 50 年代末到 60 年代，美国科学家为了满足航天技术的需求，发明了一种可以模拟复杂系统行为的混合计算机。计算机模拟技术本质上可以视为一种描述和量化具体事物的方法及方法论。根据 Feinstein 等(2002)提出的观点，计算机模拟就是使用符号模型，试图利用数学或简单的物体表征来复制系统的特征，其中系统的功能实体的相互作用是用符号、文字和数学来描述。计算机模拟技术之所以能在各个领域流行并得到重视，主要是可以对真实的物理世界或社会环境进行模拟，一定程度上能够为现实实际问题提供有效的解决策略。

计算机模拟技术的发展已由早期的工程技术领域向其他领域拓展，如社会经济、环境生态、能源、生物医学、教育等非工程领域。例如，"在教育领域，计算机模拟技术为教学提供了丰富的图像和音频，教师可以根据自己的教学需要进行教学，并通过计算机模拟技术使课堂内容更加生动，使学生易于接受。基于计算机模拟硬件和软件等综合技术，可以模拟出一个有利于学生学习的虚拟环境或情境，将虚拟和真实融合在一起，让学生能够在游戏化的实践中迅速地吸收和积累经验"（恽亚刚，2021）。

计算机模拟技术在教育领域之所以得到重视，是因为还发展出了其潜在的教育逻辑和理论。首先，模拟训练与传统教育相比，更着眼于训练人，传统教育的重点是强调一些事实性信息的学习，而模拟训练更强调"练习、决策、沟通技巧和做工作"。如果说传统教育关注最终的"产品"，模拟训练更关注这个产品的"生产过程"。模拟训练的目标需要完成与给定组织角色相关的一定范围内的任务和职责。作为一个成功的角色执行者，其所需要的知识和技能通过各种方式从培训师传授给受训者，这超越了知识的获取，进一步发展了批判性思维能力、提出好问题的能力，以及如何找到答案的能力（Corsun，2000）。

其次，是对情境学习（situated learning）的认知，即人们已经将知识视为个人与外部环境之间的关系，并开始反对存在的与一般情境无关的认知技能，主张高度情境化的学习方式。这些观念接近了解释学的立场，即知识不是天生的，它不是附着在我们都可以获取的一个特定对象上，而是存在于这些对象之间的交互作用过程中。按照这种逻辑，与人际相关的知识只存在于人与人的互动之中。因此，一个更有效的教学技术可能是让学习者在一个模拟的环境中，通过自我发现的过程来获得动态知识，而不是仅仅通过分析静态的事实数据获得知识。越来越多的研究人员认为，这种学习理念和方法也许是更有效的，因为人们"通过行动来学习行动；通过生活来学习生活；他们从实践中学习做事；当反思自己的互动活动时，他们学会了理解自己的精神"（Hyman，1978）。

4. 商业模拟的界定

商业模拟的发展超过了半个世纪，但对商业模拟的探讨和认知仍处于一种演化状态中。一方面是商业模拟本身处于持续发展的过程中，特别是由于各种新兴技术的发展不断为商业模拟注入了创新元素，使得商业模拟不断创新与迭代，从而很难获得一个关于商业模拟的终极定义；另一方面则是商业模拟给社会带来的学习革命也处于不断发展与创新之中，随着社会的进步与生存环境的变化，我们需要发展更好的学习与认知提升方法和路径，在这个过程中，商业模拟不但与传统教育进行着一场竞争与融合的创新，同时还不断吸收新兴的教育技术与方法。要对商业模拟做出一个确切且稳定的界定并不是件容易的事，同时对一件不断处于发展和创新的事物做一个终极界定，不仅是不明智的，甚至还有作茧自缚之嫌。

尽管如此，我们仍需要一个较为明确的界定，因为这是本书讨论的一个基础或边界。Naylor(1971)对"模拟"有一个定义，即一种用特定类型的数学模型进行实验的数字技术，它用数字计算机描述了一个复杂系统在长时间周期内的行为。根据Crookall和Saunders(1989)的定义，商业模拟就是提供真实世界的情景，学习者制定战略和做出决策以解决问题。此类定义偏向于用学术语言来阐述，我们还可以站在学生实际使用的角度来理解，例如可以描述为：商业模拟就是用计算机技术来模拟企业经营系统，学生分组经营各自的模拟企业系统，并在同一消费市场上分别做出自己企业不同职能的经营决策，通过市场竞争来获得相应的经营成果。基于以上的简单探讨，在本书中，**我们认为商业模拟是运用计算机技术模拟真实的商业环境，运用于不同的商业教学领域，并在教学设计和实施的过程中，结合游戏化教学或角色扮演法等技术和方法，来更有效地实现商业教育的目标。**为了进一步让读者准确理解本书对商业模拟概念内涵的提炼与界定，我们需要进一步做如下几点的补充说明和解释：

（1）计算机模拟技术是商业模拟的基础技术。商业模拟作为一种教学技术，是多种教学技术和方法的结合，可以包括计算机模拟、游戏化教学和角色扮演教学等技术和方法，但计算机模拟技术是最基本且不可或缺的技术或工具。尽管有些商业模拟可以不应用计算机模拟技术，或者只将计算机技术作为一个简单的辅助工具，例如在一些实物沙盘模拟中，计算机的作用只是承担简单的财务计算或经营记录功能，甚至可以不需要计算机技术的辅助，此类模拟教学不属于本书商业模拟讨论的概念范畴。

（2）商业模拟在虚拟商业环境中来实现商业教育目的。基于计算机技术的建模目标是模拟真实商业环境，即其建模的核心目标是再现真实商业环境可能存在的商业逻辑与规则，以便让使用者可以更有效地理解和参与相关的商业行为与活动，从而完善和提升自身综合的商业知识和能力。因此，一些模拟非商业环境或情境的游戏软件或工具，尽管也可以用来实现一些商业教学目标，但不属于本书商业模拟讨论的概念范畴。

(3) 增加其他的教学技术和方法能有效地辅助和提升商业模拟教学。商业模拟教学的实施可以加入相关的教学技术和方法，如游戏化教学与角色扮演方法，实际上，越来越多的商业模拟系统设计本身已经嵌入了其他相关的教学技术和方法，以更好地辅助和提升商业模拟教学。同时，在实际的教学实施过程中，商业模拟教学还可以创新性地增加或融合其他相关教学技术和方法，但在本质上，这些教学技术和方法的运用建立在计算机模拟技术这一基础技术或工具之上。

二、商业模拟的类型与特征

如前所述，随着计算机技术的应用与普及，模拟越来越多地指的是基于计算机技术的模拟项目。在商业模拟领域也是如此，最早的商业沙盘模拟其实主要是实物沙盘，计算机只是起到辅助的计算作用，甚至完全可以用手工计算替代。但我们现在提到商业模拟时，更多的是指以计算机技术为基础的商业模拟。因此，以下所探讨的主要是以计算机技术为主体的商业模拟。

(一) 商业模拟的主要类型

自1956年第一套名为"高级管理决策模拟"的系统被美国管理协会开发出来后，商业模拟技术的发展呈加速之势。到1969年，已有190种商业模拟游戏被开发出来(Graham and Gray, 1969)，到1980年，这一数据达到了228种(Horn and Cleaves, 1980)。20世纪80年代，由于个人计算机的发展，基于个人计算机的模拟技术迅速发展并成为主流(Summers, 2004)。尽管商业模拟获得了长足的发展，但是要对其进行分类并不是一件容易的事，就像一些学者分析后发现，"从模拟/游戏的本质属性来说，模拟/游戏领域一直无法创造一个普遍接受的类型，更不用说分类了"(Wolfe and Crookall, 1998)。为此，下面将分别基于使用者和设计者的视角来对商业模拟进行归类或概述。

1. 基于使用者视角的分类

从使用者或教学的角度看，商业模拟可以有多种分类方式：①按专业学科来分，例如会计、市场营销、企业战略、企业家精神和国际经营。

按专业学科分类的优势与现有工商管理学科与专业的设置相对应，很容易被使用者(教师和学生)所理解和实施。目前按专业学科设计的商业模拟系统也是使用最为广泛的，其只需要提供较简单的培训和学习就可以运用到现有的课程或新建的课程中。②按行业来分，例如酒店服务、航空航天、电力和银行业。行业类模拟系统的发展也较为迅速，这些按知识应用场景来设计的模拟系统非常具有适用性，特别是对某些专业的学生来说可以作为一种实习培训软件使用，尤其是对于注重实务操作的教学课程来说，这类模拟软件具有其独特的优势。③按范围来分，例如职能模拟、企业综合经营模拟和整体经济系统模拟。职能模拟只限于某个职能的知识和操作，如市场营销模拟，其主要聚焦于营销管理领域的理论与应用；企业综合经营模拟则会拓展到企业整个的经营管理系统流程，例如研发、生产、库存、市场营销、人力资源、物流、财务等多个方面；整体经济系统模拟则可以拓展到整个价值链，包括价值链中的主要供应商、生产商和服务商，以及相应的辅助支撑系统，如中介服务、金融服务和工商服务等。④按模拟难度来分，有简单系统和复杂系统。这主要涉及模拟所涉及的变量，同样是一个企业经营系统，简单的企业系统只需要模拟几个决策变量，但复杂的企业系统则可以涉及几十个决策变量，并且有些模拟系统还可以根据使用的需求自行进行设置，以适应不同层次学习者的需要。⑤按依赖关系来分，有独立企业系统和跨企业互动系统。这种模拟系统主要体现在模拟的子系统之间存在的交互关系上，独立企业系统一般在各个子企业系统之间的关系较弱，其主要与外部环境进行互动；跨企业互动系统则更侧重于子企业系统之间的互动关系，体现了参与者之间的直接博弈关系等。

2. 基于设计者视角的分类

从设计者或商业模拟的建模技术来看，也可以分为多类：①离散事件模拟(Discrete Event Simulation，DES)，就是根据事件在离散的时间点上变化的规律，来预测系统变化的建模方法。这些事件所发生的时间或是我们提前制定好的，或是受到其他事件的影响而发生，或是在某些条件到达的时刻发生。总之，一定能根据规律找到事件发生的那个时间点，而这些时间点就是我们预测系统变化的依据。DES可以用于交通管理、生产调度、资源利用、计算机网络等系统的模拟设计。②蒙特卡洛模拟(Monte Carlo

Simulation，MCS)，即以概率为基础的一种方法，其原理是将具有概率特征的问题或事件，通过计算机模拟的方法来产生抽样结果，基于抽样数据来计算统计量或者统计参数；基于足够量的模拟数据，通过计算统计量或参数估计值的均值，来获得一个较稳定数值的结论。MCS是以高容量和高速度的计算机为前提条件的，因此随着计算机技术的发展，该方法的应用越来越广泛。例如，其可用于风险管理知识领域中的定量风险分析过程，是项目定量风险分析的工具之一，同时也可以用于估算进度或成本以及制定进度计划等。③系统动力学(System Dynamics，SD)模拟，是为分析生产管理及库存管理等企业运营问题而提出的，主要基于系统行为与内在机制之间的紧密依赖关系来理解问题，并建立数学模型来模拟系统要素之间的因果关系。SD将组织中的运作表示为多种流，包括"订单流、信息流、人员流、资金流、设备流与物料流等，这多种流构成了组织运作所包含的基本结构"(张连峰，2016)。④基于代理模拟(Agent Based Simulation，ABS)方法。ABS最初是在20世纪80年代发展起来的，在计算机科学、软件开发、控制系统和谈判中得到了越来越多的应用。ABS已被应用于研究市场和经济系统，也已被大规模的城市规划模型所纳入。ABS是将过程建模为互动代理的动态系统的一种技术。一个代理是一个包含信息、属性和行为的软件块，它代表了人工计算世界里的一个实体。基于代理的建模本质上是一组逻辑编程到表示代理的类方法中的算法。

(二) 商业模拟的主要特征

美国国际商学院联合会(The Association to Advance Collegiate School of Business，AACSB)对商业模拟必须具备的特征提出了一些建议：

(1) 必须考虑伦理方面和影响：参与者必须能够认识和分析直接或间接提出的不同伦理问题。

(2) 必须为商业模拟游戏中需要的交流沟通提供相应机制。

(3) 必须促进批判性分析：参与者必须能够研究竞争环境的条件，并使用理论模型做出决策，知道有助于选择适当决策的工具。

(4) 必须促进团队工作：鼓励参与者建立协作制度，以实现团队的目标。

(5) 必须提供一种全球视角，使参与者能够认识到与不同文化、市场结构、货币流通等因素共同影响而出现的相关机会和风险。

从研究者的角度来看，现有文献研究非常关注商业模拟学习相对于传统教育具有哪些独特属性和特征，以及这些特质会对哪些方面的学习成果带来影响。

首先，我们看对学习成果的研究观点。Wilson 等（2009）对模拟属性和特征与学习成效的相关研究做了一个较为全面的文献回顾，并首先讨论了游戏或模拟的学习成果包括哪几类。根据学者 Kraiger 等（1993）的观点，学习成果包括三个方面：认知（cognitive）、技能（skill-based）和情感（affective）。其中认知方面学习成果主要涉及一些知识学习，同样包括三种类型的知识：①陈述性知识（declarative knowledge），主要指"是什么"的知识；②程序性知识（procedural knowledge），也可称为操作性知识，主要指"如何做"的知识；③策略性或隐性知识（strategic or tacit knowledge），主要指关于"谁、什么时间和为什么"等方面的知识。

其次，我们看商业模拟的主要特征。从模拟的特征或属性来看，不同学者也存在较多不同的观点，Garris 和 Ahlers（2001）对已有文献回顾就统计出 39 种之多。Garris 等（2002）进一步将这些属性归纳为六个方面：想象力（fantasy）、规则/目标（rules/goals）、感官刺激（sensory stimuli）、挑战性（challenge）、神秘（mystery）、可控制（control）。Wilson 等（2009）则从大量文献研究中提炼出了游戏或模拟的七种属性：想象力（fantasy）、代表性（representation）、感官刺激（sensory stimuli）、挑战性（challenge）、神秘（mystery）、可评估性（assessment）、可控制性（control）。在 Wilson 等对属性讨论的基础上，Bedwell 等（2012）运用卡片分类（card sorting）的方法，进一步将影响学习效果的 19 种属性因素归纳为九类属性，分别是：行动语言（action language）、可评估性（assessment）、冲突/挑战（conflict/challenge）、可控制性（control）、环境（environment）、游戏想象力（game fiction）、人际互动（human interaction）、沉浸性（immersion）、规则/目标（rules/goals）。正是这些有别于传统教学模式的属性因素，在"知识学习、技能训练和态度培养"等方面能够给学生带来更好的学习效果（Wilson et al., 2009）。当然，这些研究结论所涉及的模拟平台类型来自各个学科领域，不局限于商业模拟。

第二节　商业模拟学习的理论基础

商业模拟学习作为一种新兴的学习方式和行为，其实践的有效性取决于我们对其潜在学习规律的理解与应用，要洞悉商业模拟背后的学习原理与机制，同样需要我们对人类学习行为与现象有一些深刻的理解。为此，本书将借鉴一些重要的教育与学习理论，来为商业模拟学习的研究与实践奠定相应的理论基石，主要包括人本主义学习理论、建构主义学习理论、体验式学习理论和基于问题的学习方法等，这些理论将为商业模拟教学的实践与创新提供坚实的理论指导。

一、人本主义学习理论

美国心理学家与教育思想家卡尔·罗杰斯创立了人本主义学习理论，他在教育的目的观、学习观和教学观等方面所提出的一些思想和方法，一定程度上给传统行为主义和认知主义的传统教学思想带来冲击甚至颠覆。例如，"以学生为中心""有意义的学习天性""自我实现的完整人"等教育思想均具有重要的变革精神，这些思想对教育理论和实践都产生了深远影响。

（一）人本主义学习理论的提出

罗杰斯是人本主义心理学的创始人，在临床心理学领域通过实践摸索发展创立了一种非指导性心理咨询疗法，即后来被称为"当事人为中心"或"以人为中心"的独特方法。罗杰斯同时也从事过多年的教育工作，曾任教于多所大学，并在研究教育和教学中倾注了大量精力，是名副其实的理论与实践相结合的提倡者和践行者。

对于以传授事实性知识为主的传统教育做法，罗杰斯进行了批判，否认了其具有的积极影响，甚至认为对那些不善掌握知识的学生可能会产生挫折和失败感。相反，他认为更好的方式是，个人需要不断学习以应对不断变化的世界，持续获取新经验来促进自身变化和实现自我。实际上，罗杰斯的教育目的观非常关注人的整体发展，如"情感、精神和价值观念"的发展，而不应局限于传统教育的知识传授。他认为传统教育夸大了"教"的作用，其实能教的东西对学生来说往往难以真正产生深远和有意义的影响。罗杰斯主张让学生自己去发现和学习知识，只有学生同化所学知识，其对个人的行为才会真正产生影响，从而发生变化，而这才是有意义的学习。为此，罗杰斯提出了一个当时非常具有变革性的教育观点：教比学要难得多！

罗杰斯概括出了以自由为基础的学习原则：①人天生就具备学习的潜能。②如果学生所学习内容与自己目的相关联，就会产生有意义学习。③当学习需要改变自我时，学生就会感受到威胁性，从而抵制学习。④当外部威胁降低到一定程度时，将更有利于学生的自我学习。⑤当学生自我感受到的威胁降到一定程度后，就更有助于学生进一步的学习进展。⑥"做中学"能带来更多的有意义学习。⑦学生如果能负责任地参与到学习中，就能有效地促进学习。⑧自我学习越是能全身心地（包括情感与智力）投入，持续的时间就越长，学习的面也越广。⑨当自我批判和评价超越对他人的评价能够成为学习行动的主要依据，就能促进学生学习的独立性、创造性和自主性。⑩最有用的学习需要我们对经验始终持开放态度，并把变化过程整合到自我发展中。

（二）意义学习与无意义学习

罗杰斯所倡导的"意义学习"与"传统学习"存在本质区别，在罗杰斯眼里，传统学习大多是"无意义学习"，而"意义学习"才是真正能对学习者行为产生影响的学习。罗杰斯指出基于事实性知识的传统学习，对于现实和未来的意义都不大，更有价值的应该是要学会如何学习。在罗杰斯看来，那些"学会了如何学习、如何适应和如何变化的人"才可称之为真正受过教育的人，即每个生活在不断变化的经验世界中的人，应该永远保持对新经验的敏锐感和好奇心，能不断接受新知识以促进自身发展。在罗杰斯眼中没有永恒的知识，真正有价值的是经验，并提倡重视学习过程而不是结果，应收获学习的心理意义而不是评价分数。

罗杰斯反对那些事实性知识的死记硬背，这些实质上是一些无意义的学习，看上去学习任务比较艰难，要记住这些知识也并不容易，还可能很快忘记，但这些知识实则无任何意义。我们的教育规划者却还意识不到，学生在学校很多的学习材料和内容就是如此的复杂而无趣，并且这样的学习只发生在"脖子以上"，只是在单纯地用脑，没有情感投入，没有个人意义，与整体的人也没有什么关系。

罗杰斯所倡导的意义学习或经验学习，旨在强调将整个人身心状态与学习内容关联起来，即需要把逻辑与直觉、理智与情感、概念与经验、观念与意义等关联起来，可以说是整个人的身心都参与的学习。意义学习不只涉及事实性知识的学习，其学习目标是要促进人的行为、态度、个性发生变化，并可能对个人未来行动决策产生重大影响。这种学习是知识增长与情感丰富相得益彰的认知学习，并将个人不同的经验融合在一起。

传统教育通常认为学习是一种有层次有次序的认知活动，主要涉及人的左脑活动，左脑的功能主要负责逻辑线性思考，其工作特点是强调整体的各个构成部分与细节，并按直线方式按步骤进行学习。大脑的左脑功能是普遍被小学、中学和大学所接受的正统观念。但罗杰斯认为整体的学习还意味着需要解放和发挥我们的右脑功能，因为右脑发挥功能的方式与左脑有显著的不同，它具有的一种独特优势就是直觉性，能迅速把握事物的整体框架结构，甚至在了解细节之前就可以理解事物的本质。它虽然在逻辑功能上远不及左脑，但却独具审美能力且善于使用隐喻，因此在创造性思维上具有不可替代的优势，是艺术家创作和科学家创新不可或缺的思维能力。

由此可见，罗杰斯提出的有意义学习与传统教育的知识学习完全不同，它不仅有价值，而且是让我们成为一个完整个体的唯一方式，这种有意义的学习应该成为我们现代教育的核心目的。

（三）以学生为中心的教育

人本主义学习理论提出的背后存在一个基础假设：人犹如一粒种子，只要外部环境条件合适，种子就会自然地生根、成长和成熟。就如种子一样，人类个体也有一种自我成长和主动学习的自然倾向，即人天生就具有好奇心，会主动寻求知识、探寻真理、增长智慧，探索世界的内在欲望天生具备，且无须他人督促和外在压力强迫。学习行为是一个自动发生、发展和实现的过程，某种程度上，学习是生命意义和价值的一部分。每个人的学习动力生而有之，并且能够确定个人的学习需求，那么我们的教育就应该以学生为中心，教师的作用将是为学生提供学习所需的教学辅助与支持，其角色将转变为学习的"促进者"或"助产员"。

在以学生为中心的教学过程中，教师作为"促进者"或"助产员"，其作用或表现主要有以下几方面：①积极促进学生的意义学习，任务主要是引导学生主动学习，并在学习中获取个人意义。②为学生创造良好的学习氛围，真诚地去关怀和理解学生的情感和兴趣，尽力调动学生参与到各种学习活动中，鼓励学生相互分享自己的学习感受和经验，提升自我理解和理解他人的能力。③为学生提供所需的学习资源。传统教师主要把时间和精力放在准备课程教案和课程讲授上，但"促进者"则应为学生提供所需的各种学习资源，并让学生更加简便和有效率地利用各种学习资源。

其中，营造良好的学习氛围是"促进者"的首要任务。学生具有天生的好奇心和学习动力，只要不去压制或压抑他们，其好奇心和创造性就会和种子一样自然发芽生长，教师只需提供相应的环境和条件就可以实现。创造良好学习氛围的关键在于人与人之间的和谐关系，其中教师与学生的关系又尤为重要，师生关系的基础是信任，即教师要主动信任学生的内在学习动力和自主学习能力。师生之间应该基于平等关系原则，作为教师不能强加给学生一些个人的意愿，而应警觉和体验自己的真实情感，并能忠实且平等地去表达这种情感，让学生充分理解和自愿接受，让学生获得真诚的关怀和人格尊重。这对教师的"移情能力"提出了较高的要求，需要教师真正能从学生的角度和角色来体验教育的核心意义。

总之，人本主义学习理论最为核心的思想就是"以人为中心"，其所倡导的许多观念都已对现代教育产生深刻影响，其中一些观点已成为教育发达国家或地区的主流教育思想，例如尊重每个学生都是独特个体，培养学生积极的自我意识和自我概念，邀请学生了解和参与各种教育决策过程，允许学生拥有更多的自主学习自由，以及教师角色转变成学习的"促进者"等。

二、建构主义学习理论

随着对人类学习过程认知规律的不断深入，建构主义自20世纪90年代以来逐渐成为一个重要的认知学习理论分支,并提出了一些具有变革性的学习观点,例如:①知识是人们建构起来的,学习可以被视为一个建构的过程,是人与其相关文化环境发生的关系和变化。②世界观可以被构建,人会有多维视角,并在与他人互动中创造出多维视角意识。③知识与情境相关,所以学习理应发生在与知识相关的各种情境之中。④学习需要通过各种工具和符号来进行,人类的学习一般都是在基于某种形式的中介手段、工具或符号的环境中构建的。⑤学习本身可视为一种社会对话活动,也是一个社会交际与讨论的过程,因此它就不得不建立在对话的基础上。⑥学习者在社会文化发展过程中具有分布式与多维度特点,学习不是个人的独立行为,学习活动会改变一个人与社区的关系,参与模式逐渐发生转变,学习行动从外围参与逐步发展到向心参与(Duffy and Cunningham,1996)。

(一)建构主义的代表人物与观点

作为当代教育心理学中的一场革命,建构主义的产生有其深刻的理论与实践背景,在这场教育学的革命中,许多学者对建构主义理论的发展做出了重要贡献,这里我们只对其中部分有影响的学者及其观点做简单介绍。

1. 杜威的经验性学习理论

杜威是西方最有影响力的实用主义哲学家与教育家。在杜威看来,对事物的真正理解必须与其行为联系起来,需真正理解事物是如何运作的和事情是怎样做的。为此,杜威将个人基于"行动"的学习与不确定情景密切联系起来,因为正是情景独特内生的不确定性,才引发了个人的探索,并激励和引导其不断地探索。他进一步指出,这些情景又嵌入在更大的社会背景之中,是更大的学习群体创建了一个学习共同体,因此学习者是在该共同体中一起构建他们的知识框架。

杜威提出了经验认知的"思维五步法":疑难境况→识别问题→大胆假设→严谨推理→小心求证。该方法强调经验在教育中的重要基础作用,个人从经验中产生问题,问题又可以激发他们做进一步的探索和学习,教育本质上就是经验的生成和改造。

2. 皮亚杰的建构主义观点

学者让·皮亚杰在心理学与认识论的基础上提出了发生认识论,认为学习最基本的原理就是发现。皮亚杰认为知识既不是完全源自主体，也不是完全源自客体，而是在两者之间密切的交互作用过程中建构起来的。主体的建构活动在知识的产生过程中发挥关键的作用。而且，认知发生是一种双向的构建活动：一方面，新经验要获得意义需要以已有经验为基础；另一方面，由于新经验的影响，原有经验就会发生一定程度的改变，在调整或改造之后会更加丰富，形成一个双向往复的建构过程。

皮亚杰还提出了以平衡作为解释学习的机制，他认为知识作为一种结构是在建构中形成的，或者说没有建构就没有结构，两者无法分离。皮亚杰相信作为有机体的人是一个不断发展的过程，这种发展同时表现在身体、认知和情感等多个方面，并且作为有机体的人是一种不可分割的整体结构。皮亚杰提出的平衡概念是一种动态过程，包括了"同化与顺应"两种对应方向的内在调节与均衡。首先，同化主要指个体对环境的作用过程，是通过自身逻辑结构来对经验进行组织，来主动建构和理解世界，属于个人的一种自我肯定倾向。其次，顺应主要指环境对个体的作用过程，为适应来自特定环境的刺激，个体能够调节自己的内部结构，包括反思与整合以达到对自我与客体的重新建构。所谓平衡就是同化与顺应之间的均衡，平衡也不能理解为一个简单的线性发展过程，而应视为一个不断升级的适应和组织，以及生长与变化的动态过程。

(二) 建构主义的基本观点

1. 建构主义的知识观

在建构主义学者看来，知识并不能准确地描述和解释我们的现实世界，也不能提供现实问题的解决方案或答案，知识只是对客观世界的一种暂时的解释和假设，并且会随着人类文明的进步而不断地创新与变革，新的知识会不断涌现。人类现有的知识也并不能准确和绝对地解释和概括现实世界的运行法则，也不能完全解决现实所有的问题。同时，要理解知识是具有情境性的，不是对任何情境和任何问题都能直接有用和有效，更多的是需要具体情况具体分析，针对不同的情境问题再次进行加工和创造，以有效解决具体问题。知识的理解也必定会存在个体的差异性，无论我们的语言对知识的表述多么准确和精确，也不能确保每个学习者都有同样的理解，学习者对知识的理解都是基于特定情境的，经由个人的经验背景而建构起来。即使是人们普遍认同的某个知识，其依旧是情境化与个体化的产物。我们必须清楚，知识只是认知主体所作的一种意义建构，是主观的和相对的，没有谁可以对世界做出客观的和绝对的认知，因此所有的知识都是历史性的，任何时代的知识都可以质疑、修正或扬弃，并与时俱进地发展新时代的新知识。

2. 建构主义的学习观

在建构主义看来，认识本质是认知主体基于个人经验的一个构建过程，所有的知识也都是认知主体个人认识活动的一个结果。这个过程需要学生自发自主地完成，是无法由教师或他人来代替完成的，学生可以借助他人（如教师和学习伙伴）的帮助，但无法直接借用他人的经验，因为学习过程不是简单的信息输入、存储和提取，也不是简单的信息收集、整理和积累，其核心是引发自身新旧知识与经验的冲突，促进它们之间的双向互动与碰撞交流，最终由此带来学习者认知结构的重组和升级。由此可见，建构主义学习理论为学习的理解带来了新的视野，要理解建构主义的精髓就必须抓住学习的一些核心要素，例如：①情境。既然知识学习必须依赖于具体的情境，那么我们学习环境所创设的情境也应该有利于学习过程的意义建构。②协作。在整个学习过程中都需要协作，并且其对学习过程带来诸多的影响，包括对学习资料的收集、整理与分析，问题与假设的提出与验证，学习成果的评价，甚至意义建构都有影响。③会话。当学习任务和计划需要小组或团队一起商讨完成时，会话就成为协作学习中的必要环节。在会话过程中，学习成员之间的思维与智慧可以共享，从而成为学习群体意义建构的重要方式之一。④意义建构。传统教育更为注重事实性知识的记忆，要求学生背诵教材内容或课堂记下讲授的知识要点，但建构主义则注重整个学习过程的意义建构，其最终目标是能深刻理解事物性质、规律以及事物之间的内在关系。

3. 建构主义的教学观

建构主义对传统教学有了很多的变革。首先，学生的角色与地位发生变化，教学过程应真正唤醒和激发学生的主体意识，让学生成为教学活动的主体，并积极参与知识的建构才能实现学习的目标，充分发挥他们的自觉性、主动性和创造性。为此，需重视学生已有的知识与经验，不能简单地认为学习是往学生脑中复制或填灌知识，而应把学生已有知识与经验作为学习新知识的前提条件，引导学生在已有知识经验基础上去获得新的知识经验。其次，教师的角色发生变化，不再是传统课堂中简单的知识的呈现者或传递者，其重要作用是引导和指导学生有效构建新的知识和经验，为此，教师应该倾听学生，理解学生，洞察学生的观点和思想，这样才能够更好地进行引导和指导。在此前提下，可以给学生提供现实世界中的一些真实复杂问题，然后鼓励学生广开思路，不要局限于自己的思维，要踊跃提出解决问题的多种观点。由此，教师也更加具有挑战性，转变为学生学习过程中建构意义的促进者和引导者，同时也是整个教学过程中的组织者和协调者。

三、体验式学习理论

在对建构主义学习理论的介绍中，我们重点介绍了杜威和皮亚杰这两位代表人物，实际上，他们提出的学习观点不仅构成了建构主义学习理论的基石，同时也是大卫·库伯提出的体验式学习理论的重要源泉。体验式学习理论的孕育与提出也有其必然的理论与实践背景，是众多学者教育思想与现实教育实践相互碰撞与精练出来的理论成果。

（一）体验式学习的理论渊源

学者大卫·库伯早在1984年就提出了体验式学习理论（Experiential Learning Theory，ELT）。体验式学习理论的一个核心观点认为，学习是结合了"体验（experience）、感知（perception）、认知（cognition）与行为（behavior）"四个方面整合统一的过程。体验式学习理论促使我们对传统教育实践中的一些习惯做法和假设产生了质疑，促使我们把时间和精力用于更有价值的事情上，如发展能力、积累工作经验、获得工作相关信息、培养家庭关系、承担责任和关注社会。实际上，体验式学习的目的是想提醒我们，学习不只是发展个体的语言能力和给大脑存储一些信息，而是要让学生有更加广阔和深入的发展，以帮助学生应对社会的快速变迁及其发展需求。

在库伯的体验式学习理论提出的时候，体验式学习相关的理论与实践正开始受到人们的关注，相关的体验式教育也在欧美一些高校广泛流行，像"在职培训、角色扮演、游戏模拟、场地项目、在职研修、结构式练习"

及其他以经验为基础的教育形式,在高校的课程和社会专业机构的培训中获得了迅速发展。在这个过程中,涌现了一大批学者,对体验学习理论做出了贡献,如库特·勒温、约翰·杜威、让·皮亚杰、威廉·詹姆斯与保罗·弗莱雷等,下面主要介绍其中几位重要的学者及其理论。

1. 勒温的群体动力学

勒温做了一个有意义的实验,实验首先以学习者的即时具体体验开始,收集和观察学习者体验实践的数据资料,然后通过分析总结这些数据资料,再将分析所得的结论反馈给学习者以帮助他们修正实践行为并开始新的体验,实验的结果发现,如此学习就能够促进学习者更加有效地学习、变化与成长。勒温进一步将学习过程构想为四个步骤的循环(见图1-1),其中,即时的具体体验是学习的核心,是观察与反思的基础,也是提出新概念的基础。即时体验赋予了生活、感觉与个体主观上的抽象概念,此外,其还提供了参照点来检测学习过程所产生观念的有效性。而且,该模型的提出基于反馈过程理论,该理论认为信息反馈为持续的目标导向行动及其评估提供了基础,并且勒温理论的支持者也相信,许多个体和组织学习的无效实际上可归因于缺乏充分的反馈过程。

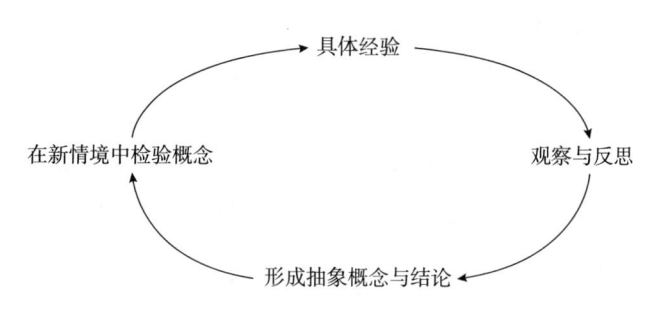

图1-1 勒温的体验学习模式

2. 杜威的经验学习

杜威也提出了一个基于经验的学习过程模式,该模式描述了学习是如何通过刺激、感受和具体体验的动机转变到更高规则的目标行为。杜威强调把学习放在一个经验与概念、观察与行为相结合的正向循环中。在杜威的经验学习过程模式中,包括以下几个重要的过程要素(见图1-2):①观察周围事物;②拥有在过去相似情境下发生事件的知识;③将观察与回忆结合起来进行判断,基于某种可观察的情境,判断可以转化为对行动结果的预期计划和方法。可见，杜威强调的经验学习是整合了"体验、概念、观察与行动"的一个辩证认知过程。

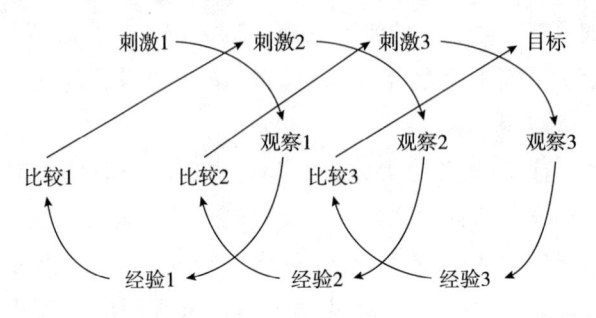

图 1-2　杜威的体验学习模式

3. 皮亚杰的学习与认知发展模式

皮亚杰提出的学习和认知发展模型认为，成人思维的连续性发展模式是由体验（experience）、观念（concept）、反思（reflection）和行动（action）四个维度构成。皮亚杰认为，个人成长的思维模式会经历"从具体现象感知到抽象建构，从积极的自我中心到反思性的内化学习"的发展过程（见图 1-3）。学习过程是个体与环境之间周而复始的相互作用过程，并且融合了顺应（accommodation）和同化（assimilation）两个过程，两个过程此消彼长，相互转化。顺应过程主要表现为与环境相符或约束的一种自我模型；同化过程主要表现为将环境现实纳入自我已有的概念和表象中。从具体到抽象，从行为到反思，认知发展在同化与顺应两个过程中相互连续转换，同时，过去与现在的经验与高水平的认知技能也将融入到每个过程中。

图 1-3　皮亚杰的学习和认知发展模型

（二）体验式学习的过程与方式

1. 库伯的体验式学习圈

如图1-4所示，在库伯的体验式学习循环中，具体体验与抽象概念，反思观察与行动应用在体验的意义转换上存在两种辩证方式：内涵转换与外延转换，前者是对个体的体验进行反思和观察，后者则是应用或迁移个体的抽象概括结果。由此，就形成了四种类型的基本知识：①发散式知识（divergent knowledge），主要通过感知获取经验和缩小内涵的转换形成；②同化式知识（assimilative knowledge），主要通过领悟获取经验，然后通过缩小内涵的转换形成；③聚合式知识（convergent knowledge），主要通过领悟获取经验，并通过扩大外延转换经验得到；④顺应式知识（accommodative knowledge），主要通过感知获取经验，并通过扩大外延得到。

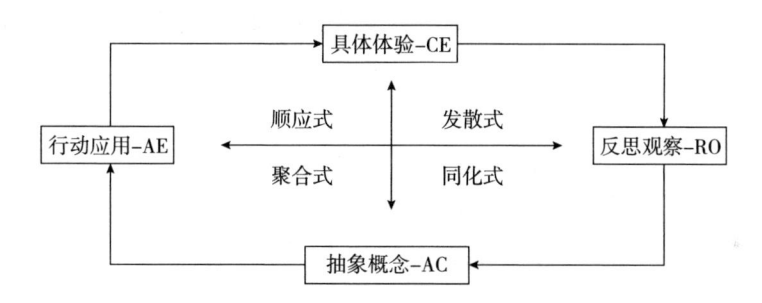

图 1-4　库伯体验式学习圈与学习风格

基于以上四个学习环节，我们的学习就会展现出复杂和多样的学习策略。库伯（2008）以打台球为例，阐释了我们可能有的四种学习形式或策略：

（1）外延式领悟。这是一种比较普遍的学习策略，参与者使用了抽象模式。"当主球被球杆撞击后，它的运动轨迹是可以预测的，从而确定被撞击的球落入哪个袋中。这个过程中，对于球的运动路线，参与者可以通过回忆基本的物理知识，如射入的角度与反射的角度相等，算出球在台桌上的相应位置。测量处实际上是在桌上必要的相应位置的角度。这些策略重视学习过程中抽象概括和行动应用的环节。"

（2）外延式感知。该学习策略并不依赖于主球和被撞击球的运动轨迹的理论模式，而是"关注桌上的球的具体位置，参与者依赖具体情节中的整体直觉。在这些过程中，参与者在击球前经常会做些微小的调整，这种调整不是根据理论计算的，而是自我感觉的良好状态。具体体验和行动应用是两个主要学习环节"。

（3）内涵式感知。"落袋台球是一种行为性游戏，通过内涵式转换的学习就不那么明显了。内涵式感知，主要是在对手或同伴击球时观察他们，或者反思自己击球的轨迹。参与者从别人的游戏中获得启示，以便以其人之道还治其人之身。参与者在这些非常具体的方式中进行学习，其策略是依赖反思观察和行动应用。"

（4）内涵式领悟。内涵式归纳性构建过程依赖于抽象概括和反思观察。例如，通过自己或他人的细致观察，学会将"侧旋"运用到台球活动中，组织并编辑成规则，并且对结果进行思考。

以上学习形式与知识结构存在内在联系：①感知获得的综合性知识结构可以与定性的人文领域相联系；②领悟获得的分析性知识结构可以与定量的科学领域相联系；③外延得出的发散性知识结构可以与应用性科学相联系；④由内涵得来的综合知识结构可以与基础学科相联系。

2. 体验式学习的基本方式

每个人都会形成自己学习过程的深层结构，该结构受多种因素影响，包括遗传因素、生活经历和外部环境等。库伯（2008）总结了我们需要依赖的四种基本认知方式：

（1）聚合式（converging）学习方式。该方式主要依赖于抽象概括和行动应用。在这种学习方式下，学习者通常运用抽象思维方式感知信息，通过假设与推断来组织知识，并通过积极的实践以检验其真伪，以便统一来处理某类问题。这类学习者善于发现观念和理论的实际用途，在学习情境下，他们偏好用新观念、模拟、实验室法及实践运用等方法来进行试验。聚合式的人在问题解决、决策制定以及实际应用等方面有很强的能力，但容易受情绪表达限制，不愿意处理复杂的社会人际关系问题，更愿意做一些技术性工作，此类人多适合从事技术型和专家型职业。

（2）发散式（diverging）学习方式。该学习方式主要强调具体体验和反思观察，具有丰富的想象力，以及对意义和价值的高度敏感度。发散式学习方式能从多角度多维度来观察外部的具体情景，将多种事物存在的关系组成一个有意义的"整体"来观察。具有这种学习方式的人注意观察而不是行动，在面对可供选择的多样性观点时，他们会有很好的表现。此类人对人感兴趣且感情丰富，有较强的人际关系能力，喜欢在团队中工作，乐于听从他人的意见和反馈，具有丰富想象力。

（3）同化式（assimilating）学习方式。其学习能力主要表现在抽象概括和反思观察上，学习者通常应用抽象思维方式感知与反思信息，拥有广泛的信息并形成简略且富有逻辑的思维形式，他们对观念及抽象概念更感兴趣。这种学习方式的能力优势是理性推理和创造理论模型，并能将完全不同的观察结果同化为一种理论解释，他们偏重理论的逻辑性和精确度，较少用实际价值来评判这些观点。他们更喜欢阅读、讲座与开发分析模型等正式学习情境，喜欢对事物进行充分深入的思考。

（4）顺应式（accommodating）学习方式。与同化式学习方式正好相反，学习者通常用具体的思维方式感知信息，并通过积极的实践以检验其真实性，其优点在于具体体验和行动应用。这种人会特别依赖其他人，而不是凭借自己的分析能力来获得信息，往往凭个人直觉和试错的方式来处理问题。这类学习者喜好制订计划，致力于富有挑战性的新体验，拥有从即时体验中学习的良好能力。此类人偏好与他人共同工作，设定目标完成任务，倾向于根据直觉行动，而非运用逻辑分析，更适合行动导向的职业。

以上不同的学习方式通常与相关能力相联系。聚合式学习方式体现为决策能力，包括尝试新的想法、创造新的思维方式并付诸行动、选择解决问题的最佳途径、制定目标和做出决策。发散式学习方式主要体现在价值技能上，包括敏锐感知他人情绪并做出判断、开拓思维、广泛收集信息、捕捉隐含的言外之意。同化式学习方式主要体现为思维能力，包括组织信息、构造概念模型、设计实验与分析数据、验证理论和概念。顺应式学习方式的能力主要体现为行为技能，如目标认定技能、机会寻找发掘技能、领导他人技能、个体融入群体技能以及与人交往的技能。

（三）体验式学习的情境与应用

兴起于20世纪90年代的情境学习论整合体验式学习优势、认知情境性和学科学习特征等理论，提出了一些重要学习观点：知识必须与具体情境相关联，并且一种情境中的知识并不能简单地在另一种不同情境中应用；完整的知识必须在现实世界的真实情境中获得，因而学习者需置身于复杂的社会情境中去学习；情境学习论强调了学习的情境性和社会互动性，这对改善课堂学习的去情境化与抽象化都具有积极作用。

1. 体验式学习情境

在体验式学习模式中，任何教学规划、课程方案与教学实施都可大致归为四种教学模式，分别为：情感、感知、形象和行为。

（1）情感复合型学习情境。在此情境中，需要学习者去经历一个专业人士所真正需要的研究与学习的过程。在此过程中，需要学生进行细致的观察思考，并表露情感。学生在与老师或同学的讨论交流中充分表达自己的观点和价值观，并被鼓励表达自己的情感，这也被视为一种对学习过程的积极投入。学习者个人的需要往往会导致其学习活动安排与预先的计划存在差异性。为此，教师再给予积极的反馈，反馈不是以专家权威的形式呈现，而应是考虑学生个人的需求与目的，给予个人化的反馈。当然，反馈来自教师，也可以来自学生，但一定不是预先设定的。

（2）感知复合型学习情境。该情境中的主要目标是能够理解事物和辨认概念之间的关系，能够确认调查研究的问题和收集相关的信息等。学习者会被鼓励从不同角度或方式看待问题，解决问题或完成任务不仅看结果，更要看如何完成及完成的过程。成功与否的评判也不能依据死板的标准，而应考虑个体性的差异，允许学习者自己制定和总结成功或者评判的标准，并且将其作为进一步理解与学习的基础。学习者可以自由地表达自己的观点与思想，教师则应积极充当反馈者或学习的促进者。教师最好不发表观点，而代之以提问的形式回答问题，他们可以提供建议但不要进行评价。教师应设计一些激励措施，旨在强调学习的方法，而不是仅仅得到一个特定答案。

（3）形象复合型学习情境。该情境中的学习者会尝试参与解决问题。学习者要处理的信息、话题或问题的来源是较为抽象的，而不是以已有过的阅读资料、数据、图片、讲座等形式呈现。在处理这样的信息时，学习者可以被引导，同时也被严格地限制在规定的原则内，这就要求学习者能回忆这些规则、概念或关系。与此同时，教师要判断评估学习者的成果，解释说明基于参考原则不能处理的信息，强调该领域严谨的科学研究方法体系。为了让学生全身心地投入分析练习当中，教师可以作为计时者和监督员。学习的成功判断标准可以参考正确或最佳解决方案、专家意见或者该研究领域普遍认可的严格标准。

（4）行为复合型学习情境。在情境中强调主动运用知识技巧解决实际问题。这可以是一个真实的问题、案例或模拟，解决问题的关键在于做，完成任务也是必须的，例如要求提供报告或其他信息，虽然有截止时间的要求，但是大多数学习者可以自己控制时间。因此，学习者只需关注自己目前的行为或考虑整个任务的完成会产生什么影响，自己下一步的行为会不会脱离自己现有行为。从这个意义上讲，学习者总是自己来做决定或选择自己下一步做什么。只有当学习者要求时，教师才可以作为教练或顾问参与进来。在此情境中，学习成功与否要看学习是否与任务紧密联系起来，评判标准包括问题解决得如何以及其可行性等。

2. 体验式学习的应用方法

体验式学习的理论与实践一直处于发展之中，其内涵也总是会因学习的时代要求而不断变化，但无论其内涵如何演变，还是有一些不变的内容特征。

（1）直接经验的构建策略。直接经验是体验式学习的基础，构建直接经验可以采取多种策略。首先，构建真实场景，构筑学习的真实体验。真实场景主要来自现实的工作与生活情境，如工厂作业环境、市场谈判场景、人际交往场景和家庭生活场景等。其次，采用情境模拟，体验式学习场景不一定需要完全真实，如果真实场景构建存在困难，同时只要情境模拟可以体现真实环境中的重要元素，那么情境模拟的体验学习也是合适的。情境模拟主要有两种方式：一是仿真性情境，它是指运用某种技术（如计算机模拟）来创设与真实世界高度相似的情境，让学生在该情境中进行学习。二是角色扮演，它在社会科学领域比较常见，就是让学生在一个社会问题或现象中扮演不同的角色，来体验各个角色的态度、情感、行为和理念。最后，运用观察学习，如果以上体验学习方式都不可行，但学习过程中的体验又非常重要，我们就可以创建一种观察式的学习场景。例如，在战争历史学习中，战争的再现与模拟都非常困难，我们就可以让学生观看相关的纪录片，从影片中学习体验战争历史知识。

（2）学习反思的引导。引导学生对直接经验进行反思也应立足于这两个方面。首先，引导学生对经验进行总结、归纳与升华，这里可以借鉴各种反思模式,例如艾勒和吉利斯提出的"4C"反思模式(Eyler and Giles,1996),包括:①连续反思,即在直接经验进行的过程中连续进行反思;②关联反思,即把具体经验与抽象概念联系起来;③挑战性反思,即以一种挑战性和批判性的视角来审视自己的经验,创新地提出一些理论假设与检验;④情境化反思,即深入思考自己的经验情境与实际应用情境之间是否存在有意义的联系。其次,引导学生对学习过程与结果进行评价,也可以采用四种方式:①组织班级或小组讨论;②指导学生撰写报告;③引导学生书写分析性论文;④安排课堂展示。

四、基于问题的学习方法

(一)基于问题的学习的提出

基于问题的学习(Problem-based Learning, PBL)方法是1969年由美国教授巴罗斯首先提出,最早是运用在医学院的课程教学中,该方法主要是在辅导教师的参与和引导下,围绕临床中会碰到的实际医学病例或专题,以小组讨论的形式进行问题的提出、讨论和学习的过程,其核心是以问题为中心,以学生讨论为主体,教师作为引导者。

PBL教学方法会设计真实性任务,完成任务会面临一系列复杂和有挑战性的问题,解决问题需要学习者通过自主探究和合作学习,获取问题所隐含的知识,来潜移默化地训练解决问题的诸多能力和技能。同时,教师在教学过程中的角色与作用也发生了转变,教师不再直接讲授知识或给出问题的标准答案,仅在需要的时刻进行引导或起到教练的作用,实际上教师转变成了一位知识建构的促进者与引导者。

总体来说,PBL教学方法有一些基本要素需要注意:

(1)学习以问题为起点,所有学习内容的设计与架构也均围绕问题来展开。

(2)问题必须是学生未来在"真实世界"可能遭遇的非结构化的专业领域问题,没有现成和固定的解决方法和过程。

(3)较少运用讲述法教学,强调小组合作学习和自主学习,学生可能通过社会交往发展协作技巧及综合能力。

(4) 以学生为中心，学生必须承担起学习的责任，教师就像教练一样来指导认知学习技巧。

(5) 自我评价和小组评价通常要在每一个问题完成和每个课程单元结束时进行。

(二) PBL 的学习目标

PBL 有几个重要的教学目标，其主要帮助学生达到以下五个目的（Hmelo-Silver，2004）：

1. 构建一个广博而灵活的知识基础

学生在 PBL 学习中最终能学到什么，是一个较为复杂且难以评估的问题。如果以传统教学的评估方法来评估学生记忆了多少知识，PBL 学习方法显现出来的优势并不大。传统教学中的选择题测试尽管也可以评估知识的掌握，但这与 PBL 学习获得广博而灵活的知识还是不一样的。虽然在学习事实类知识上，PBL 没有什么显著的优势，但是在知识的应用上，PBL 就有较为显著的优势。而且，与传统课堂教学所获得的知识相比，通过 PBL 所获得的知识更具有灵活性，能够更好地在新的问题情境中进行转化应用。

PBL 的另外一个优势就是可以更有效地帮助学生进行跨学科的知识学习，这一方面是因为解决实际中的问题往往需要应用跨学科知识，另一方面是可以组建跨学科问题小组来促进学生之间的跨学科学习。研究发现，PBL 可以让学生理解和灵活应用更多的相关概念，对问题可以提出更多更复杂的假设和解释。

2. 发展有效的问题解决技能

在许多偏向实践导向的专业教育中，如何培养学生有效解决问题的能力是非常重要的教育目标。PBL 方法在问题的解决技能训练上具有优势。例如相关研究显示，通过 PBL 学习的学生在逻辑推理上更偏向于应用"假设驱动推理"（hypothesis-driven reasoning）模式，而传统教学模式的学生更偏向于应用"主导数据驱动推理"（predominately data-driven reasoning）模式。对于一个新手来说，"假设驱动推理"模式能帮助学生更好地迁移自己的问题解决能力到一些不相关的问题上，并且能够产生更多的一致性解释（Norman et al.，1994）。

另一个重要的问题解决技能就是"界定问题",特别是对那些结构不良的问题(ill-structured problems),这也被认为是一种问题发现的能力。与接受传统教学的学生相比,学生在经过了PBL教学训练后,在面对一个新的结构不良的问题时,会更倾向于将问题发现或问题确定作为问题解决过程中的一个重要步骤。

3. 发展自主学习和终身学习的技能

PBL被视为能训练终身学习技能的一种重要模式,因为其强调自主学习(self-directed learning)。自主学习的一些重要特征包括规划个人的自我学习、发展和应用策略,并恰当地运用学习资源。对于PBL课程来说,发展自主学习能力也是一个困难和多层面的过程。要回答PBL学生是否比传统教学的学生具有更好的自主学习能力,一个方法就是考查学生是如何提出学习问题,规划他们的学习,以及在问题解决的过程中整合新知识的。一些案例研究和扎根研究发现,PBL学生的自主学习能力也有一个不断发展形成的过程,其自主学习策略会根据学习环境的变化而做出调整,自主学习能力强的学生会为目标的实现做出提前反应,并会根据环境需要调整自己的学习策略。

进一步的案例研究也发现了一些规律,例如:①学生对自主学习反思越多,他们就越可能去完善和发现新的学习策略。当然不同学生反思的方式和成效是不一样的,有些学生会简单地认为自主学习就是独立学习;有些学生会将PBL学习与先前的教育经验进行比较,然后意识到要采取一些新的学习策略来适应新的学习项目,这些新的学习策略就会较好地整合自己先前的学习经历、自我学习管理策略、自我效能和其他重要学习特征。②学生从问题中学习的方法也会由于自我管理能力水平的不同而不同。那些自我管理能力强的学生能从问题中获得有价值的学习,并能聚焦问题分析和反思过程;但自我管理能力弱的同学却比较难适应这种基于问题的学习,他们倾向于聚焦了解事实,而对基于问题导向的学习价值有一种挫折感。③学生自主学习更多的是内在目标的驱动。自主学习的动力来自自身目标驱动,而非外在的因素(如考评、测验和获得学分等)。实际上,一些实验研究发现,这些外在的因素可能还会阻止自主学习技能的发展,但是那些问题讨论和课程目标则对自主学习有最大的正向影响,基于PBL学习的学生会变得更加自力更生。

研究还发现，那些 PBL 学生会将他们的"假设驱动推理"学习策略运用到自主学习上，会使用假设来计划他们的学习，并更有可能将新知识整合到完善后的假设解释中。在学习资源的选择上，PBL 学生可能会更倾向于使用自主选择的学习资料，而传统课堂学生更倾向于使用老师选择的学习资料。PBL 学生倾向于汇报自我学习选择的材料，传统课堂学生倾向于阅读老师安排的具体作业。

4. 成为有效的合作者

让学生成为有效的合作者也是 PBL 教学的重要目标之一。有效的合作能够帮助学生构建知识，分析发现，学生在合作的过程中经常聚焦提炼他们的想法，所有学生成员对假设和解释贡献自己的想法时，就可以形成一种集体性的解释。在 PBL 学习过程中，学生会被鼓励参与合作，甚至可以运用一些工具，如学习团队调查(the learning team survey)，以帮助获得有价值的信息，在团队合作过程中带来有成效的反思和完善。虽然没有证据表明 PBL 一定会帮助学生成为更好的合作者，但证据显示学生一起讨论学习确实能带来合作的观点和智慧。

5. 变成自我驱动型的学习者

提高学生内在的学习动力被认为是 PBL 最为重要的优势之一。但同时这个问题并没有一个很直接的明确研究结论，因为研究更多地考查学生的满意度和信心。从学生对 PBL 课程的调查统计数据来看，有学生喜欢这种课程，但也有些学生会抵制改变他们传统的学习模式。这种偏好也会因学科或专业的不同而不同。不过，从对医学院 PBL 课程的反馈来看，相较于传统课程，学生对 PBL 课程更加满意和有信心，这点也许和医学院的 PBL 课程体系完善程度有关，因为医学院的学生可能已经普遍适应了这种新的教学模式。

第二章

商业模拟的学习成效与变革优势

第一节 商业模拟的学习成效

一、教育目标与学习成效理论

(一) 布卢姆的教育目标分类

自本杰明·布卢姆(Bloom B. S.)等提出教育目标分类学(taxonomy of educational objectives)后,其影响力渗透到了世界许多国家,该分类学经过多年的修订和完善,已经在全球几十个国家得到应用。如表2-1所示,最新版本的分类提出六个维度共19种认知过程类别。

表2-1 布卢姆的教育目标分类

序号	维度	类别
1	记忆	①识别(recognizing)。是从长期记忆库中搜寻到相关的知识,然后与当前信息进行比较,以辨别其相似性,识别过程也可被认为是一种"确认"(identifying) ②回忆(recalling)。回忆就是"提取"(retrieving),即学习者能从长期记忆库中提取相关的信息

续表

序号	维度	类别
2	理解	③解释(interpreting)。将信息的不同表征方式之间进行转换，这些表征方式可以广泛地包括语词、图表、数字、图画等。"解释"可以有其他一些替换说法，如"转换"(translating)、"释义"(paraphrasing)、"表征"(representing)和"澄清"(clarifying) ④举例(exemplifying)。能够就某一概念或原理列举出一些特定事例，举例也可以有其他一些替换说法，如"例证"(illustrating)和"例示"(instantiating) ⑤分类(classifying)。是否能够识别某些事物是否归属于某一类别。分类与举例是两个相反的认知过程，举例是根据概念或原理来找到与之对应的具体事例，分类则是将具体事例归类到对应的概念或原理，"分类"可以有其他一些替换说法，如"归类"(categorizing)和"包摄"(subsuming) ⑥总结(summarizing)。能够提出一个陈述以代表已呈现的信息，或提炼出概括性主题。"总结"也可以有其他一些替换说法，如"概括"(generalizing)和"抽象"(abstracting) ⑦推断(inferring)。能够在一组事例中发现范型，或者从中发现特征及其相互联系，并进一步抽象出一个概念或原理。推断过程需要从一个整体情境中对各个事例作出比较和发现范型。"推断"的替换说法可以是"外推"(extrapolating)、"添加"(interpolating)、"预测"(predicting)和"断定"(concluding) ⑧比较(comparing)。指辨明两个或多个事物之间的异同，包括发现要素或范型之间的意义对应性。"比较"也可以有其他一些替换说法，如"对照"(contrasting)、"匹配"(matching)和"映射"(mapping) ⑨说明(explaining)。指学习者能够建构或运用因果模式，该模式可以是基于正式理论的推演，或是根据经验或研究得出。"说明"的替换说法是"建构模型"(constructing a model)
3	应用	⑩执行(executing)。当学习者面对一个熟悉的任务时，其所做的就是执行某一程序。执行一般是与如何运用技能与算法相联系的。"执行"的替换说法可以是"实行"(carrying out) ⑪实施(implementing)。指运用程序来完成一个不熟悉的任务，这需要学习者必须理解问题的类型及适用程序的范围。为此，实施常常与其他认知过程(如理解和创造)联合使用。"实施"的替换说法可以是"使用"(using)
4	分析	⑫区分(differentiating)。指能够根据事物的适合性或重要性来区别事物整体结构的各个组成部分。区分与理解中的比较存在一些差异，其强调在整体的框架下看待部分之间的关系。"区分"的替换说法可以是"辨别"(discriminating)、"选择"(selecting)、"区别"(distinguishing)和"聚焦"(focusing) ⑬组织(organizing)。指确定事物和情境的要求，并识别其如何共同形成某一致性的结构。组织常常与区分一起进行，也就是先要确定相关的或重要的因素，然后再考虑要素适配的整体结构。组织也可以有其他一些替换说法，如"形成结构"(structuring)、"整合内容"(integrating)、"寻求一致"(find coherence)、"明确要义"(outlining)和"语义分析"(parsing) ⑭归属(attributing)。指能够确定沟通对象的观点、价值和意图等。归属属于"解构"的过程，要求学习者能够超越基本理解去推断材料的意图或观点。"归属"的替换说法可以是"解构"(deconstructing)

续表

序号	维度	类别
5	评价	⑮核查(checking)。是指检查某个操作或产品是否具有内在的一致性。如结论是否从前提中得出，数据是否支持假设，呈现的材料是否互相有矛盾等。"核查"的替换说法可以是"检验"(testing)、"查明"(detecting)、"监控"(monitoring)和"协调"(coordinating) ⑯评判(critiquing)。是指根据外部准则或标准来对某个操作或产品进行判断。评判是批判性思维的核心，其替换说法可以是"判断"(judging)
6	创造	⑰生成(generating)。指学习者能够表征问题和得出符合某些标准的不同选择路径或假设。生成不是一蹴而就的过程，通常会考虑多种解决路径，然后经反复推敲调整，又会形成新的不同解决路径。"生成"的替换说法可以是"提出假设"(hypothesizing) ⑱计划(planning)。指策划一种符合某个问题标准的解决方案，或者说形成一种解决问题的计划。"计划"的替换说法可以是"设计"(designing) ⑲贯彻(producing)。指执行计划以解决既定的问题。贯彻不是非得要强调原创性和独特性。"贯彻"的替换说法可以是"构建"(constructing)

资料来源：L. W. 安德森，等. 学习、教学和评估的分类学：布卢姆教育目标分类学(修订版)[M]. 皮连生，译. 上海：华东师范大学出版社，2008.

(二) 芬克的有意义学习分类

美国学者迪·芬克(Dee Fink)提出的有意义的学习包含了"过程"和"结果"两个视角维度。首先是学生会全身心地投入到自己的学习中，通过一种积极和充满活力的学习过程，来获得非常重要和有影响力的成果。同时，该学习经历与成果真正地将给他们未来的生活带来重要变化。在芬克看来，学习必定要产生某种变化，没有变化就不能称之为学习，甚至要求有意义的学习为学习者人生带来的变化应该有重要意义且持续。

如图 2-1 所示，有意义学习包括六个学习种类，这些学习方式存在一定关联，同时给学习者带来各自的价值。

(1) 基础知识。基础知识是其他种类学习的一个基础，拥有良好的基础知识是很重要的，其为理解其他种类的学习提供了基础。基础知识的学习通常需要学生理解并记忆一些具体学科或领域的基础信息与观点，比如我们在基础教育阶段需要学习的数学、物理、化学、历史、地理等科目。

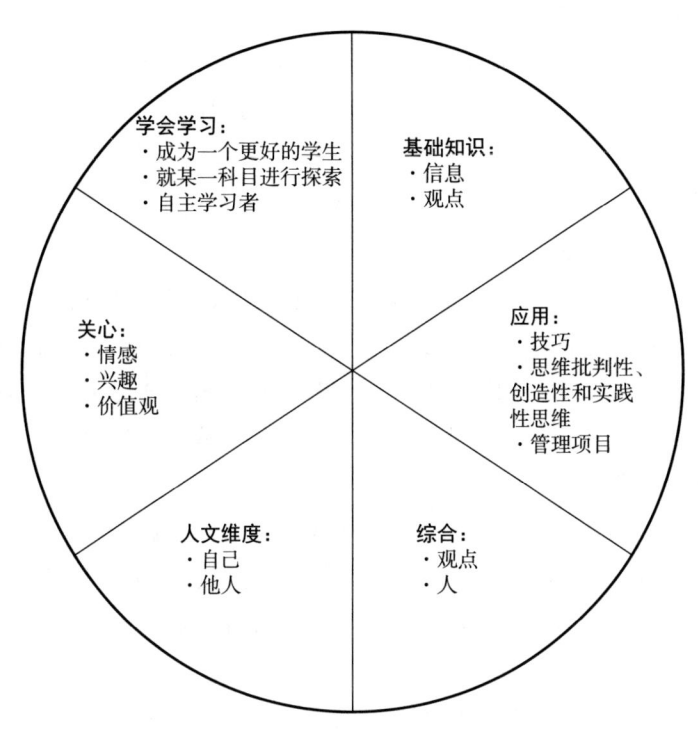

图 2-1　芬克的有意义学习分类

（2）应用。应用学习在现实世界中很重要，因为可以使其他种类的学习变得有用。因此，除了学习基础知识外，学生还需要学习在现实世界中如何进行某些活动，这些活动可以涉及多个方面，比如智力的、体力的或者社会的。

（3）综合。综合是更高一个层次的学习，需要理解和洞悉不同事物之间的关系，比如把不同领域的思想和观点能够联系起来思考，把生活中不同的事情联系起来。这种新的联系可以赋予学习者新的力量。那些有创新思想的人往往能够将看上去不相关的事情联系起来，从而创造出新的观点、新的产品和新的方案。

（4）人文维度。人文方面的东西可以帮助学生深入了解自己和他人，从而更好地与自己和他人相处，同时发掘出所学知识的个人和社会意义。一方面，可以使学生对自己产生新的理解，改变自我认知和形象，或者对自己的未来与发展也产生新的视野和理想。另一方面，在与他人相处时，可以对别人有更正确的理解，从而知道如何更有效地与他人交往互动，如何处理与他人的关系。

（5）关心。学习经历有时会改变一个人与外部世界的关系，让学生对某些事物产生新的认知和新的关注，对之前漠视的东西可能会产生兴趣，引发新的情感，甚至改变自己的世界观和价值观。同时，当学生对某种事物给予了新的关注，就可能产生新的认知，有时新的事物将成为学生生活中新的力量和动力，从而让学习更有意义。

（6）学会学习。在学习的过程中，更有意义的学习是跳出学习本身，来观察和了解自己的学习过程及其意义，比如学习的方法是否有效、如何提高自己的学习效率、如何成为一个自我驱动的自主学习者、如何更好地探究全新领域的知识等。这些都是学习的重要形式，可以帮助个人成为更加有效率和成果的学习者。

芬克的学习分类法给我们带来一个重要的启示，即学习分类不一定是具有学科意义上的严谨性，而是要在实践意义上具有密切的关联和互动。当学习分类的各个种类之间存在密切联系且能相互强化和增效时，这对教师和学生来说都是非常有意义的学习。也就是说，教师不是要在不同的学习种类之间做取舍或权衡，也不必为了聚焦某类学习而不得不忽视甚至牺牲其他种类的学习。相反，有意义的学习分类可以让教师和学生在学习上相得益彰。比如，如果教师帮助学生学会运用课程中的理论概念和方法来有效地解决某些问题的方法（应用），学生就可能对该知识的学习价值产生兴趣和动力（关心）；或者当学生能够找到不同学科知识之间的联系，并且能够有效结合起来解决一些更复杂的人际问题时（综合），就更容易体会和洞悉所需知识对自己和对他人的意义（人文维度）。总之，芬克的学习分类让我们明白，有意义的学习能够把学生的学习过程变得更加有效，让学生从多方面受益，且全身心地投入到学习中，同时让人感受到学习的意义。

（三）Kraiger 的学习成效分类

Kraiger 等（1993）提出了一个学习成效分类模型（见图 2-2），将学习成效分为"认知方面的、技能方面的和情感方面的"三大类，每一类又包括不同层次的小类。该模型整合了多个学科领域的研究成果，总结出来的学习成效类型及维度极大地拓展了我们对学习成效的理解深度和广度。该模型为教学与培训的设计与评估提出了一个非常有价值的指导框架，同时也为

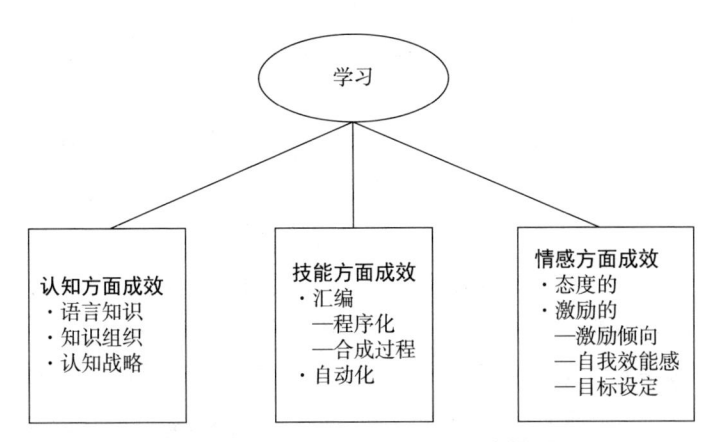

图 2-2 Kraiger 的学习成效分类模型

商业模拟学习成效的评估提供了一个很好的基础。以下将对该模拟的一些重要内容和观点阐述如下：

1. 认知方面的学习成效

认知主要指掌握的知识类别与数量，以及这些知识要素之间的关系。从评估的角度来看，认知不仅要聚焦在静态知识的学习上，还包括知识获取、组织与应用的动态过程。认知方面的成效主要包括"语言知识、知识组织和认知战略"三个层次，这三个层次具有递进关系。

第一，语言知识（verbal knowledge）。主要指对陈述性知识（declarative knowledge）的获得与记忆。其要求主要体现在知识掌握的速度和强度上，速度是指在给定的时间内掌握知识的数量，强度主要指回答的正确程度。

第二，知识组织（knowledge organization）。在陈述性知识学习的基础上，学习者会开始聚焦于程序性知识（procedural knowledge），即如何组织知识。与知识的记忆与储存相比，研究者已开始更多地关注知识是如何组织的，并由此提出了"心智模式"（mental model）这个概念。心智模式作为学习机制，学习者可以用其来描述任务的功能与形式，解释和观察任务的整合，预测未来的任务需求。心智模式包括知识结构、认知地图和任务图式等相关概念，不仅对已有的信息进行组织，还会影响新知识的获取。研究发现，在一个领域里，专家和新手的心智模式是完全不同的，其不仅表现在所储存元素的类型和复杂度不同，而且这些模式元素的组织与关联度也是不同的。

第三，认知战略（cognitive strategies）。认知的最后一个层次主要聚焦认知战略的发展与应用。个体的差异一定程度上表现在知识的获取与应用是否更快速与流畅。通过持续的联系，一些复杂的行为得到内化，内化程度越高，就有更多的认知资源用于执行功能或战略发展。由此，提出了"元认知"(metacognition)的概念，即个体对自身认知的知识和管理，元认知技能主要包括计划、控制和修改适合目标的行为，或者说对任务需求与个人能力之间关系的理解。同样，相关的研究发现，专家与新手的元认知技能是不一样的，前者远远超过后者，前者更能准确地判断新问题的难度，并更可能中断那些最终被证明不成功的问题解决战略。

2. 技能方面的学习成效

技能发展主要包括目标导向，以及一系列循序的和有层次的行为举止。技能发展在理论上通常有三个可确定的步骤：①初始技能获取。初始技能获取涉及从陈述性知识到程序性知识的转换。程序性知识可以让学习者的行为得到重复。②技能编辑。在重复所学的行为获得初步成功之后，编辑技能就会在持续的实践中产生，这个阶段的表现就是更少的错误，并且能够将离散的步骤整合成单一行动。③技能自动化。这个阶段是技能发展的最高阶段，其表现不仅是更快地完成任务，而且能保持平行且连贯地完成一系列行为。相对来说，技能编辑与技能自动化是技能发展的两个高级阶段，也通常是在技能发展中希望获得的学习效果。

其中，技能编辑阶段学习的行为会表现得更快更流畅，同时错误更少。编辑通常由两个相关联的过程组成：①程序化(proceduralization)。在程序化的过程中，学习者会将一些小的和离散的行为组建成领域特有的惯例(routine)。例如，一名计算机程序员会学习将不同的故障排除测量运用到不同类型的问题上。②合成过程(composition)。合成过程与程序化同时开始，但也可能在其之后持续。在合成阶段，学习者会把一些步骤进行分类聚合，将先前学到的一系列程序联结成一个更复杂的制作过程。例如，一名网球运动员在初级阶段可能只能将一些分割的动作技能程序化，经过合成阶段后，就能将这些分割的动作融合成一体化的流畅行为。处于技能编辑阶段，学习者不仅可以在已有的任务场景中能在更短的时间里展现出更多更理想的行为，还能将所学行为进行调整以适应新的任务场景。例如，在销售人员与客户关系的有效性研究中，销售人员运用所学的技能来识别不同场景的共同点，然后在遇到一个非典型的场景时，销售人员可以改变其销售方法以适应客户的个体需求。

经过持续的实践，学习者可以达到技能发展自动化的阶段。自动化发展是在运行模式上产生一个转换，即从一种有意识的控制过程转换到一个自动化的进程。当行为成为一种自动化后，所需的注意力就会减少，这样个人就有更多的认知资源来处理其他外在的需求。这就好比驾驶员的驾驶技能熟练到一定程度后，他们就能在应对环境变化做出各种复杂驾驶操作的同时，还能够与乘客进行交流。

3. 情感方面的学习成效

情感方面的成效首先指的是态度（attitudes）的改变，因为态度能够改变行为与绩效。态度被定义为影响个人行为选择的一种内在状态（Gagne，1984）。其次，除了态度，激励（motivation）同样也是能够影响个人行为的一种内在状态。

首先，在组织的情感成效中，态度改变包括通过培训获得创造性的个人主义（creative individualism）、组织承诺（organization commitment）、意识到学习的重要性（recognition of what is important to learn）、群体规范（group norms）和对多样性的容忍（tolerance for diversity）。培训的目标包括内在的成长、自我意识和改变价值观。这种态度和价值观系统的改变对组织来说有时是一种终极目标，但这种改变首先可能需要技能方面的发展得到实现，一旦一种新的行为模式在组织中被证明能够有效地解决问题，个人逐渐认识到这种新行为模式的价值，那么这种新的态度和价值观就可能会内化到这种新的行为模式中。

其次，情感方面的成效第二方面就是激励，激励可以从激励倾向（motivational disposition）、自我效能感（self-efficacy）和目标设定（goal setting）三个方面来看。①激励倾向。激励倾向又可分为掌控导向（mastery orientation）和绩效导向（performance orientation）。掌控导向的特征是关注提升完成任务的能力，他们认为个人的能力具有可塑性，并通过学习目标的设定来提升这种能力，将学习视为个人决定的事情，将任务的成功与失败归因于自身内在的因素。而绩效导向的特征是期望做好以获得他人的正面评估，他们认为个人能力是较为固定的且不易改变。②自我效能感。自我效能感是指个人对特定行为的自我感受到的绩效能力。很多研究显示了自我效能感与任务绩效的正相关，并且还发现从心理过程来看，培训改变行为一部分是通过建立和增强自我效能感来实现的。因此，学习者的自我效能感可以作为培训中学习或技能发展的一个指标。大家普遍接受的一个观点是，自我效能感能够影响和决定一个人是否能够很好地应用其所学的知识和技能。③目标设定。相当多的研究显示了目标与目标设定在激励过程中的作用，那些能设定具体且有难度的目标，同时对这些目标又有承诺的人，更可能付出努力获得好的业绩。训练评估所设定的目标，其重要性有以下三个：第一，个体在主动自我管理过程上的差异性，包括设定目标和实现目标。第二，个体在目标的类型和结构上的差异性，被确认是专家和新手间的一种重要差异。第三，个体在目标设定意识和质量上的差异，可能会进一步影响培训所获得的知识和技能能否有效应用到工作中。目标设定的维度可以围绕目标的复杂度、目标的具体度、目标的难度和权变计划等方面展开。

总体上，情感方面的学习成效就是围绕着以上两个方面来看培训或教学是否影响到学生并使其发生改变。

以上学习成效模拟的重要贡献不仅是基于跨学科的视角提出了一个全面综合的评估模型，更重要的是，可以让我们看到在学习成长的过程中学习者作为个体会产生哪些变化和提升，模型所提出的诸多理论概念努力尝试着构建一个复杂且系统的学习机制，让我们理解一个人是如何通过学习或培训来获得成长的。

二、商业模拟的学习成效分析

相对来说，商业模拟的学习实践从时间周期上来看并不长，这一方面是因为商业模拟本身会受制于相关科技领域技术的发展与普及速度，特别是基于计算机技术的商业模拟系统；另一方面则是商业模拟作为一种教学实践，其得到人们的了解与接受也需要一个过程，特别是在理论上还需要对商业模拟学习的机制与效果有进一步的研究与认知。

在过去的几十年中，理论和实践界都在讨论一个问题：商业模拟应该带来怎样的学习效果？为什么能带来这些效果？这些基础的理论问题非常重要，因为其不仅为商业模拟的设计与开发提供指导，而且对于处于实践前沿的教学老师来说，还迫切需要在理论上找到商业模拟教学的理论基石。以下我们将聚焦在商业模拟领域对学习成效的一些研究成果做一些回顾和总结。

（一）商业模拟学习成效分类

Anderson 和 Lawton（2009）总结了近 40 年的研究成果，将商业模拟教学的成效分为三类，分别是知识学习、态度和行为方面的成效。

1. 知识学习方面的成效

成效主要有五个方面：①教授学生一般商业或特定学科的术语、概念和原则。②帮助学生掌握企业各职能(市场、财务、生产等)之间的相互关系。③向学生展示看起来相对简单的业务概念的执行难度。例如，要求学生实施概念往往会让他们发现，如制订商业计划并成功实施这样的活动，远比阅读这些计划或在讲座中听到这些计划更具挑战性。④加强对知识的记忆。大家早已经认为，与被动式的教育方式相比，参与活动的学习方式能够更好地记住概念及其关系。⑤使学生能够将所学应用到商业世界。因为模拟要求参与者扮演管理者的角色，模拟用户指出，模拟的表面有效性证明，学生更容易将他们在课堂上学到的知识应用到工作中。

2. 态度方面的成效

态度主要有三个方面：①改善学生对纪律的态度。②为课堂讨论提供一个共同的体验。这一点对于没有多少商业经验的本科生来说可能尤为重要。③让学生参与到学习过程中来。

3. 行为方面的成效

行为主要有五个方面：①教授学生应用商业的概念和原则来做出有效的决策。②使学生能够实施课程概念。实施课程概念而不仅是讨论课程概念的要求允许学生测试想法，体验他们的行动的后果，并对意想不到的结果作出反应。③提高学生与同龄人互动的能力。由于大多数使用模拟游戏的教师都让学生分组学习，因此人们相信学生将在游戏过程中学习人际交往技能。④让学生练习如何做商业决策。⑤提高学生的商业决策能力。

（二）商业模拟学习逻辑模型

Kriz 和 Auchter（2016）提出商业模拟学习成效研究需要用理论来驱动，逻辑模型解释了项目、参与者及其环境之间的互动如何得到项目想要的结果。在商业模拟项目案例中，学习模型也应该描述模拟特征、学习者特征和环境条件如何互动产生期望的学习结果（Kriz and Hense，2006）。该模型是基于创业模拟得出的,其商业模拟的逻辑模型包括三类变量:第一类是输入变量(input)或者是前因变量;第二类是过程变量(process)或者是项目活动;第三类是输出变量(outcomes)或者是项目结果。从图形上来看,逻辑模型就是用方块图形代表变量,用箭头来表示这些变量之间的相互关系。因此,三类变量之间将可能产生大量的研究模型和结果(见图2-3)。

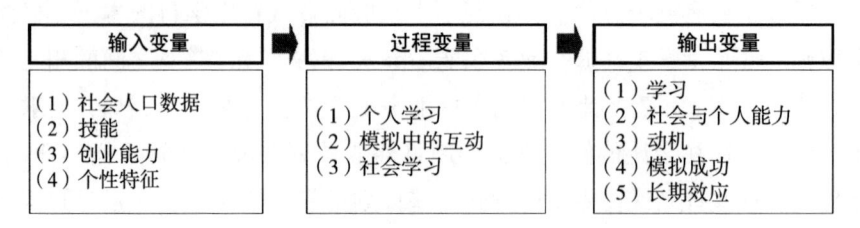

输入变量	过程变量	输出变量
(1) 社会人口数据 (2) 技能 (3) 创业能力 (4) 个性特征	(1) 个人学习 (2) 模拟中的互动 (3) 社会学习	(1) 学习 (2) 社会与个人能力 (3) 动机 (4) 模拟成功 (5) 长期效应

图2-3 基于创业企业模拟的创业教育逻辑模型

1. 输入变量

输入变量包括四个方面:①社会人口数据。主要包括年龄、性别、课程与学习阶段、新企业的属性、创建新企业的渴望、家庭中的创业者、先前的经验与态度。②技能。主要包括企业管理知识、商业计划的准备与社会能力。③创业能力。主要包括创新倾向、冒风险意愿、提前行动导向。④个性特征。主要包括成就激励、赢的意愿、独立愿望、情绪稳定、领导倾向等。

2. 过程变量

过程变量主要包括三个方面:①个人学习。主要包括过高和过低挑战、激励层次、角色承担和因果属性。②模拟中的互动。主要包括学习时间、模拟周期数量、模拟的类型(版本与复杂性)、研讨类型(必修课或志愿杯赛)。③社会学习。主要包括学生与学生互动(团队合作的强度与质量、领导力)、学生与教练的互动(支持/协助/任务报告的强度与质量)。

3. 输出变量

输出变量主要包括五个方面:①学习。主要包括专业技能、商业与经济知识、商业计划准备、创业准备。②社会与个人能力。主要包括团队技能、个人优势与劣势的认知。③动机。主要指试图成为一名创业者的倾向。④模拟成功。主要包括创业模拟的接受度、满意度。⑤长期效应。主要指参与者创建创业企业的真实程度。

基于以上模型，两位学者还在连续多年对上万名大学生进行调研和分析后发现了一些积极的成效，例如：①学生将模拟作为提升他们成为创业者或企业经理能力的一种工具；②模拟可以有效丰富参与者的企业知识；③模拟可以显著提升学生撰写商业计划的能力。

第二节　商业模拟的学习优势与变革优势

与传统的讲座、阅读、案例研究或其他学习方法一样，商业模拟或游戏只是获取知识的一种新方式，其不一定要取代传统教学方法，但完全可以补充和弥补传统教学方法的不足，将模拟或游戏作为其他类型解决问题活动的一个替代选择方案。与商业计划项目、嘉宾演讲活动或案例研究相比，商业模拟提供了一个更具互动性和参与性的环境，为未来现实生活中的创业决策提供了一个训练场地，从而帮助参与者在创业环境中获得实践训练。

一、商业模拟的学习优势与比较

在教育领域，知识以讲座、论文、阅读与测试等各种方法来进行传授，也是传统教育最为重要的内容；但相对来说，行动和实践性的内容在学校大多没有得到太多的重视。这种现象也被称为"一种象牙塔综合征"（a sort of ivory tower syndrome）：知识和理论被提炼出来成为一种被崇尚的对象，但行动和实践却似乎没有被重视。尽管一些学校开始重视学生的实习，但总体上学校还是将重点放在了知识的传授上，这种现象实际上已经开始被诟病。一些学者和知名人士很早就提出"行动"也应成为教育的主要目标，甚至认为只有行动才会激发学生的思考和学习。

"知"与"行"之间的不相关或脱节一直是个争论不休且令人困惑的话题，特别是在商科教育中，一方面，学生虽然被传授了一些理论和知识，但却不知道如何在现实商业世界中去应用；另一方面，有时知识落后于现实世界的实践发展，一些看上去成熟的知识体系似乎无懈可击，但在日新月异的商业实践中，已派不上多大用处。

这也就可以理解商业模拟教学方法获得青睐的原因,其所具有的学习优势可以有效促进学生的意义构建活动,弥合理论和实践之间的差距,增强学生的信心,提高其主动学习的能力。在一定程度上,模拟学习方式甚至被认为比在真实的工作环境或"在职"中学习更有效,因为后者虽然提供直接的经验,但会受限于任务的例行性和工作环境的复杂性。根据Tomlinson(2009)的研究,对于高校毕业生来说,刚开始一项新的有挑战性的工作,使其在身心上往往会承担过大的责任并承受过大的压力,而且这种状况在大多数工作环境中往往会持续存在。与此同时,能提供建设性反馈意见的经验资深同事,又往往因为太忙而无法提供太多有效的帮助和指导,这在一定程度上不利于满足学习者的实际需求。在这种情况下,在真实的工作环境中学习的一个可行的替代方案是在教育过程中使用商业模拟。

(一) 商业模拟学习优势分析

Faria 和 Dickinson(1994)认为商业模拟能带来许多优势:①学习管理的各个领域,从目标设定到战略形成,再到具体的战术决策;②学会与他人合作,通过他人主动学习,而不是被动学习;③在不为现实世界中做出错误决定而付出代价的情况下获得经验;④压缩时间可以在一周内完成相当于一年的训练;⑤学生可以得到即时反馈;⑥学习体验的兴奋感;⑦学生对商业有了更全面的认识。

Avramenko(2012)通过文献综述总结了商业模拟教学的优势,主要包括:①团队合作。有助于发展学生的团队合作技能。②动机。激发学生愉快的学习体验。③无风险环境。提供了一个试验某些决策的机会,这些决策在实践中可能太过冒险。④教学的多样性。除了讲座或案例研究教学外,模拟是另一种吸引学习者的方式。⑤体验式学习。确保快速和详细地反馈给学习者,以反映他们的行动。⑥价值经济性。与其他教学方法相比,模拟是一种成本效益高的现实生活实践的替代方法,效率相对较高。⑦定量技能。有效提高定量分析技能。⑧批判性思维。模拟有助于提高批判性管理思维能力。⑨简化现实世界。通过对现实世界的简化,将学习者的注意力集中在特定的元素上。⑩通过比较学习。允许玩家相互比较他们的表现,并与行业的真实数据进行比较。⑪提升谈判技能。支持挖掘团队内部谈判的潜力,必要时还可以跨团队进行谈判。⑫时间管理。提供在截止日期前工作的练习。⑬支持自主学习。帮助学习者理解理论，鼓励思考。

Asiri 等(2017)的文献回顾总结了商业模拟教学的一些有利因素：①模拟简化现实世界，让学生体验到现实世界商业问题的有效模型；②学生有热情且非常积极；③与传统讲座的教学相比，提高了学生的参与度；④能够架起理论与实践之间的桥梁；⑤相比其他教学方法更具高效能；⑥能够比较学生的学习绩效；⑦实验式学习可以通过快速和详细的反馈来帮助学生反思自己的行动；⑧帮助学生获得他们毕业时需要的技能意识；⑨让模拟参与者获得制定策略的经验；⑩学会时间管理，提供了在截止日期前工作的实践；⑪增加团队之间和跨团队成员谈判的可能性；⑫鼓励决策和团队合作；⑬有效提高学生的量化技能；⑭培养学生解决问题和分析问题的能力。

Goi(2019)回顾了 2001～2016 年的 18 篇文献，总结出了 30 条教学使用商业模拟游戏的重要因素，从出现频次来看，前八个重要因素分别是：①合作、参与、互动与观点讨论；②有趣和享受；③教学与学习的有效性；④在寻找解决方案中进行批判思考和获得高层次思考技巧；⑤游戏的设计是基于真实世界的复杂背景；⑥培养解决问题与做决策的能力；⑦成果、反馈与指导；⑧挑战性与竞争性。Goi 进一步将 30 个因素归为 12 类，分别是竞争、体验、分析训练、战略、决策制定、学习与目标、合作与团队工作、激励、理论概念的应用、主动学习、思想整合、有趣与享受因素。

当然，商业模拟除了以上优势之外，一些学者和实践者也发现其有一定局限性。Asiri 等(2017)的文献回顾也总结了商业模拟存在的局限性，例如：①无法对等地复制现实生活；②由于像游戏，学生们不认真对待；③仿真模型的局限性限制了相关理论的运用；④最新的模拟会增加变量数量和它们的关系，使模拟更加复杂；⑤商业游戏通常不允许来自不同文化背景的学生有效地学习。

总体上，已有的研究文献对商业模拟学习优势给予了全面的肯定，并且将其拥有的优势进行了全方位的分析总结。与传统学习方式相比，商业模拟确实在一些方面可以展示一些独特的优势，根据作者多年的教学反馈与思考，如果从学生学习的角度来观察，我们可以有几点重要的发现：第一，从学习的方式来看，商业模拟不再是老师向学生讲授知识，而是在合作、讨论与对话中来探索所学习的内容。这种教学方式表面形式上的改变蕴含了内在的重要改变，就是学生不能被视为嗷嗷待哺的婴儿，等待用营养丰富的配方奶粉来进行哺养，而是要把相应的学习问题以一种模拟的现实商业场景的形式呈现在学生面前，让学生感受到知识的短缺与饥渴，然后主动去寻找和学习相应的知识养分并帮助自己解决问题。第二，从学习的内容来看，传统教学方案与目标是要将成体系的学科专业知识传授给学生，学生尽可能有效地理解和记忆这些知识。商业模拟虽然也要求学生掌握和理解相应的知识，但更重视这些知识在模拟商业场景与问题中的应用，因此，所学习的知识看上去不是体系脉络和框架明晰的，而更像一张复杂和庞杂的知识网络，将各种看似无关但又是解决问题所需的各种知识联结在一起。也因如此，商业模拟让人感觉学习了很多内容，但是要让学生清晰地描述出来学到了什么内容，他们往往又难以总结和梳理。第三，从学生的体验来看，学生会有多种截然不同的体验及感受——适应的和不适应的，感兴趣的和不感兴趣的，积极参与的和想逃避的，愿意挑战的和避开风险的，喜欢竞争和厌恶竞争的，享受过程的和重视结果的，从这些体验和表现来看，商业模拟就像一张知识学习的试纸，可以测试出来学生对知识学习的认知、态度与自我激励。

（二）商业模拟学习优势比较

优势是一个相对的概念，只有在与某种学习模式对比时，我们才会有对这些差异的比较和分析，否则，我们将很难分辨出商业模拟的学习优势是否真实存在和为什么存在。这方面的比较研究不仅能够更有效地积累和提升我们对商业模拟的认知，而且能够更好地推动商业模拟学习与教学的变革与创新。

1. 商业模拟、案例分析与公司咨询项目比较

Chang 等（2014）研究了三种学习方法在战略管理课程教学中的使用效果，三种方法分别包括新创企业模拟、案例分析和公司咨询项目。在对MBA 学员进行问卷调研后发现：总体而言，与案例分析法和公司内部咨询项目相比，新的商业风险模拟提供了更成功的学习经验。具体的调查结果如表 2-2 所示，该表中的得分均值越低说明越有优势。通过调查结果，我们发现有以下观点：

第二章 商业模拟的学习成效与变革优势

表 2-2 不同教学方法的优势比较

问卷内容	新创企业模拟	案例分析	公司咨询项目
①学习新的商业和管理知识	2.00	2.10	3.50
②从高层管理的角度了解组织的运作	2.35	2.10	4.00
③职能领域整合学习(会计、财务、战略、市场营销等)	1.25	2.50	4.50
④提高识别问题的能力	2.20	2.18	4.00
⑤提高解决实际问题的能力	2.25	2.00	3.80
⑥学习如何基于不完全的信息做出决策	1.34	2.00	3.70
⑦加强理解如何寻找和使用信息解决问题	1.95	2.20	3.80
⑧提高业务运作规划能力	1.95	3.00	3.80
⑨提高决策执行能力	1.95	3.00	3.80
⑩增强独立工作能力的信心	2.15	2.90	3.50
⑪对自己的感情和信仰有更多的了解	2.25	2.60	2.55
⑫更加了解他人的感受和信仰	1.50	2.00	3.30
⑬提高向团队成员提供有意义的反馈的能力	2.00	2.45	3.30
⑭激励和你一起工作的人	2.55	3.25	3.25
⑮学会帮助他人解决冲突	2.55	3.20	3.20
⑯提高与同事清晰有效沟通的能力	2.10	2.10	3.00
⑰作为成员提高团队解决问题的效率	2.20	2.15	3.00
⑱了解自己作为管理者的重要事情	1.80	2.55	3.60
⑲尝试新行为	2.00	3.35	3.40
⑳学习新行为	2.00	3.15	3.00
㉑本练习给战略管理课程增加了很多现实内容	1.15	1.55	2.50
㉒明确你的职业兴趣	2.80	3.90	4.00

资料来源：Chang J, et al. Strategic Management：An Evaluation of the Use of Three Learning Methods in China[C]. Developments in Business Simulation and Experiential Learning：Proceedings of the Annual ABSEL Conference Association for Business Simulation and Experiential Learning, 2014.

（1）三种教学方法的优势具有显著差异。新创企业模拟、案例分析与公司咨询项目所有项目的均值分别为 2.01、2.56 和 3.48。通过将每个问题对三种方法两两进行配对进行方差检验，三种方法在均值上具有显著差异，说明三种方法在教学优势上具有显著差异，并且从均值上可以看出，新创企业模拟教学最优，案例分析教学次之，公司咨询项目最差。

（2）新创企业模拟具有绝对优势的项目。新创企业模拟教学自身具有四项绝对优势，分别是：①本练习给战略管理课程增加了很多现实内容（得分1.15）；②职能领域整合学习（会计、财务、战略、市场营销等）（得分1.25）；③学习如何基于不完全的信息做出决策（得分1.34）；④更加了解他人的感受和信仰（得分1.50）。

（3）新创企业模拟具有相对优势的项目。首先，与案例分析教学方法相比，具有相对优势的分别为：①尝试新行为（分值差1.35）；②职能领域整合学习（会计、财务、战略、市场营销等）（分值差1.25）；③学习新行为（分值差1.15）；④明确你的职业兴趣（分值差1.1）；⑤提高业务运作规划能力（分值差1.05）；⑥提高决策执行能力（分值差1.05）。其次，与公司咨询项目相比，具有相对优势的分别是：①职能领域整合学习（会计、财务、战略、市场营销等）（分值差3.25）；②学习如何基于不完全的信息做出决策（分值差2.36）；③增加理解如何寻找和使用信息解决问题（分值差1.85）；④提高业务运作规划能力（分值差1.85）；⑤提高决策执行能力（分值差1.85）；⑥提高识别问题能力（分值差1.8）；⑦更加了解他人的感受和信仰（分值差1.8）；⑧了解自己作为管理者的重要事情（分值差1.8）；⑨从高层管理的角度了解组织的运作（分值差1.65）。

2. 理论学习、案例分析、创业项目与创业模拟比较

（1）调研方法说明。本课程为作者所教授的"创业管理"，共有2学分36个学时。如表2-3所示，本课程教学内容主要有四个模块：理论学习、案例分析、创业项目和创业模拟。教学方式与内容安排详见表2-3中说明。

表2-3 "创业管理"课程学习模拟与教学方式

学习模块	教学方式与内容安排
理论学习	**教学方式**：教师课堂讲授各章节知识点，同时辅以学生自主阅读学习 **内容安排**：教师的课堂授课时间基本按照教学大纲的要求对各章节的核心内容进行讲解。同时会建议学生课后进一步阅读教材中未展开讲解的相关章节，但不会采用任何的检查或考核措施

续表

学习模块	教学方式与内容安排
案例分析	**教学方式**：分小组进行案例分析，然后教师组织案例课堂讨论与分享
	内容安排：分两种类型的案例分析：①小组课后案例分析。每个小组需选择一个教材提供的案例，小组在课后安排时间分析，并做好演示 PPT，然后在课堂进行一次分享。②班级课堂案例讨论。课程安排了三个案例，案例提前发给学生阅读，同时进行小组讨论后，再全班进行课堂讨论
创业项目	**教学方式**：分小组选择和策划创业项目，并运用相关理论和数据进行分析与分享
	内容安排：创业项目分析主要由小组在课后完成，基本要求如下：①要求每个小组选择一个创业项目，充分运用本课程各章节的知识点来对创业项目进行分析和策划。所有分析和策划在课后完成。②整个课程分享两次。第一次分享时间安排在课程期间，每个小组平均分享约 10 分钟。第二次分享由小组课后对创业项目分析进行录屏，时间要求为 10~20 分钟
创业模拟	**教学方式**：运用创业经营模拟软件平台，学生组成小组进行创业实践模拟，并对模拟结果进行讨论与分享
	内容安排：创业模拟运用了 CESIM 公司的 FIRM 创新创业软件平台，共训练五周，每周两节课。每次用一节课进行小组模拟、一节课进行讨论与分享

课程结束的最后一节课，我们对学习情况进行在线问卷调查，每个学生当场用手机完成问卷调查。问卷共设计了 17 个问题(见附录一)，分别对"知识学习、能力提升、自我认知、学习态度与感知、学习满意度"等方面进行了提问。问题的评分标准为 1~9 分，1 分表示非常差，9 分表示非常好。问卷调研对象均为大三年级的学生，专业为企业管理和市场营销，共计收回 43 份有效问卷。

(2) 四个学习模块的教学结果分析。第一，四个学习模块的总体评价。如表 2-4 所示，调研数据结果显示，创业模拟的等分均值除了在对"理论知识点的理解"上比案例分析低之外，其他问题指标的得分均值都获得了最高均值。其中，最大的均值差达到了 1.91，分别为"学习难度"和"学习时间投入"两项指标。我们进一步对每个问题指标的四种教学方式评价得分进行方差分析，有 12 项问题指标的均值差异具有显著性。此外，我们对 16 个指标的最终均值也进行方差分析，其均值差异非常显著($F=$

31.722，P=0)。即创业模拟在本课程教学中,其在指标体系所反映的整体教学优势非常显著。以下我们分别对四个学习模块的作用与效果进行详细探讨。

表2-4 不同学习模块的教学结果比较

指标	理论学习	案例分析	创业项目	创业模拟	方差分析 F值	方差分析 P值
①理论知识点的理解	6.56	7.21	6.60	6.98	1.741	0.161
②理论知识点的运用	6.14	7.19	7.00	7.26	5.515	0.001
③不同理论知识的融通与整合	6.26	6.95	6.77	7.51	5.840	0.001
④自主学习能力的提升	6.47	7.28	7.42	7.67	6.176	0.001
⑤沟通与合作能力的提升	6.12	7.19	7.58	7.72	10.294	0.000
⑥问题分析与解决能力的提升	6.28	7.28	7.19	7.70	7.560	0.000
⑦创业决策综合能力的提升	6.09	6.81	6.81	7.53	5.913	0.001
⑧创业企业成长的理解与认知	6.60	7.12	7.09	7.40	2.263	0.083
⑨创业能力的自我评估与认知	6.05	6.70	6.88	7.23	4.486	0.005
⑩学习兴趣	5.65	6.42	6.44	7.19	5.527	0.001
⑪学习难度	5.49	5.95	6.58	7.40	12.717	0.000
⑫学习时间投入	5.74	6.58	7.00	7.65	13.953	0.000
⑬学习方式与过程满意度	6.09	6.49	6.40	6.84	1.181	0.319
⑭理论知识学习的满意度	6.58	6.67	6.56	6.91	0.449	0.718
⑮个人能力提升的满意度	6.33	6.74	6.84	7.30	2.456	0.065
⑯综合满意度	6.63	6.81	6.79	7.16	0.800	0.496
平均值	6.19	6.84	6.87	7.34	31.722	0.000

资料来源：根据课程调研数据处理。

第二，理论知识学习的作用。首先，在对理论知识点的理解上，案例分析的得分均值最高，达到7.21，其次就是创业模拟，均值为6.98。但四种教学模式的方差检验并不显著。其次，在理论知识点的运用上，单纯的理论学习模式得分最低，并与其他三种模式具有显著的均值差异，但是创业模拟与案例分析和创业项目两种模式的均值差异并不具有显著性。最后，在不同理论知识的融通与整合上，创业模拟与案例分析不存在显著差异，但与理论学习具有显著差异，与创业项目研究的差异性显著性 P 值也达到了 0.091。

第三，个人能力的提升。在个人能力的提升上，创业模拟的均值均表现出显著的优势，这种差异性可以分为两种情况：其一，在自主学习、沟通与合作、问题分析与解决三种能力上，理论学习与其他三种学习模式均具有显著差异，但案例分析、创业项目和创业模拟三种模式之间并不存在显著差异，可以看出，后面三种学习模式给学生的自主学习能力均带来了很好的影响。其二，在创业决策综合能力的提升上，四种学习模式的差异性主要表现在理论学习与创业模拟两者之间，其他两两之间均不存在差异性。由此可见，提升学生的创业决策综合能力是创业模拟的独特优势。

第四，提升个人认知作用。在个人认知上包括对创业企业成长的理解与认知，以及对创业能力的自我评估与认知。前者的方差分析中，虽然整体上四种模式的均值并不存在显著性，但创业模拟与理论学习相比，两者均值差异的显著性达到了 0.068。在后者的方差分析中，创业模拟与理论学习的均值差异非常显著，P 值达到了 0.003。

第五，学习态度与感知。问卷调查进一步调查学生对四种学习模式的态度和感知。首先，从学习兴趣上来看，显示了创业模拟对学生的吸引力，与理论学习相比，创业模拟的均值具有显著优势，但其他两两之间并不存在均值差异性。其次，从学习难度上看，创业模拟具有最高的难度均值，且与案例分析和理论学习均具有显著差异，同时创业项目与理论学习之间也具有显著的差异性。最后，在学习时间的投入上，创业模拟均值最高，其与案例分析和理论学习均具有显著差异；创业项目和案例分析与理论学习之间都具有显著差异。

第六，学习的满意度。在学习的满意度上，问卷分别调研了四个问题指标上的满意度，但只有在个人能力提升的满意度上的方差分析具有显著差异性，且只发现创业模拟与理论学习两者对能力的提升具有显著的均值差异，其他问题和指标的四种学习模式均不存在显著差异。

二、商业模拟的学习变革优势

21 世纪出生的孩子从小就生活在一个计算机、移动终端和网络连接的时代，几乎没有哪个学生没有玩过计算机游戏，一些学生甚至在很小的时候就非常擅长玩一些复杂的游戏，而这些游戏往往需要学习许多复杂的游戏规则。随着学生在各种计算机游戏和网络游戏上花费的时间增多，也导致了这些21世纪的学生养成了不同的学习风格和模式，他们开始偏爱更直观、更具交互性、更注重解决问题的学习模式。虽然这看上去会给传统教学方式(如讲座和授课)带来一种新的冲击或甚至威胁，但我们也应该去发现和挖掘适合当代学生的学习模式。

(一) 基于问题导向的学习方式

基于问题导向的学习是一种有效的教学方法，让学生通过解决问题来促进学习。学生们通过良好的团队合作，确定他们需要学习什么知识来解决面临的问题，这是一种自我主导学习(Self Directed Learning，SDL)，并将他们学到的新知识应用到解决问题中，反思他们所学到的知识和所采用策略的有效性。在基于问题导向的商业模拟学习过程中，以下几个核心的学习逻辑得以贯穿：

1. 用问题激发学生有效学习

在PBL教学实践中，问题是激发学生学习动机的核心因素，可以用来促使学生积极参与自我主导的学习。在商业模拟学习中，同样需要运用问题来激发学生主动建构新知识，并将新知识与他们已有的知识紧密联系起来。为了刺激学生的主动学习，学生在模拟学习过程中需要面临与真实世界相似的一些问题。例如，现实商业世界中，企业将要面临业绩增长的问题、市场的开拓、技术研发，以及应对激励市场竞争的问题等。在商业模拟中，在学生去理解、认知和解决这些问题时，就需要主动去应用已有的知识。这些问题包括对一些现象的描述和解释，学生会发现他们可以理解其中的一些问题，但他们也会发现还不理解的问题，或仍然需要回答和深入研究的问题。当学生越能够感知到这些问题与真实世界的关系，特别是能感受到自身发展与成长之间的关系时，就越有动力和耐力去面对和解决这些问题。

问题的设计与解决就像征服一座座有挑战性的高山，在这个过程中，学生不但需要学习新的知识和获得新的技能，还需要探索如何运用这些知识和技能去有效地解决不断出现的挑战性问题。在模拟学习过程中，激发学生内在学习潜力的不仅是登顶(解决问题)带来的兴奋与刺激;同时,在攀登过程中的个人成长(学习新知识或新技能)同样能带来一种持续的自我满足与成就激励。由于模拟学习是学生组成团队共同参与的一种群体活动,群体活动中产生的社会比较效应又能对个人内在的激励产生进一步的强化。

在商业模拟课程教学实施中,需要让学生获得一种认知或心理暗示,问题出现不是一个负面或消极的现象,相反,问题是我们学习成长的标识与指引,就如登山过程中的新路标与新台阶,不断出现的问题就是我们学习成长的新目标与新机遇。当学生不再担心问题涌现,而是主动去发现问题和界定问题,积极去制定解决问题的策略时,不管这个问题最终的解决结果是怎样的,学生就已经迈上了一个积极的学习旅程,只要这个过程能持续下去,最终将会呈现一种"条条道路通罗马"的学习效应,就像通过不同的登山路径最终都能达到一个相似的高度一样,在这个学习旅程中,学生知识学习和能力提升都能够获得相应成果。

更重要的是,在模拟学习过程中学生培养出来的积极心态与行为模式,将有可能成为其个人职业生涯成长的坚实基石。面对现实世界中出现的问题与挑战,心里不是惧怕或消极应对,将有可能产生更积极的心态和行为,如果其能在模拟学习中建立一种新的成长认知——个人成长的本质就是面对现实世界出现的问题与挑战,不断地去学习新知识,培养知行合一的能力,就能应对各种问题与挑战。

2. 激励学生的自主学习

在 PBL 教学方法中,学生和教师的角色发生了转变。教师不再被认为是知识的主要储存库,而是一位协作学习的促进者。教师通过开放式的提问来帮助引导学习过程,这些问题旨在让学生把他们的思维表达出来,并让所有学生都参与到小组过程中来。这样,自我主导学习(SDL)就成为 PBL 的一个重要特征。在 PBL 中,学生对自己的学习负责,这就需要学生对所学内容进行反思和批判性思考;学生被要求运用他们的知识,成为反思和自主的学习者。教师的作用是支撑与协助,例如通过提问、澄清问题和应用知识来促进学生的阐述、知识的整合和相互作用。为了激发学生自主学习,教师不应该把自己的专业知识传授给学生,而是应该通过鼓励特定的认知活动来帮助学生探索知识。

在教师从传统的知识传授者向学习的促进者转变过程中，从心理和行为上要做一些重要的改变。首先，教师不再是知识的权威或垄断者，而要成为学习的策划师。在商业模拟学习过程中，教师可以继续扮演知识的传授者，但这个角色将要下降为一个配角或居于次要地位，其出现的时机可以在学生主动向老师请教时（因为这也是学生主动学习的表现方式），但即便如此，也不能用传统的教授模式把答案或知识直接告诉学生，而是循循善诱，围绕着问题让学生去接近或寻找有用的知识。教师将变成学习的策划者，即策划学习的总体目标、学习的场景与活动、学习问题及实施措施。其次，教师不是学习的监督者或指挥者，而是促进者。在策划之后还要有良好的实施与执行，因为在以问题为基础、以自我学习为主导的学习过程中，不可避免地会出现学习的障碍和困难，从而影响整体的学习效率，特别是对那些问题解决与自主学习能力较弱的学生，更有可能陷入"没有学习方向，丧失学习动力，茫然不知所措"的窘境，这时教师就要承担一个重要的角色——学习的引导者和促进者，来有效地推动学习的前进。

3. 激发团队的互动学习

商业模拟学习带来的最核心优势是学生的学习态度与行为的根本改变，这种改变不仅来自教师角色和教学设计的改变，还来自一些教学活动与实施模式的创新，例如通过团队工作来激发互动学习。PBL 的一个重要特点为学习任务是在小组中或由团队合作完成的，而商业模拟中的团队学习有其合理性、效率性和创新性。

首先，学习贴近真实的商业世界。企业绩效是部门合作成功的结果，部门绩效往往又是不同团队合作的结果，团队又是个人合作的成果，真实商业世界的成功非常考验团队的知识与能力。因此，如何促进学生具备团队层面的知识与能力，特别是如何通过团队合作与学习来持续获得与提升这些知识与能力，是商业教育中非常重要的一环。

其次，团队合作学习有其效率优势。这些效率优势体现在互动反馈、同理心交流和内部监督与激励等诸多方面，并且是教师这一角色难以实现的。其一，频繁的互动反馈。商业模拟中的学习团队围绕着要解决的问题，通过相互交流讨论来学习，每个人的想法与观点都可以即时得到反馈，从而不断刺激进行深入的思考，这种即时反馈的双向互动学习更有效率，同时还能有效地激发和保持学生的兴奋状态。其二，同理心交流效应。相比于教师与学生的互动，学生之间在年龄、知识水平与思维能力上较为接近与相似，可以更好地以同理心进行交流，在观点和情感上更能相互理解，能更好地去吸收对方的学习经验，并更有效率地提升自己的学习效果。其三，内部监督与激励效应。在团队学习中，学生之间可以相互监督，特别是在课程设计中如果涉及团队间竞争，即大家相互监督，每个人都应为团队的整体利益和荣誉做出贡献，同时团队互动学习中的表现还能产生自我效能感的激励效应。因此，在商业模拟训练中，团队互动学习内容的策划与实施要考虑如何让学习成为一个协作的过程，激励学生进行互动，从而对学习产生积极的影响。

（二）有意义学习与自主构建知识

1. 融入个人的经验与体验

在传统的课堂学习模式中，我们通常认为有成效的学习就是将前人的经验知识装入自己的大脑中。但是，知识只是通过记忆机制存储在大脑皮层中，其对个人具有的实质意义是有限的，就像罗杰斯提醒我们注意的，在课堂上学习到的一些东西很可能就像一些无意义音节，看上去复杂而丰富，但实则是无趣且无意义的，因为这个学习过程没有任何情感投入，也不会有任何的个人意义，它与整体的人也没有任何关系。在传统的教学中，我们还总希望学生时常保持"空杯"状态，即抛弃自己大脑中那些可能过时或多余的经验和知识，甚至不建议掺杂个人的情绪与情感，以免影响新经验和新知识的吸收。但是，在商业模拟教学中，我们认为学习的重要优势就是要融入个人的经验与情感，因为这些经验与情感不仅不是学生学习的障碍，而且是真正有意义学习的先导和催化剂，商业模拟的教学希望学生融入个人的经验与情感，就可以更有效地让学生全身心地投入有效的学习中。当学生能够充分投入到当下的学习情境中时，真正的深入体验就开始产生，有了真实的体验，真正有意义的学习就开始进行。在商业模拟教学中，当学生以经营者的身份开始体验企业经营的问题与挑战时，就会产生有质量的反思，学生就能从这些体验与反思中进行经验的提炼和知识的构建。

2. 面对未来世界的实践问题

在传统的课堂教学中，我们讲授的内容多是过去的经验总结与知识积累,这些经验和知识能够帮助我们面对未来世界的一个重要前提,就是我们未来世界的问题可以像过去一样重现。但现实中的真实商业世界告诉我们,我们生活在一个 VUKA 时代,其特征是具有易变性(volatility)、不确定性(uncertainty)、复杂性(complexity)和模糊性(ambiguity),我们根本无法凭过去的经验和知识来应对。因此,仅仅学习过去的知识和经验还不够,要应对未来商业世界的挑战,还必须基于未来世界的实践问题来自主构建知识。商业模拟本身是基于商业领域的知识与规律进行设计,其目的是要求学习者用行动来有效地实施或运用这些知识,所以商业模拟实践本身就是知识与行动的混合体。同时,当商业模拟想要展现商业世界的真实性与复杂性时,就会涉及更多的决策影响因素变量,由此为学生创造了一种和现实世界一样的特征,即复杂、不确定和多变,学生在进行商业模拟实践时,就能面对这些不断出现的问题进行知识的自主构建。

3. 在行动与反思中自主构建知识

如果从一个长远的人生发展周期来观察,知识学习不应该是一个结果,而是个体不断成长的过程。由此,有意义知识不应被视为一种静态知识,而应是一种动态知识。从知识学习的角度来评估,个体成长的关键不是体现为知识"量的积累",而是知识"质的改变",知识学习不在于累积,而在于更新迭代,动态知识才是个人成长的重要体现。要对知识进行动态更新,只调动大脑的记忆和存储功能是不够的,还需要持续的行动和反思。如前所述,商业模拟的设计不仅凝聚了人类过去积累的经验和知识,更重要的是,基于这些经验和知识构建的实践模拟场景,为个体和团队的知识动态更新创造了机会。在模拟实践过程中,我们需要参与模拟学习的学生必须持续地采取行动和反思,或者说在行动中反思,在反思中行动,由此我们就能让学生的知识处于动态的更新与构建之中。在模拟教学过程中,尽管教师会进行必要的指导,但这些指导并不能成为学生真正有意义的学习,只有当这些指导能够激发学生产生有效的行动和反思时,我们才能确认学生在进行有意义的学习,而且只要学生能够保持行动与反思,我们才有信心相信他们在自主构建知识。

(三)知行合一的综合能力训练

与传统课程讲座教学相比,模拟学习可以更有效地教学生将理论知识运用到真实的实践中，例如，Faria（2001）的研究发现，九个学生中有七个学生报道反馈参加了模拟学习活动后能够在一般的考试中获得更好的表现，并且感觉比在传统讲座中学到了更多的东西。

Crookall 等（2009）认为，与其讨论知识和行动发生的先后顺序，不如将知识和行动视为紧密地交织在一起的，两者彼此共同发展。如果事实果真如此，那么模拟或游戏就能提供一种学习渠道，让人们可以在知识与行动之间进行往复学习，让两者一起发展，或者让两者成为一体。基于此逻辑，模拟教学就可以通过灵活的方式来实现有效的"干中学"：①从知识到行动。模拟教学可以鼓励和帮助学生将之前所学的知识主动运用到模拟实践中。②从行动到知识。模拟教学可以鼓励学生通过模拟实践产生一些新理解、学习新技能、从具体的经验中获得知识。③整合行动和知识。鼓励和帮助学生在他们的行动与相关的知识间建立联系。商业模拟正是基于其硬软件技术来有效构建适合的商业实践场景，让学生能在不同的商业场景中，围绕着一些重要的决策问题来进行行动和学习，通过认知与行为之间的持续反思，从而获得综合能力的训练与提升。

1. 基于商业实践场景的行动学习

行动学习是由里雷格·瑞文斯教授在 20 世纪 60 年代提出的，起初主要是为比利时的一些大型企业的管理者培训，一下子获得了极大的成功，之后才逐渐向欧洲和全球其他国家进行推广，并成功应用于许多知名企业，例如 GE 公司。瑞文斯在行动学习方法中提出了一个学习方程：学习（L）=结构化知识（P）+质疑性见解（Q）。其中结构化知识（P）主要来自教材或课堂的专业知识，而质疑性见解（Q）则是一种问题驱动的探究。行动学习的成功也引起了国际上知名高校的注意和借鉴，例如由知名管理学者亨利·明茨伯格于 1996 年创办的国际实践管理硕士项目（International Master in Practicing Management，IMPM），其目标就是要改造传统的 MBA 教育模式，期望将管理发展与组织发展相联系。与行动学习有相同的理念，明茨伯格认为有意义的 MBA 教育是让学生实践管理，并通过自身经验的学习来强化实践，通过个人反思与质疑，并在开放性思维的团队成员中共享。

行动学习在企业的管理层培训或者是校企合作的学习项目中获得了较好的效果和推广，其中很重要的一个因素就是其学习没有脱离商业实践场景，即其所有的学习目标和学习过程都扎根了学习者已有的企业实践场景。例如，以其绩效提升的行动学习项目为例，其学习就可以分解为八个步骤：①使用平衡计分卡聚焦业绩问题；②组建推进团队；③制定业绩目标；④进行现状分析；⑤共创创新策略；⑥输出行动计划；⑦推进计划落实；⑧评估业绩成果。围绕着这个核心的业绩问题主线，个人与团队的知识与能力必须得到补缺和提升，行动学习的成果可以是实际业绩的提升，但更重要的学习目标，也就是团队成员的综合能力获得了提升。

在商业模拟中，通过计算机技术来模拟一个现实的商业场景，学生组建团队，基于模拟商业中的实践问题进行分析，并共同研讨和制定相应的解决策略，最后与其他团队进行竞争互动，得到相应的经营业绩，其学习逻辑与方法实质上就是运用了行动学习的相关理念和方法。虽然在一些步骤中与实际企业实施的行动学习相比可能会有所简化，但其在一些关键步骤和成功要素上是一致的。实际上，计算机技术模拟商业场景的优势给商科教育带来了更多变革的可能性，与单个企业相比，其可以给学生模拟任何行业任何价值链上企业的商业实践场景，并围绕这些不同的商业场景来给学生构建丰富多变的商业实践问题。

2. 围绕商业决策问题的能力训练

传统教学的核心逻辑是：具有知识储备的教师将相关学科的知识传授给学生，学生尽力记忆、理解和储备好相关学科知识，然后在实践中学生灵活地调用所学知识来应对和解决出现的各种现实问题。在这一核心逻辑之下实际上也有一系列假设：①知识具有一定的客观性和稳定性，这意味着这些知识不仅能真实地反映现实世界，而且能够有效地解决现实世界出现的问题。②知识学习与应用具有良好的可转换性，首先是教师能够将知识有效地传授给学生，学生又能够有效地记忆、理解和储备这些知识；其次是学生在面对各种实践问题时，可以有效地运用各种知识形成解决方案。因此，在传统的教学中，知识被视为最为重要的要素，所有的教学方法和步骤都围绕着知识的学习效率，知识非常稀缺和有价值，占据了核心的地位。

但是在知识爆炸的今天，知识似乎越来越唾手可得，这不仅加重了学生记忆和储备的负担，更是对知识的客观性和稳定性产生质疑，同时随着我们面临现实世界的复杂问题层出不穷，这种质疑更是在我们面对新的挑战时获得了进一步确认：我们学习和掌握的知识多了，但我们应对实践问题的能力却并没有增强。

与基于问题导向的学习逻辑相类似，行动学习将问题置于学习的核心位置，两者都没有否认知识学习的目标与重要性，但其学习逻辑却发生了一定转变：知识学习的目标是要更好地解决现实世界的问题，那么我们知识学习的方法和内容就需要围绕着问题的分析和解决来展开，并应得到解决方案实施结果的检验。围绕问题的知识学习不是一蹴而就的，而是一个不断质疑和反思的过程，这也意味着要求我们不要把知识学习判断的重点放在客观性和稳定性上，而是聚焦到知识的价值性和可转换性上，为此，我们可以不断质疑和反思我们现有的知识及其解决方案，以更有效地来为问题的解决找到最优的方案。在这个过程中，学习能力比知识本身更加重要，知识的转换比知识的储备更加重要，质疑和反思的能力是不可或缺的，因为其不仅能帮助我们筛选旧知识和学习新知识，更能帮助我们将知识更有效地转换成问题解决方案。由此，基于问题解决的综合能力训练在我们知识学习过程中开始获得关注和重视，甚至作为一个新的重要目标，与知识相比，能力不仅与行为更为密不可分，更有可能转换成有效的行动。

第三节 商业模拟的认知、态度与行为调研

一、问卷调查说明

本课程为大学四年级的一门必修课"工商管理模拟"，使用一款名为"国际化企业综合战略模拟"（英文名称为"Global Challenge"）的在线模拟软件。有四个专业的学生修读本课程，分别是工商管理专业、市场营销专业、人力资源专业和文化产业管理专业。每个专业一个班，合计共147人。问卷调查采取问卷星在线匿名调查，共收回126份有效样本，其中男生42

人，女生84人；专业分布是工商管理专业38人，市场营销专业40人，人力资源专业26人，文化产业管理专业22人。

问卷共调研了五个方面合计42个问题(见附录二)。五个方面的问题分布分别为："模拟认知与评价"10个问题；"知识学习效果"10个问题；"个人能力与技能训练"12个问题；"团队能力与技能"5个问题；"绩效评价"5个问题。

二、学习态度与行为分析

1. 对模拟系统的认知与评价

首先，我们针对学生对模拟决策系统的认知进行了调查，结果发现，总体上学生认为模拟决策系统具有较好的仿真度，同时也具有较高的复杂度和挑战性，并且模拟决策的分析工作量较大，学生需在课程上投入较大的分析工作量。具体评价如表2-5所示。

表2-5　对模拟系统的认知与评价　　　　　　　单位：%

模拟评价	均值	1	2	3	4	5	6	7	8	9
模拟决策系统的复杂程度	6.4	—	—	2	3	17	31	34	9	5
模拟决策系统的仿真度	6.2	1	—	5	3	19	28	31	10	3
模拟决策的分析工作量	6.4	—	1	2	2	19	26	36	10	5
模拟决策的挑战性	6.7	—	1	1	0	13	27	34	15	10
课程需要投入的时间量	6.4	—	1	1	2	21	33	28	6	10

注："均值"数据无单位。下同。

其次，我们对学生课后是否也需要投入大量时间来学习进行了调查。结果有些超出意料，尽管本课程没有要求学生必须课后投入时间学习，但却有87%的学生会自主投入时间学习。同时，投入学习的时间也令人感到意外，有42%的同学课后会投入1~2小时，20%的同学课后会投入2~3小时，甚至有11%的同学会投入5小时以上的时间进行课后学习，如图2-4所示。从课后学习的内容来看，大部分学生是与同学讨论进行模拟分析决策，也有超过半数的同学会主动学习模拟所需的相关专业知识，或者查阅决策指南。

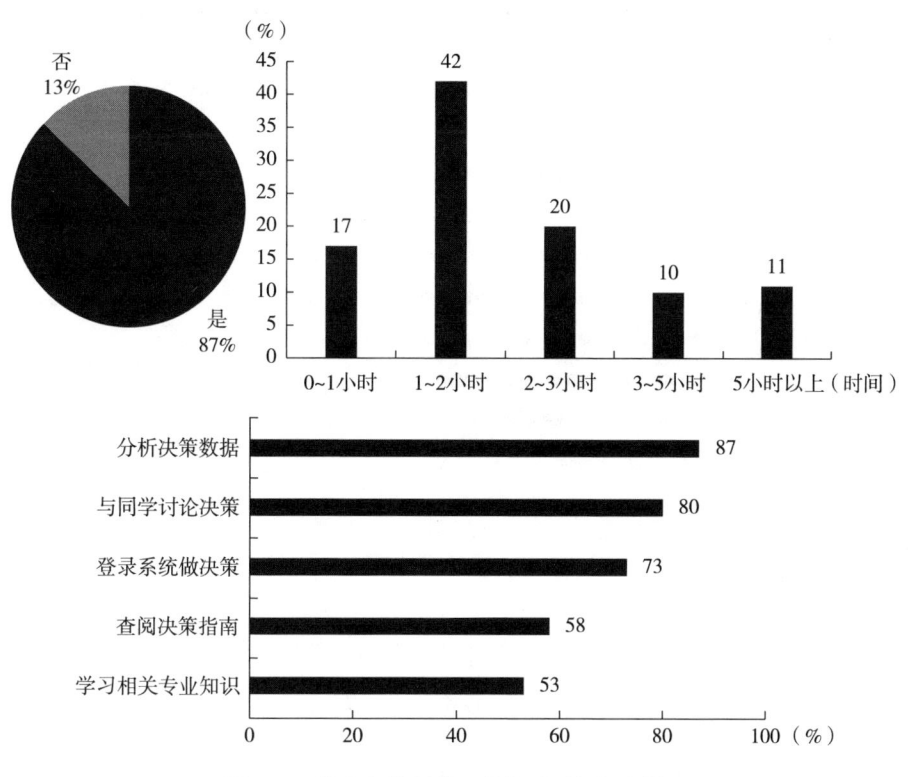

第二章　商业模拟的学习成效与变革优势

图 2-4　学生在模拟学习的课后时间投入情况

最后，询问学生对模拟课程的优势和劣势有什么看法。如图 2-5 所示，从模拟课程的优势来看，排前三位的分别是：具有竞争性、决策结果及时反馈和具有挑战性。同时也有半数的同学认为理论与实践相结合、团队合作相互学习和具有趣味性也是本课程的重要优势。从模拟课程的劣势来看，如图 2-6 所示，缺少详细的指导是最主要的劣势，有 52% 的学生有此反馈。此外，也有不少学生认为分析决策工作量大，比例达到 41%。

2. 模拟的知识学习效果

本模拟决策的完成需运用经济学和管理学等多个领域的知识，对其中较为重要且已体现在本决策系统中的知识进行调查（见图 2-7），其中超过 70% 的学生认为市场营销管理、战略管理、财务管理对正确的模拟决策最为重要，其次是市场竞争策略，有 2/3 的学生认为也非常重要，生产运营管理也被认为非常重要，有超过一半的同学做了选择。

061

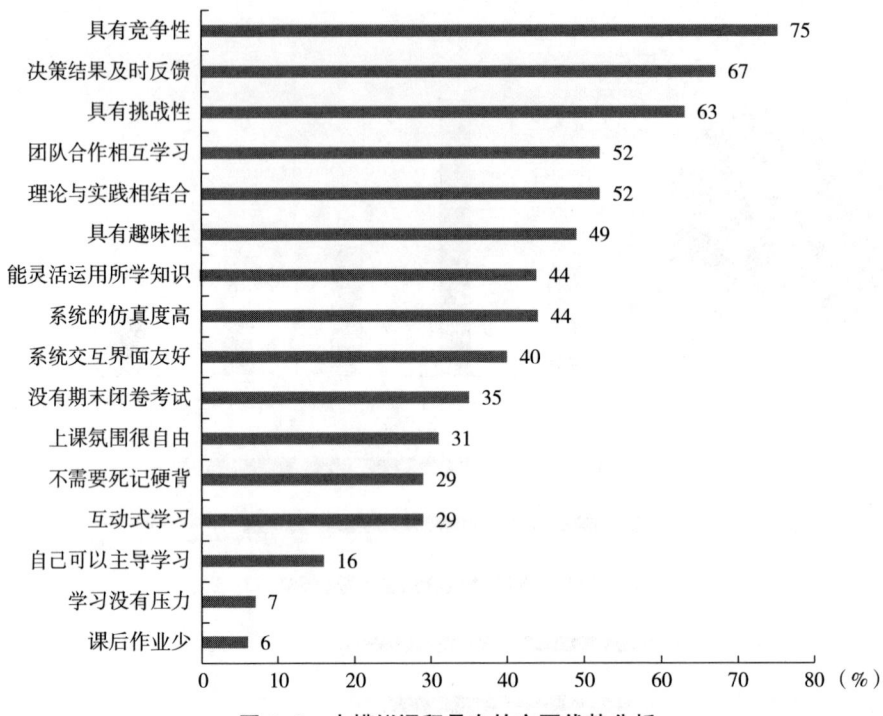

优势项目	百分比(%)
具有竞争性	75
决策结果及时反馈	67
具有挑战性	63
团队合作相互学习	52
理论与实践相结合	52
具有趣味性	49
能灵活运用所学知识	44
系统的仿真度高	44
系统交互界面友好	40
没有期末闭卷考试	35
上课氛围很自由	31
不需要死记硬背	29
互动式学习	29
自己可以主导学习	16
学习没有压力	7
课后作业少	6

图 2-5　本模拟课程具有的主要优势分析

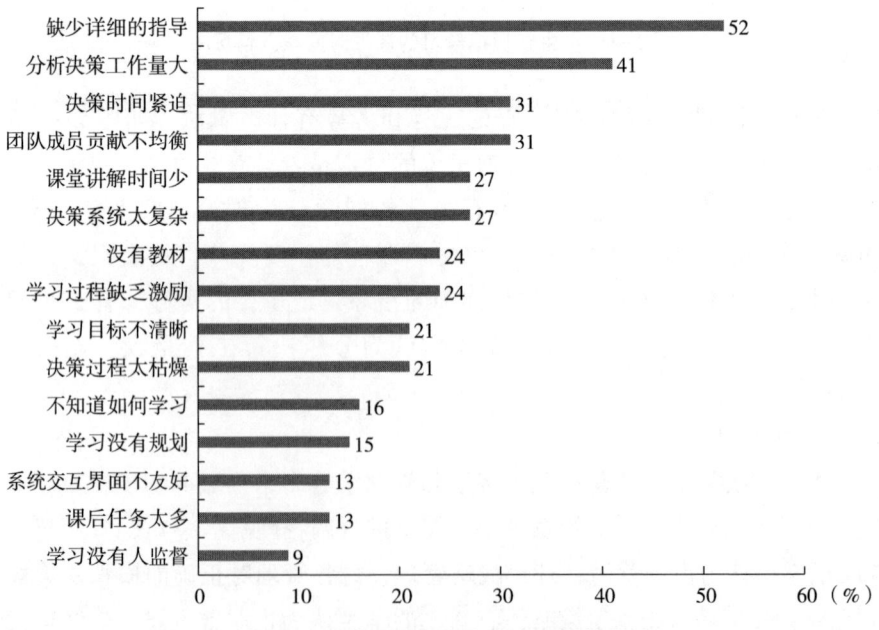

劣势项目	百分比(%)
缺少详细的指导	52
分析决策工作量大	41
决策时间紧迫	31
团队成员贡献不均衡	31
课堂讲解时间少	27
决策系统太复杂	27
没有教材	24
学习过程缺乏激励	24
学习目标不清晰	21
决策过程太枯燥	21
不知道如何学习	16
学习没有规划	15
系统交互界面不友好	13
课后任务太多	13
学习没有人监督	9

图 2-6　本模拟课程具有的主要劣势分析

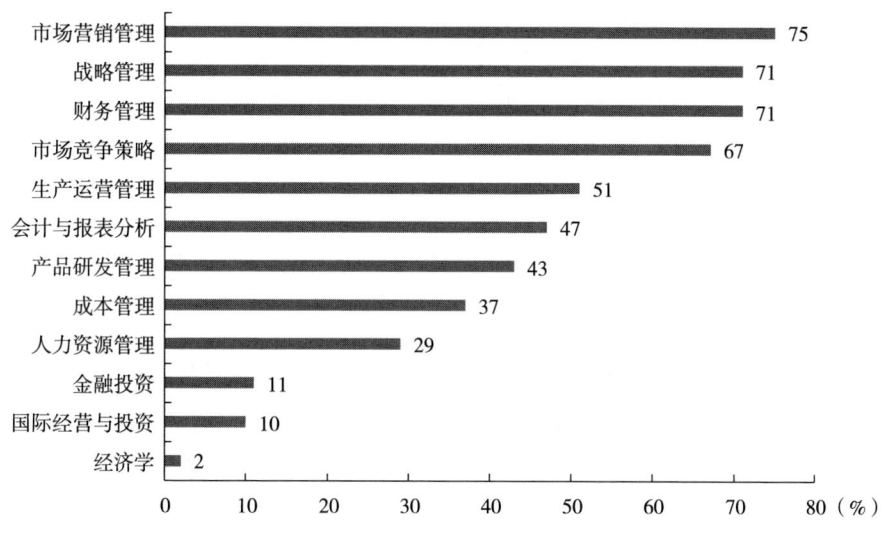

第二章 商业模拟的学习成效与变革优势

类别	数值
市场营销管理	75
战略管理	71
财务管理	71
市场竞争策略	67
生产运营管理	51
会计与报表分析	47
产品研发管理	43
成本管理	37
人力资源管理	29
金融投资	11
国际经营与投资	10
经济学	2

图 2-7 重要且已体现在本决策系统中的知识学习

在个人对各类知识的学习与理解程度上，学生整体上都有较好的表现。如表 2-6 所示，学生对市场竞争战略的学习与理解表现突出，本模拟系统营造了一种激烈的市场竞争氛围，在一种白热化的竞争中，学生对竞争战略的运用与理解产生了良好的效果。但是，学生对于财务与会计知识的理解和掌握相对较弱，尽管在之前的调查中认为这部分知识对正确决策非常重要，但调研显示，也有 30% 的学生对这类知识的学习与理解感到不足。最后，学生对不同学科知识的综合理解与应用程度反馈较好，整体上给予了较高评价，这也是模拟系统的一个重要优势，能够将不同学科的知识整合在一起让学生去理解和运用。

表 2-6 学生对知识的学习与理解程度　　　　单位：%

知识学习与理解程度	均值	1	2	3	4	5	6	7	8	9
企业战略规划	6.5	1	—	—	4	13	28	37	13	4
市场竞争战略	6.8	1	—	1	2	10	23	37	20	7
市场营销	6.7	1	—	2	4	11	17	40	19	6
财务与会计	6.1	1	2	4	8	15	29	24	10	7
人力资源管理	6.2	1	—	5	7	12	28	33	10	5

续表

知识学习与理解程度	均值	1	2	3	4	5	6	7	8	9
产品技术研发	6.5	1	—	2	7	15	18	37	13	6
生产运营管理	6.6	1	—	—	4	13	25	40	11	6
国际经营与投资	5.9	1	2	4	6	26	25	26	7	3
知识综合理解应用	6.6	1	—	—	2	14	24	40	13	5

3. 模拟的个人和团队能力与技能训练效果

本模拟系统对个人和团队的能力与技能要求较高，同时也能让学生获得较好的训练。如图2-8所示，在诸多能力中，超过70%的人认为能对"竞争对手分析与判断、数据分析与判断能力、沟通与合作能力、市场前景分析与判断"四种能力进行有效训练。55%以上的学生也认可模拟课程能对"市场营销决策"和"战略规划能力"进行有效训练。

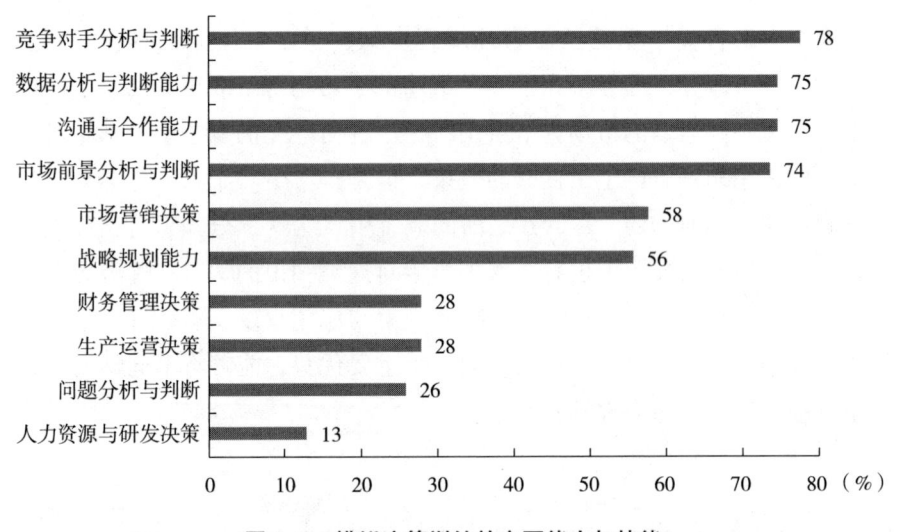

图2-8 模拟决策训练的主要能力与技能

- 竞争对手分析与判断 78
- 数据分析与判断能力 75
- 沟通与合作能力 75
- 市场前景分析与判断 74
- 市场营销决策 58
- 战略规划能力 56
- 财务管理决策 28
- 生产运营决策 28
- 问题分析与判断 26
- 人力资源与研发决策 13

在实际能力的训练提升上，整体也均获得了较好的改善，只有"财务管理决策能力"和"人力资源管理"两项能力相对较弱，其中人力资源管理有超过10%的人选择了低于中位值的评价，这也说明本模拟系统对人力资源的知识点和能力技能训练相对缺乏。在团队能力与技能的训练上，团队成员的沟通效率，团队的分工与合作效果，以及团队的决策效率都有较大的提升和改善。具体评价如表 2-7 和表 2-8 所示。

表 2-7 个人能力与技能的提升　　　　单位：%

能力提升	均值	1	2	3	4	5	6	7	8	9
沟通与合作能力	6.6	1	—	2	2	13	21	39	16	6
问题分析与判断能力	6.8	1	—	2	2	10	18	40	22	6
市场前景分析判断能力	6.7	1	—	2	1	10	21	38	21	6
竞争对手分析判断能力	6.7	1	—	2	2	11	21	37	17	9
市场营销决策能力	6.7	1	1	1	2	10	22	39	17	8
财务管理决策能力	6.3	1	—	3	6	17	26	29	11	6
生产运营决策能力	6.5	1	—	1	6	13	21	41	13	5
人力资源管理	6.3	1	1	3	7	13	29	29	13	5
产品研发决策能力	6.5	1	—	2	3	16	21	40	13	4
公司战略规划能力	6.7	1	—	1	3	8	29	33	21	4
决策数据处理与分析能力	6.7	1	—	2	5	9	21	37	21	5

表 2-8 团队能力与技能的提升　　　　单位：%

能力提升	均值	1	2	3	4	5	6	7	8	9
团队成员的沟通效率变化	7.0	1	—	2	2	10	13	35	27	11
团队分工与合作效果变化	6.9	1	—	1	4	10	17	34	24	10
决策分歧与辩论的激烈程度	5.8	1	4	6	6	25	21	21	10	5
团队的决策效率变化	6.9	1	—	1	2	10	22	31	25	8
决策效率与效果的提升空间	6.4	1	—	5	5	13	29	25	14	8

4. 学习绩效评价

本调查对学生的兴趣、学习胜任和满意度状况进行询问。其中，有超过 80% 的学生感觉模拟决策学习与训练过程具有趣味性，同时也有几乎相同比例的学生未来有兴趣参与此类模拟决策学习与训练。学生对模拟决策的胜任情况较好，大多数人认为自己可以胜任。最后，学生的满意度也较高，不仅对模拟决策学习与训练的方式与过程感到满意，对模拟决策学习与训练的结果更加满意。具体评价如表 2-9 所示。

表 2-9　模拟学习与训练的绩效评价　　　　　　　　单位：%

绩效评价	均值	1	2	3	4	5	6	7	8	9
模拟学习与训练过程的趣味性	6.5	2	1	2	2	14	25	33	15	7
模拟学习与训练的胜任状况	6.6	1	—	1	2	12	29	39	11	6
模拟学习方式与过程的满意度	6.7	2	—	1	2	14	17	40	15	8
模拟学习与训练结果的满意度	6.9	2	—	—	2	13	13	40	17	13
未来参与模拟学习的兴趣	6.7	3	2	2	2	12	13	36	18	13

第三章 基于商业模拟的知识学习与构建

第一节　知识分类与商业模拟学习优势

一、知识的内涵与分类

(一) 知识分类的思想和方法

对知识进行分类是人类学习知识和积累知识的重要方法。分类的基本思路一般是通过对事物本质属性的辨别，把同一"属"概念的事物细分为多个"种"概念的过程。知识分类就是把人类积累的知识基于其属性细分为不同类别的知识，并进一步梳理和分辨各个类别的知识在人类整体知识体系中的位置，以及不同类别的知识存在的相互关系。知识分类就像一张航海地图，是知识学习的一个必备工具，其不仅能为知识管理和积累提供一个框架体系，也可以为知识的学习提供更有效的路径，以便求知者能在茫茫的知识海洋中更快更好地航行。

知识分类本身同时也是极富挑战性的科学认识思维，我们对知识分类理论与方法如果有一个全面系统的认识，就可以为我们的知识学习带来很大助益。因此，本章首先对知识分类的一些重要思想和方法进行简要的梳理和回顾，这将有助于我们后面进一步理解和阐释商业模拟的知识学习优势与内在逻辑。

1. 按照研究对象分类

最传统的方式是根据研究对象进行分类，即以研究对象的性质来归属知识的类型。例如，研究对象可以分为自然界和人类社会，其研究的知识成果可以分别是自然科学和社会科学。我们目前对高等教育领域学科的划分，就是将所有学科划分为自然科学和人文社会科学两大类。其中，与人文社会相关的就属于人文社会科学，例如文学、艺术、哲学、美学、政治、法律、教育、历史等；相对应的自然科学则包括物理、数学、化学、机械、医学、建筑、工矿等。

2. 按照知识的效用分类

知识最早起源于人们日常生活所需，与人们的生产、生活密切相关的学科或技术往往先发展起来，其目的和价值是满足人们的生活和生产需要，其特点是经验性、技术性、实用性。例如，土地勘察与测量带来了几何学的发源与发展，房屋建筑和军事活动带来了力学的发展，个人健康和家畜饲养促进了生物学的发源，金属冶炼和纺织印染促进了化学的发展，等等。这种生活和生产所需带来的知识需求，其知识分类就自然成为一种重要的分类方式。该知识分类方法的优势是能更好地为知识的交流、创新和运用提供条件，将知识的沟通、共享、创新、适应、学习等运用视为一个动态过程。

3. 按照知识的学习方式分类

知识也可以按照学习方式来分为"事实性知识、方法性知识和价值性知识"三种类型。首先，事实性知识一般就是由事实所构成的知识，是我们学习的基础，事实性知识学习一般是让学生记住相关的事实，其主要强调知识的记忆。其次是方法性知识，主要是由一些方法构成的知识，是基于事实性知识的行动技能，主要强调如何"做"，只要看学生是否会做就能判断是否掌握了方法性知识。最后是价值性知识，是由价值观念构成的知识，一般涉及人生与生活的意义，是个人所形成的人生信仰和价值系统，也包括科学价值与学习意义建立起的信仰系统。与前两种知识不同，价值性知识学习需要思考或感悟。

当然，知识的分类还可以按照很多其他方式来进行，这些分类方法之间也并非泾渭分明、完全相互独立，而是存在许多交叉和联系；同时，任何知识分类体系都不是静态的，其总是随着人类对知识认识的发展而变化，知识的重新分类本身就是我们对知识的重新审视、评价和潜在价值挖掘的过程。

以下我们将主要介绍三类知识：陈述性知识与程序性知识；显性知识与隐性知识；元认知知识。对这三类知识的理解将有助于我们更好地理解商业模拟在知识学习上具有的优势。

(二) 陈述性知识与程序性知识

我们把知识分为"陈述性知识"(declarative knowledge)和"程序性知识"(procedural knowledge)，两种知识可以用内部和外部形式表征来进行辨析，其中表征(representation)是用来指代某一现实中存在实物的符号或符号集。首先，陈述性知识是指"知道什么"的知识，其内部表征一般可以采用概念、意象、命题等形式，其外部表征可以采用反映这些概念和命题的术语和语句等形式。而程序性知识是"知道如何"的知识，其外在表征可以是通过执行任务的实际行动，如果能够有效地完成某项任务，就表明他具有相应的程序性知识；其内部表征则是在脑中为完成任务所形成的特定神经回路，是一套神经的"刺激-反应"模式，该模式指导了执行任务所需的一系列动作。

因此，内部表征就是区别程序性知识与陈述性知识的一个重要依据，并且其关键差异点在于知识的内部表征或编码记忆的机制不同。首先借用认知心理学的理论观点，记忆分为编码、存储和提取三个阶段，其中，编码是指将某种物理感觉转换成能在大脑中记忆的表征；存储是指在记忆中保持编码后的信息；提取是指获取保存在记忆中的信息。由此，两种知识的关键差别就是在大脑中分别有两种系统和机制来记忆或表征，其中，陈述性知识记忆主要与大脑中海马、内侧颞叶和间脑区域内的神经元活动有关；而程序性知识记忆则主要与纹状体、杏仁核和小脑区域内的神经元活动有关。

(三) 显性知识与隐性知识

显性知识(explicit knowledge)和隐性知识(tacit knowledge)是知识管理中提出的一个重要概念，最早由匈牙利学者卡尔·波兰尼(Karl Polanyi)提出。从知识管理的角度来看，显性知识是指那些能够进行编码且易于转移和沟通的知识；而隐性知识则是难以编码且比较复杂和不容易沟通与共享的知识。这里较有价值的是隐性知识这个概念，其一般指那些难以用文字、图形、公式等方式编码，且高度个人化地体现为技能、技巧、诀窍、经验等形式的知识。显性知识和隐性知识的提出给不同的领域带来启示，日本学者野中郁次郎在其《知识创造公司》一书中就通过对隐性知识的深入研究，发现了企业竞争力的重要源泉，并提出了相应的知识管理方法和策略。在企业中，显性知识是我们一般所理解的知识形式，主要包括企业文件、手册、报告等一切能够呈现出来，让人可闻可见可学习的知识形式。对企业的竞争来说，更重要的是隐性知识，是指无法显性化的知识，它们无法以言语来沟通及表达，是一些难以形式化和具体化的技能，主要包括企业员工的经验、技术、文化、习惯等。在企业中，数量与质量比例占据优势的不是显性知识，而是隐性知识，显性知识就犹如"冰山一角"，隐性知识才决定了企业的命运。

（四）元认知知识

元认知理论是最新发展的认知理论，且在学术界并未形成较统一的认识。美国心理学家约翰·弗拉维尔认为元认知是"关于认知的认知"，即把认知活动的某一方面作为对象或对其加以调节的知识或认知活动。而法国学者约埃尔·普鲁斯特认为，元认知并不是关于认知活动的表征性思想，而是对一阶认知活动的卷入（engagement）和调控（guidance），通过把握认知感受和知识可供性的线索，实现认知活动与非概念规范之间的动态耦合。换言之，元认知的评估就是把一阶的认知活动当作行动，并且像评估行动成功的可能性那样，以对动态线索的把握来评估认知活动的正确性。尽管不同学者对元认知所用的术语存在一些差异，但是他们都有一个共同的认识，即元认知在学习者学习成长中会发挥重要影响。

目前，元认知已经作为一个重要的概念在学术界有了重要的地位，并被正式纳入教育目标分类中，与前文提及的事实性知识和程序性知识一样得到了关注和研究。在教学情境中，元认知主要包括三个方面：①策略知识（strategic knowledge）是指有关学习、思考和问题解决策略的一般知识，可以适用于不同任务与不同学科。例如，列提纲来组织学习，画知识概念图或认知地图，记学习笔记等，通过这些策略来对学习材料进行重组，以提高学习效率。②认知任务的知识（knowledge about cognitive task）包括适当的情境性和条件性知识。在学生完成不同学习任务时，将要求使用不同的认知系统以及相应的不同认知策略，学生发展了不同的学习和思维策略，才使元认知既包含策略本身，也包含应用策略的方法。③自我知识（self-knowledge）需要了解认知活动中自己所具备的优势和劣势，对知识掌握广度与深度的自我意识，以及个人应用策略的偏好。除了个人一般认知知识外，个体还有动机，动机又涉及个人的自我效能、目标或原因、价值和兴趣信念等。了解学习背后不同的动机将更加有助于学习者自我监控与调节行为，从而改善学习方法和提升学习效率。

二、知识分类隐含的学习问题

随着近代社会尤其是科学革命的迅猛发展，知识进入大爆炸时代，知识存量呈指数级增长，知识分类的重要性也越加显现，其可表现出多方面的价值。首先，随着知识存量的迅猛增长，如何使这些庞杂无序的知识更加系统化和条理化，以促进人类能够更好地学习和利用这些知识，就是一个非常现实且有价值的工作，否则即使面对一座知识的宝藏，人类可能也无法很好地进行开发利用。其次，对于每个初涉领域的学习者来说，当面对如此浩瀚广博的知识宝库时，就像一位刚驶入知识海洋的航海新手，如果没有一张知识的导航图与指路标，必将迷失在茫茫无际的海洋中。

应该说，知识分类本身是人类积累知识和学习知识的重要方式，正是科学的知识分类让人类文明不断演化升级，并发展到今天如此发达的程度。但在知识分类的另一面就是其所呈现出来的弊端，也得到了人们的重视，为此，本节以下主要讨论知识分类在人们学习过程中存在的一些问题和挑战，这正是我们在未来的学习过程中需要加以克服的。

许多学者在肯定知识分类的好处的同时，也批评了知识分类在教育应用中存在的很多缺陷与问题。首先，批评者认为知识分类会因为学科划分过于细致和绝对化，反过来造成学生综合运用知识的困难。例如，法国学者埃德加·莫兰在其《复杂性理论与教育问题》一书中就全面剖析了知识分类在教育实际应用中所造成的问题，并列数其带来了严重的"七宗罪"：①知识分类的不断细化，以及相应的知识学科细分，实际上导致了知识越来越严重地被肢解、分离、碎片化和孤立化；②知识过度分类也让知识越来越深奥与抽象，给知识的应用造成巨大障碍；③知识过度分类损害了知识的总体性与复杂性，隔断了部分与整体的互动与反馈等根本问题，致使知识严重不适应现实情景；④知识分类会导致人的背景化与整合化禀赋的减弱甚至消失，扼制人的理解与反思能力，降低个人产生长远观点的觉察能力；⑤知识分类让个人只愿对自己的专业任务负责，削弱员工的责任感，当个人不再愿意与不同专业的同事进行沟通时，将削弱组织内的团队精神；⑥知识分类会加剧科学学科与人文学科的分离，致使学科不断细分，学科变得超级专业化，更加让各个学科处于自我封闭之中；⑦教育是知识分类与学科分类的背后推手，同时又带来了教育的诸多问题，某种程度上也说明了基于知识分类的教育分科的失败。

应该说，莫兰的批评非常尖锐且深刻，这也是许多教育者一直面临的困惑或挑战。与莫兰类似的批评声音表达了一个简明的重要观点：人类不能过度地进行知识分类，更重要的是，在进行知识的分类同时还需要考虑如何进行合理的知识综合，只有分类与综合两者相得益彰时才能带来合理的教育。当代教育理论研究已认识到，分类在逻辑认识上有纯洁与独立的需要，综合则能呈现出事物间的相互影响与因果关联，基于分类与综合来开展教育教学是确保学生有效应用知识的必要前提。

更进一步看，由知识分类而形成的传统课堂学习模式也同样带来了严重的弊端和问题。联合国教科文组织发布的《教育——财富蕴藏其中》报告中强调教育不是在课堂中大量向学生脑子中灌满知识，而是要在未来社会中必须具备四种基本学习能力，要将"学会认知、做事、共同生活与生存"作为个人一生中的知识支柱。

第一，学会认知。报告指出，学会认知不能仅是获得经过分类的系统化知识，更加重要的是要掌握认知的手段。而我们的教育体系却已默认有效的和成功的教育，就是通过课堂教学能够将尽可能多的分类知识灌输到学生脑中。但令人尴尬的是，当学期结束或毕业后学生大概率就会把知识抛到脑后，在现实问题面前却似乎脑袋空空和手足无措。报告认为，认知是一种重要的学习能力，要学会用注意力、记忆力和思维能力来学习，学会认知就是要强调学会学习，即掌握认知的手段和方法，包含了学习知识、学会学习和学会思考。

第二，学会做事。做事的知识与认知的知识也密不可分，可以将两者简单理解为"行与知"的关系。我们在学校中会发现一些"高分低能"的学生，通常是学习成绩很好，但生活能力很差，尽管如此，我们的社会对此还似乎能够加以谅解；但是学生毕业后走入社会，如果还是表现得"高分低能"，即看上去懂得不少，可以夸夸其谈，但是却眼高手低，或者一上手做事就弄砸，根本无法解决自己面对的现实问题。因此，学会做事应该有更为延展的理解，其不仅让学生学会如何实践自己的所学知识，还要知道如何应对变化不定的未来，以及能去创造未来。需要注意的是，学会做事强调的是要能在实践中挖掘和培养出个人真正的实践能力，如人际交往能力、团队合作能力、冲突管理和解决的能力等，这些是个人在未来生存环境中需要拥有的必备能力。我们环境呈现出的"服务性活动"和"非物质化"发展特征实际上正在强化着这一趋势。

第三，学会共同生活。"如何与他人共同生活"是一种不可忽视的知识，从小处来看，其关系到如何与同学、朋友、亲人相处，从大处来看，其涉及如何与一个团体、组织与社会相处，可以说是一种非常实用性和普世化的知识，在学校培养学生拥有这种"和谐相处的知识"，会对学生未来的社会行为产生积极影响。因此教育可以采取一些特定设计的教学方法，以便让学生能逐步去发现他人和理解他人，并有机会与群体从事一些共同的计划。

第四，学会生存。如何生存是一个永恒的话题，在生产力低下的原始社会要逃避野兽和饥饿带来的生存威胁，在阶级社会要反抗阶级压迫和阶级剥削，即使在生产力发达的现代社会还要避免失业和沦落为社会边缘人员。此外，生存环境的破坏所导致的雾霾、水污染、土壤污染、食品污染，几乎威胁到了我们今天每个人的生存。因此，教育就是一个人内心成长与成熟的旅程，包括"身心、智力、责任感、价值观和审美意识"等诸多方面的发展。学会生存就是要教育学生"学会做人"，要学会首先对自己负责，然后对他人负责，最后对社会负责，真正成为一个全面发展的人。

总之，该组织的报告实际上是提倡要突破传统课堂教育的局限，即不仅是基于知识分类传授给学生不同领域的专业知识，还要注重培养将所学知识转化为实践的能力，并能够在未来变化的环境中学会学习，实现个人身心的全面健康发展。

三、商业模拟的知识学习优势

如果商业模拟在知识学习上具有优势，那么重点应该不会仅仅是表现在知识的记忆与理解上，实际上，我们传统的一些教学方式在知识的记忆与理解上已经做出了许多的变革尝试，其效率也取得了许多的进步与突破。那么，商业模拟的知识学习优势主要体现在哪些方面呢？基于已有的实践经验与研究成果，我们可以总结以下几个重要的方面：

（一）知识的理解与领悟

传统商科教育模式具有一定程度的自然科学原子论认识逻辑。所谓原子论方法，即为了对客观事物有本质的认识，需要对客观事物进行深度的解剖分析，不断地把整体分解成更小的组成部分，直至不可分的基元（如原子或元素），然后从基元的属性及关联中去寻找客观事物整体的属性和特征，其潜在认为各个基元的总和就形成了整体的属性与特征。原子论方法的主要任务和方法是要溯源研究构成客观自然对象的"原子"及其属性，以此为基础来概括宇宙物质的属性及规律。原子论方法认为从整体客体中分离出来的"原子"具有不变的属性，只要能分析研究清楚原子的属性，就能还原认识客体的属性和规律。其基本的思维逻辑就是先部分后整体，先分析后综合。在研究问题时也遵循对基本原子、元素和因素的观察、分析和研究，然后再达到对于问题系统机制和规律的认识方法。原子论在对整体与部分关系的认知上，也持有了简单机械论和累加关系原则，即忽视整体事物组成部分之间的互动关联，认为事物整体无论在组成、性质还是功能上，都可以通过部分累加的方式来认识。

传统商科教育领域也有类似思维和模式，即我们将一个领域划分为不同学科，每个学科划分为不同专业，每个专业由不同课程组成，每门课程由不同知识模块构成，每个知识模块会包含若干知识点。以企业经营领域为例，其中的工商管理学科就设有工商管理、市场营销、会计学、财务管理、人力资源管理、国际商务等不同的专业；以工商管理专业为例，其专业教育由管理学、运营管理、战略管理、人力资源管理、市场营销、财务管理、国际商务等课程组成，其中管理学这门基础课又由计划、组织、人员、激励和控制等知识模块构成，而每个知识模块再由若干知识点构成。

商科领域这种原子论式的教育思维和模式看上去是科学的和有效率的，其可以在短的时间将商科领域大量的知识框架和内容成体系地转移和存储到学生的大脑中，但是，其存在的问题也是明显的，即知识转移得快、遗忘得也快，并且存储在大脑中的知识依旧不能形成对商业的理解和领悟，虽然学习了大量的商科知识但对商业的认知却很少或很肤浅。实际上，后者才是教育的本质或核心，就如爱因斯坦说的"教育就是当一个人把在学校所学的内容全部忘光之后剩下的东西"。

商业模拟学习在一定程度上可以克服这种原子论思想下的学习模式，与原子论认识的逻辑相反，其不是层层分解应对商业世界所需的知识，而是将所需知识在可能的情况下整合在一起，让这些知识综合来反映现实商业世界，学生必须在一个系统中去理解和应用这些知识，具体来说其可以体现出以下优势：

（1）场景化的知识学习优势。商业模拟通常会模拟一个商业场景，并在这个商业场景中设计若干相互关联的决策问题，学生需基于对该商业场景的理解和判断，并应用相应的知识点来分析和思考各个决策问题，因此，其所能理解的知识点和决策点就不是孤立的，而是能将这些知识点和决策点的角色与效用置于可以感知的商业场景中进行理解和评估。

（2）知识网络化的知识学习优势。正是由于放在一个大的商业场景中去理解和领悟知识，学生关注的就不仅是各个知识点和决策点，其更能关注到这些知识点和决策点之间的联系与联动，即知识不再是以要点和卡片的形式存储进学生的大脑，而是以一种网络化的结构进行建构和内化，这种网络化的知识结构不仅更能真实地反映现实商业世界，而且让学生对知识的理解和领悟有质的提升。

（二）知识的应用与实践

商科是一门实践导向的学科，实践是检验学习成效的核心标准，因此知识的应用与实践是商科学习的最终目标与归宿。传统商科学习以知识传授为主，因此需要承认或者默认的一个潜在逻辑是：如果学习了商业世界的知识，学生就能够将这些知识应用于商业实践。

但是多年的教学实践经验告诉我们,在商科这种实践性强的学科中,从知识理解到实践应用往往存在一个巨大的鸿沟。这点和军事战争中的知识学习与实践能力具有类似之处。历史上很多的案例一再告诉我们,光有知识而没有实践往往是非常危险的,就如我们耳熟能详的"马谡失街亭"的三国故事一样:马谡自幼熟知兵法,才气过人,诸葛亮十分器重,行军打仗,二人常常促膝长谈,彻夜谋划,诸葛亮甚至称其为"旷世奇才";但是,饱读兵书的马谡一到领兵打仗就兵败如山倒,其失败最核心的原因就是缺乏实战经验,犯了常识性的错误,做出了致命的错误决策。商业实践同样如此,只学习商科知识是远远不够的,必须要有商业的实践体验,才能真正实现"知行合一"。

我们在商业模拟的实际教学中也能发现这种"知与行"之间的巨大鸿沟。学生在做企业经营模拟决策时,表现出了"知与行"之间存在的巨大反差,例如有这样一些现象:①在实践模拟中与所学知识建立不起联系,即实际学过的知识依旧存储在大脑中,但根本不知道与实践有何联系,就像没有学过一样。这在一些比较宏观层面的知识上有很多体现,例如战略管理的知识虽然学了,但很多学生在实际决策时没有任何思考,其他的如经济周期概念、产品周期概念、行业周期概念等更加宏观的概念则表现得更加明显。②学生知道模拟决策可以关联到一些所学知识,但不知如何运用这些知识进行分析和应用。例如,学生虽然都学习过财务与会计课程,但在分析商业模拟中的财务报表和相关数据时,却没法用财务与会计知识来分析和判断企业经营的现状与成果,更难以用财务与会计数据来指导经营的改善。③最令人担忧的是,学生虽然看上去学习了大量经济与管理的相关专业课程,但在经营决策时却非常缺乏一些基本的商业认知与常识。例如,学习了市场营销知识,却没有客户和市场的概念,连对产品的定价都没有基本的思路;学习了行业竞争和企业竞争战略的知识,但对行业和市场的竞争根本没有关注的意识,对竞争对手的经营行为也几乎是视而不见;学习了投资相关的课程,但对利润、成本与收益却不加思考和关注等现象。总体上,就是所学知识与理论并不能给学生的商业认知和经营决策带来预期的实践效用。

如果商科学习应该实现"知行合一"的目标,那么我们就有必要反思传统课堂知识学习模式的实际效果,而商业模拟在"知行合一"的学习目标上具有其特定优势，其主要可以体现在以下几个方面：①在商业模拟决策行动中评估和反思所学知识。仅仅凭思辨和推理是难以获得真正的商业认知的，体验式学习才能促进学习者进行有效的评估和深刻的反思，决策模拟就是让学生经历体验学习后产生有效的反思。②在行动反思中去学习和提炼有效知识与概念，这是对已有知识或新增加知识不断抽象和内化的过程，经过学习者亲自提炼和亲身实践过的知识才更有可能转变或内化为决策行为的理论指导，否则就是与实践行为毫无关系的一些储存在大脑的文字和符号记忆。③进一步在模拟决策行动中去检验自己的反思与认知。模拟决策不是简单的重复训练或熟练，也不是简单的知识积累或增加，而是在知与行之间建立一种螺旋上升的反馈机制，每一次的模拟决策过程都是在一个新的认知平台上不断提升自己。

正是基于以上学习机理和优势，商业模拟可以让学习者在"知"与"行"之间的鸿沟上搭建一座桥梁，来实现"知行合一"或"知行一体化"。

（三）知识的融通与整合

人类社会可以看成一个复杂系统，复杂系统包含了一些重要特征：第一，系统必须由若干要素组成，单一要素不能成为系统，由要素组成了一定的结构，系统才具有可分析性；第二，要素一旦形成了特定的结构，其中最重要的研究就是各个要素之间，以及要素与整体之间的相互联系与作用；第三，研究清楚各个要素如何联结成为一个功能超过要素之和的有机整体；第四，系统作为整体所表现出来的功能，需要以结构为载体，因此结构研究的重要性不可忽视。以商业生态系统为例，其是以客户、生产商、供应商、经销商、竞争对手、投资商、政府等主体组成的具有一定竞争与合作关系的组织或群体，它们在生态系统中担任着不同角色，发挥着不同的功能，各司其职，但又形成互依、互赖、共生的复杂系统。

进一步地，作为商业生态系统中的企业也同样是一个较为复杂的经营管理系统，其需要统筹考虑企业经营管理的众多要素和价值过程，即把人员、设备、资金、材料、信息、时间等各类资源合理地组织和整合起来创造更多的社会和经济价值，同时实现企业的多样化目标，其既要提高产品或服务质量，又要提升资本运营效率，能够实现创收盈利、降本增效、资本增值等多重目标系统。商业模拟系统实际上就是在模拟现实中的复杂商业生态系统，其目的不仅是期望更真实地反映现实商业系统，更重要的是培养学生能够以复杂和系统的思维来认知这个复杂世界，从而训练自身的认知能力。商业模拟学习在提升认知的复杂性和系统性上具有诸多优势，可以表现在以下几个方面：

（1）跨学科知识的融通与整合。尽管我们通过对学科、专业和课程的归类来不断分解复杂的社会知识系统，以便我们能更好地分析和理解庞大的知识体系，但是，如果我们不能将分解后的知识重新整合为一个综合的复杂系统来理解，那么我们在认知的过程中就可能会出现"见树不见林"的局限，只看到事物的局部特征与功能，却不能鸟瞰事物的全貌与效用。商业模拟的目标就是可以通过系统的建模和设计，将商业系统的综合性和复杂性尽可能地模拟呈现出来，让学生不是在每个学科、专业或课程中去思考和记忆这些孤立的知识点，而是在一个结构化的系统中来思考和理解各个知识点，实现跨学科知识的融通和整合。

（2）宏观与微观层面知识的融通与整合。商科学习所涉及的知识非常广泛，如社会学、经济学、金融学和管理学等，这些庞杂的知识在认知对象和现象理解上也各有所长。例如有些学科和专业的知识专注于一些较为宏观和抽象的系统和现象，有些则专注于一些较为微观和具体的事物与现象。传统商科学习的一个难点就是如何将宏观层面和微观层面的认知进行融通与整合，例如以宏观经济学与微观经济学为例，两门课程在分析对象和研究现象上各有所长，但是只有将这两个层面的知识进行融通和整合，才能让我们对社会经济现象有更深刻的理解。在管理学中也同样如此，我们虽然把战略规划、市场营销、研发创新和财务会计等学科专业知识进行分解学习，但真正要理解企业经营，就需要将这些不同层面的知识进行融通和整合。用一个形象的比喻，如果一个农民种地只知道闷头对脚下的土地进行深耕细作，对外部环境的节气变化却毫不察觉与理会，其种地的收成可能就需要凭运气了。

（3）静态思维与动态思维的整合。以知识的理解与记忆为主导的传统学习在思维上更趋于一种静态思维，即我们在寻找一种稳定或固定的认知模式来帮助我们预测与应对现实世界问题。而动态思维则深刻地认识到真实的世界，确定的因素是极少数，不确定的因素是大多数，并且不确定的因素会持续变化。静态思维偏好从固定的概念出发，循着固定的思维程序，以达到固定的思维成果，其优点是具有思维的程序化和准确化，其缺点是它是一种被动性的有限思维，有可能使思维陷入僵化与刻板，失去自身的主动性和创造力。相对应地，动态思维会根据不断变化的环境与条件来改变思维程序和方向，对事物进行调整与控制以优化思维目标。商业模拟的学习一定程度上较好地整合了静态思维与动态思维，特别是在动态思维的训练上，比传统的教学模式更具有独特优势。

因此，如果我们再次用军事战争来做一个类比理解，传统商科知识学习过程中注重各个知识点的精准理解和记忆，就如让战士进行一次次的瞄准打靶训练；而整合了各个学科和专业知识点的商业模拟学习，就如训练高级军官指挥一场资源耗费大、时间周期长、多兵种联合作战的大型战役一般，两种训练方式与目标具有非常大的差异性。我们应该深刻理解和利用商业模拟在学习目标、学习内容和学习模式上所具有的这些独特优势。

（四）知识的自主构建

商科学习的核心任务是要建立我们对商业世界的一些认知结构或模型，这些认知结构或模型的建立需要基于以下几个要点：

（1）认知结构或模型是一种相对性知识。认知模型是一种解释、假设或假说，它不是问题的最终答案，是帮我们去认识现实世界的一种工具（就像透视镜一样）。认知模型的正确性是相对的，不是绝对的，并且会随着人类认知的提升不断演化和变革。同时，认知模型的构建需要基于学习者自己的经验背景，取决于认知主体特定情境下的学习活动与意义构建过程，具有相对性和个性化，即每个人都可以构建自己的认知模型。

（2）认知结构或模型是认知主体主动建构的。认知模型的构造必须是认知主体自我主动行为的结果，学生通过自己的经验来构造自己的理解，外部灌输或强加赋予都是无意义的，因此，认知结构或模型不能是复制书本或教材上的知识，也不能是将老师、专家或权威头脑中的知识转移到学生的头脑中。认知结构或模型只能由学生主动构建才具有意义或有效。

（3）认知主体在知识自主构建中起到决定性作用。这种决定性作用可以从多个方面来理解：第一，认知主体学习的内在动机发挥决定性作用，只有调动学生的内在积极性，知识的自主构建才更具有效率，否则就很可能是被动灌输，而非主动构建。第二，认知主体原有的知识和经验会发挥重要作用，传统教学常常是将经过验证的知识从一个主体转移到另一个主体上，这种学习基本无须考虑和关注学习主体的已有知识和经验，但知识的自主构建则需要密切关注认知主体已有的知识和经验，它们在自主构建的过程中起到了关键的作用。第三，认知主体可以自由选择知识自主构建的方式。如果学习的主要目标是建立认知主体自己的认知结构或模型，那么所有的方法和方式都应服务于这一目标，因此，我们的教学方式也应尊重和适应认知主体的个性要求。

那么，商业模拟学习的优势就主要体现在：辅助学生更有效率地自主构建商业世界的认知结构或模型，具体来说有三个方面：①激发学习兴趣与动机。如前面的调查研究结果所显示，商业模拟学习过程对于学生来说更具趣味性和挑战性，学习结果与成效也具有更高的满意度，这是激发学生学习兴趣和动机的关键因素。从商业模拟的发展历史与趋势来看，随着技术的进步，其在激发学习兴趣与动机上都将具有显著优势。②在行动与反思中不断验证个人构建的认知模型。商业模拟不是依靠传统的口头讲授与理解来提升认知的，其主要通过不断的行动与反思来验证和完善自己的认知，有效反思会体现在行动中，行动又会验证其反思的有效性，这种知行合一的学习反馈机制能够更有效地帮助学生来构建自己的认知模型。③自主构建知识的个性化与多样化。知识的自主构建不要求具有统一性和客观性，其允许每个学生在复杂多变的模拟决策情景中去构建个性化与多样化的认知模型，这点大大突破了传统教学中所注重的统一性与标准化。如果将学生所学知识当成一个有形产品来描述的话，传统教学的产出品期望是标准化和误差可控的工业品，而商业模拟教学的产出品更像各具特色的手工艺品，其允许每个认知主体构建自己个性化的认知模型，其对商业世界的认知能力也更具成效。

第二节　商业模拟学习的自主知识构建

在建构主义理论看来，学习本质上是学习者主动的知识自我构建过程，外在的学习条件只是知识构建过程的一种辅助作用，任何外部环境与条件的有效配置都需要理解如何才能帮助学习者更好地构建知识。如果我们细心观察就会发现，许多现代化的工具在帮助学生构建知识的原理与目标时是存在较大差异的，一些工具可能只是帮助学生更快地获得各种信息，为学生提高效率和节省时间，但也有一些工具可能更有效地促进学生进行深刻的反思，自主构建更加有认知深度和实践效用的知识。商业模拟作为一个教学平台或工具，其究竟能为学生的自主知识构建提供哪些帮助，需要我们做更多的探索与创新。

一、跨学科专业知识的框架构建

传统商科教育基于专业分工逻辑，分学科和分专业来设计课程体系，其优点是"术业有专攻"，不同学科和专业的知识得到更有效的深化和积累，但在将各个学科与专业的知识还原和应用到真实世界时，遇到的一个重要挑战就是要有效贯通和整合这些有内在强逻辑关系的知识。例如，传统商科专业会设计战略管理、运营管理、市场营销、财务管理、国际商务等不同课程的教学计划。但是，缺点也是不可避免的，运用这些不同知识认知企业经营时就如"盲人摸象"，虽然可以从不同的经营职能对企业进行的理解与分析上具有专业高度，但很难获得真正的整体性理解与认知，即使我们可以用严谨的逻辑思维将这些知识进行积木式拼接整合，但终究是一种逻辑性认知。商业模拟课程设计的目标是有效地整合不同学科和专业知识，让它们在特定商业场景中同时登场亮相，从而可以训练学生观察和思考这些知识的内在关联与互动模式，这个过程是在帮助学生构建更加反映真实世界的有效知识框架。

从目前高校中开设的一些商科模拟课程来看，能较好地实现不同学科和专业知识的整合，让学生在一个更广阔的视野中来理解这些分类知识的内在关系。以我们开始提出的"企业经营实战模拟"课程为例，就可以很好地将经济学、管理学、金融学、信息统计学等多个学科的知识进行整合学习与应用。例如，宏观经济课程会教给学生一些宏观经济的概念，比如经济发展周期、战略管理课程会教给学生企业战略规划的理论思维，但是如果没有一种方式让这两种知识能够令学生在一种真实的场景中去行动去实践，在行动实践中去体验和反思这些抽象知识的内在关联与作用，就像一个普通人即使看了无数遍的战争影片,但他依旧不会使用武器,也没法真正体验到战争的惨烈一样,更别说从战争影片中学习到指挥的艺术了。

因此,我们需要让学生真正能够在一种商业场景中去思考和行动,即使这个场景是计算机模拟出来的,学生就有一个将这些不同学科和专业知识进行整合的机会。这个整合过程就是学生进行自主知识构建的绝佳契机。那么这个知识框架是什么样的呢?作为课程指导老师,是否可以将权威人士或者由自己大脑形成的知识框架直接交付给学生呢?这可能是我们在传统教学中没有去深入思考的一个重要问题。

我们的回答是:必须促使学生去探索和构建一种自主的知识框架。如果将知识框架形容为一条"鱼",那么模拟课程老师的教学目标应该是"授人以渔",而不是简单的"授人以鱼"。具体来说,通过商业模拟来帮助学生自主构建知识框架,我们首先应该理解和接受以下主要事实和原则:①老师的鱼(知识框架)不能简单地移植到学生的鱼缸(大脑)中。很多种情况都可能导致老师的知识框架在学生的大脑中无法激活:第一种情况是老师的知识框架过于复杂和宏大,但学生的大脑根本无法接收这一知识框架,就好比鱼太大而鱼缸太小;第二种情况是学生与老师之间的经验和知识具有较大差异性,学生无法理解老师的知识框架,就好比鱼缸里水的养分无法供养这个鱼种一样。②不同学生会有不同的知识框架。当老师在课堂教学中把自己的知识传授给学生时,会期望每个学生都获得同样的知识框架,但事实的情况往往可能是"一千个人眼中有一千个哈姆雷特",所以我们的模拟教学不能用一个标准知识框架来进行考核,而是允许形成不同的知识框架,允许学生养成自己独特的"鱼种"。③每个学生的知识框架会不断进化。商业模拟训练的优势就是其经营决策模拟处于动态的变化过程当中,这个过程会从不同知识层面和不同知识视角持续塑造学生的知识框架,随时处于成长和进化当中。

二、有意义知识的动态构建

如果把一个人拥有的整体知识结构与生物体结构进行类比,那么,我们会发现任何一个人的知识结构与种类都是无比复杂的,其复杂程度将远超芬克的有意义学习的分类框架。但我们在传统课程教学中似乎无视这种复杂程度的存在，因为当我们把课程教学的目标事前规划在有限的一些知识学习目标中时，将忽视一些宝贵的有意义知识学习。在商业模拟教学中，我们经常碰到阻碍学生学习成长的一个现象，就是当学生碰到预料之外的挫折或失败时，学生不同的认知态度和应对行为将非常显著地影响到其学习成长。一些学生在重大的失误和挫折面前，会沮丧地自暴自弃，带着一种消极不良的情绪中断自己后续的努力和学习，这种行为从长远来看会有怎样的影响还不得而知，但可以确定的是在这门课中他们将无法获得成长；相反，一些学生在失误和挫折面前能够正确地去面对，通过艰苦的努力将不利局面做出弥补或挽回，不管最终的模拟业绩结果如何，但在课程结束时，他们会惊奇地发现，自己的学习成长收获已远超模拟结果本身具有的价值。这正是一种有意义知识学习！这种知识在课程规划的目标中可能没有，在课程考核中也可能没有，但我们必须知道这种成长过程才是最具价值和意义的。这种成长不仅局限在个体层面，还体现在团队层面和整个班级层面。在我们的模拟教学中，曾出现过这种情况：在整个模拟市场中，因出现过度的恶性竞争，所有的经营团队和公司都出现了大幅亏损，然后有学生和团队主动站出来，开始倡议大家一起制定市场和行业的竞争规范，当其充满激情的奔走与倡议开始得到越来越多的学生和团队响应时，这一刻就会帮助学生获得成长的一种高峰体验。这也是一种有意义的知识学习，而且是传统教学模式无法实现的一种教育境界。

因此，与传统教学不同，模拟教学完全有条件超脱传统的教育模式、要求和规范，让学生获得更完整更丰富的有意义知识。同时，我们必须纠正一个错误认知和行为，即让模拟系统代替教师传授已有的知识，或者让学生自学模拟系统中嵌入的知识。模拟系统和课程的目的是为学生创造一个环境或平台，让学生能更自由更有创造性地在里面进行有意义知识的动态构建，而这种动态构建过程就是学生作为一个完整的人不断成长的过程。

三、"知行合一"的知识自主构建

目前商科教育中面临的一个重要挑战是学生在学习了很多专业知识后，却还是不知道怎么做，即在"知"与"行"之间有一个巨大的鸿沟。我们本认为鸿沟存在的原因是学生缺少实践的机会，但是我们同时又发现，即使是对具有实践经验的 MBA 学生来说，在学习相关的专业知识之后也同样出现了不知道如何应用的现象。在商业模拟实践中，我们对"知"与"行"的关系做了一些观察。例如，我们要求学生理解团队合作决策的重要性，并培养团队合作决策的行动能力，对于前者我们通过评阅他们递交的报告来评估，对于后者我们则通过观察他们实际的合作决策行为来评估，可以将学生分为四类不同类型（见表 3-1），对于 A 和 D 两种类型，我们认为就是符合理解的"知行合一"类型，即认知水平高行动能力就高，或者认知水平低行动能力就低；但是，B 和 C 两种类型却引起了我们更多的思考，C 类型在报告中对团队合作决策能够有很好的总结能力，但在实际行动中却表现较弱；相反，B 类型在报告中总结水平较低，但在实际行为表现上却非常好。这些观察促使我们对知识与行为之间的关系有了进一步的思考和认识，即我们能够表达出来的知识并不等于我们的行动能力，行动能力所需要的知识应该超出了口头或文字能表达出来的知识；相反，当学生有行动能力的时候，却并不能表达出来是如何行动的。用我们前文的知识分类理论来解释，行动能力后面还有一些无法表达的隐性知识，或者有一些难以表达的程序性知识。

表 3-1　认知与行动的组合类型

行动能力		认知水平	
		高	低
	强	A：知行合一	B：知行不统一
	弱	C：知行不统一	D：知行合一

正是基于以上此类的大量观察，我们认为知行合一的知识基本没法通过他人的讲授甚至示范来获得，知行合一的知识只能由个体自主构建。也因此，在商业模拟教学中，我们强调"学生自主学习、协作互动交流、行动反思学习"等教学方式的设计。在这些学习过程中，我们通常不需要给学生明确的知识内容点，因为我们是在创造条件为学生自主构建行动所必需的隐性知识和程序性知识。隐性知识和程序性知识学习的最佳方式就是在行动中学习、在行动中反思。在商业模拟实践教学中，就是模拟一个商

业场景，嵌入与现实世界相关联的问题情境，让学生组成经营团队进行模拟决策，当模拟决策结果出来后，经营团队反思讨论，针对新的问题进行新一轮的数据搜索、整理、分析和判断，并形成新的解决方案和决策，如此不断地进行行动和反思，学生在问题的分析和解决过程中可以不断地提升自己的行动能力，获得相应的知行合一知识。

由此可见，基于商业模拟的实践教学就是通过学生持续的行动和反思来获取相应的知识，这个教学过程可以由老师来设计，但学习过程则必须依赖学生参与和自主实施，学生只有将自己的兴趣、经验和情感真实地代入到该实践当中去，其知识的自主构建构成才更加有效。

四、元认知知识的评估与调节

在传统的课堂教学中，我们潜在地持有一些对知识学习的观点：课堂就是学生获取知识的最佳场所，学习行为可以不需要融入实践活动，学生通过课堂教学就能单独获得自己实践所需的知识。但越来越多的研究显示，知识学习并不像我们想象的那样简单，可以在课堂中从教师身上直接转移到学生身上，完整的知识并不仅是一些可以用语言和符号传递的显性知识，其中还包含了大量的隐性知识，并且通常需要依附于人与具体的实践情境而存在。特别组织层面的知识学习，必须依靠具体情境下个体实践与环境的相互作用。也就是说，组织知识必须是在个体成员积极参与实践、相互协商、互动和联结的过程中创造的。因此，对于个体来说，需要培养一种高效的学习机制，能在实践中不断地与环境发生联系，在处理问题的过程中及时调整自己当前的行动，使学习符合当前情境的需要。也就是说，这种学习机制高效就在于：个体在迭代的学习过程中需要及时和充分地介入环境，并采取快速行动能力和运用一些丰富的直觉学习。

个体的学习是一个认知提升的过程，其中也包括"对认知的认知"，即元认知，其主要是个体学习者对自我认知活动的认知过程，是一种高阶的认知学习发生机制。元认知的提升对个体的认知提升具有重要意义，而元认知的提升可以通过"获取元认知知识、进行元认知评估和元认知调节"的内在机制实现，以有效提升个体在不同情境下的学习和实践能力。这里的元认知可以包括两层含义：一是有关认知的知识，涉及学习者的自身状态、面临的认知任务、解决问题时的处理习惯等方面；二是有关认知的认知活动，涉及学习者对自身认知活动进行监控和调节的技能（Flavell，1999）。在商业模拟学习中，学生的学习可以随着不同回合和时间节点逐步推进，从认知活动中获得的元认知知识在经过与元认知评估的相互作用后，在后面的练习回合通过元认知调节再作用到认知活动上。具体可以描述为如图3-1所示的元认知的发生机制：①获取元认知知识：学习者通过对自身认知活动的觉察，获得相应的元知识，包括自身知识结构、知识水平、认知风格、认知情绪，同时还包括对自己所接受的学习任务和所处环境状态的认识。元认知知识不仅是学习者对当前情况的认知，还来自其以往经验的积累，以及对以往学习活动的总结和分析。②进行元认知评估：在获取元认知知识的基础上，学习者会对自身当前认知活动的效果进行监测和评估。评估的内容包括学习进度、学习效率、阶段性成果，还包括学习任务的难度、在未来学习中可能遇到的阻碍、学习目标完成情况的预测和估计。评估的结果会作为新的经验积累再反馈给元认知知识。③进行元认知调节：根据元认知知识和元认知评估结果，对即将进行的认知活动进行计划和安排，完善认知方法，改善认知情绪和认知策略。

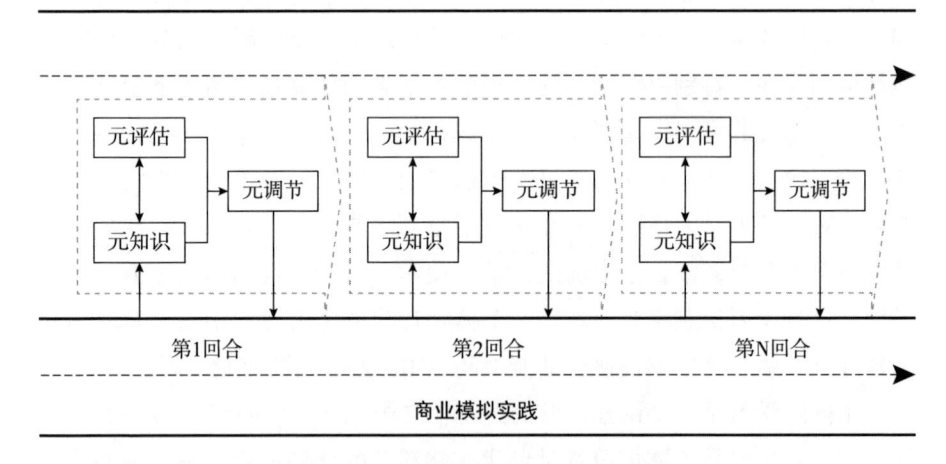

图3-1　元认知知识的评估与调节过程

总之，商业模拟实践可以为学习者提供一种商业实践情境下个体与环境的密集互动，学习者可以实时地把握自己的认知活动，及时进行监测和调节。学习者的元认知随着自身认知活动在时间上进行延展，也意味着对不同空间中认知活动的感知与掌控。元认知机制可以使学习者在实践中与环境不断互动，更新、调整自己的认知活动，从而提升解决问题的应变能力、自主学习能力和处理复杂环境的灵活性。元认知是建立在个体认知活动背后的学习机制，能使学习者在跨越情境的情况下，对认知活动进行自我意识和自我调节。

第三节　商业模拟的跨学科知识学习案例

一、基于商业模拟课程的案例研究设计

本模拟课程使用一款名为"国际化企业综合战略模拟"的在线模拟软件。在该模拟案例中，学生将置身于一家全球移动电话公司的经营决策团队，与市场中的其他公司进行竞争，目的是为企业和股东创造出更多的价值。在模拟中，学生需要综合运用大学所学的管理专业知识，对市场做出判断，并做出相应的经营决策来为企业获取经济效益。模拟决策主要涉及市场需求、生产、投资、营销、研发、物流、库存和财务等诸多方面的决策。

本课程共有两个班，A班是企业管理专业，共30人，分成6组，每组5人；B班是市场营销专业，共41人，分成8组，其中7个组分别是5人，1个组6人。

模拟结束后要求每位同学独立完成和提交一份"模拟分析报告"，分析报告建议学生围绕与模拟有关的问题展开。例如，"谈谈你对整个模拟决策的理解，并对本模拟决策系统的优点和缺点分别进行分析总结"，"在做模拟决策的过程中，你运用到了哪些知识和能力"，"通过本模拟课程，你有哪些重要收获和心得体会"，等等。同时课程还要求小组提交一份"小组总结报告"，小组报告要求就"财务业绩、经营决策、团队决策过程与效率、竞争对手"等主题内容进行分析总结。两个班的学生最终提交的文档资料有85份（见表3-2）。研究对所有的资料进行了统一编号，编号的第一

个字母代表班级，第一个数字代表组别，第二个数字代表成员，例如 A3-4 代表 A 班第 3 组第 4 位组员，A3-0 则代表 A3 组的小组报告。

表 3-2 分析所用的资料

班级	资料名称	数量
A 班	模拟分析报告	30
	小组总结报告	6
B 班	模拟分析报告	41
	小组总结报告	8
合计		85

为了更有效地分析资料，本研究使用了质性研究软件 NVivo 11，该软件是一款支持定性研究方法和混合研究方法的软件，主要是运用该软件对分析报告逐段阅读，将每段所阐述的内容按其所涉及的学科专业知识进行归类，共获得 97 条学科专业知识相关的编码条目。然后，针对这些知识内容相关的条目再进行第二次编码分析，并大致可以归类到九个类目中。最后，我们进一步梳理这九个类目的内在逻辑，初步形成案例分析框架和素材，并最终撰写出以下商业模拟跨学科知识学习的案例分析。

二、商业模拟跨学科知识学习案例分析

模拟课程与传统课程有一个同样的重要学习目标——让学生掌握相关的专业知识。但与传统课程不同，模拟课程重点不再是讲授新的知识内容，而是对已学过的专业知识进行综合运用，当然，模拟课程有些少量的概念和知识点是学生第一次接触，但总体上并不影响学生的模拟实践。因此，课程的重点就是让学生进行模拟实践体验，对已有知识体系有更新更深入的理解和掌握。根据学生的报告反馈，本模拟课程在专业知识的理解和掌握上可以帮助学生实现三个层次的目标。

第一，回忆和温习已学过的专业知识，并尝试在实践模拟中应用。本模拟决策首先需要学生对企业经营有一些基本的概念，特别是在模拟中出现的一些专业术语，学生应该大部分能够回忆起来，但模拟决策的目标是

要将这些专业知识点综合起来应用。就如学生[A2-2]反馈:"我确实非常喜欢这门课程,因为这门课程不是枯燥乏味地讲解一些概念或者知识点,而是把过去三年学到的专业知识运用到实践当中去,是一门能够体验真实企业经营的模拟课,相较于理论课,我更喜欢这样的实践课。"

第二,发现自己某些知识的薄弱之处,并学会自主学习新的知识。当然本模拟系统中还是会出现不少学生之前没有学过的概念和知识,或者是学过却已基本忘记的知识点,本模拟课程的要求是先自学,再请教同学或老师。例如,学生[A3-4]反馈:"在模拟决策的过程中我遇到了许多之前从未学习过或是学习过之后不知道如何运用的专业知识,因此在做决策的过程中我也需要去查阅权威的百科网站来了解各个指标对于公司不同层面的影响,这样一次难能可贵的主动学习机会也是我在这次课程中最大的收获之一。"

第三,提升专业知识理解和认知的广度和深度,重新认识知识应用的重要性。学生[A4-5]发现:"从前我一直认为工商管理是一门非常杂的学科,什么都学却又什么都不深入地学,如今我却感激这种广泛涉猎培养了我的大局观。如果我只是一名学习会计的普通学生,我可能不懂怎么分配各个国家生产线的产能,不懂如何给不同的产品做不同的定位,更不用说谈长远的战略规划了。这门课相当于将我大学三年所学的知识打包串联在一起,浓缩在一个手机市场之中,让我学会多方面地看待事物,也让我懂得了如何权衡眼前的利益以及未来更大的发展潜力。"同时,一些学生对商业模拟课程的教学目标也逐渐有一些中肯正确的认识,例如,"这学期的工商管理模拟其实就是对我们之前三年所学各种课程知识运用能力的一个综合考查。这门课和我们以往学习过的课程都有所不同,如果说之前的课程都只是停留在老师讲、学生听的层面的话,那么工商管理模拟就是一门真正让同学们去参与模拟实践的过程。虽然这门课离真正意义上的实践还有一定的差距,但还是让我们受益匪浅[B3-4]"。

基于学生反馈的总结报告,我们逐一对模拟涉及的知识点进行归纳总结,发现模拟涉及的知识点大致可以归纳总结为五个知识模块。如图3-2所示,这些模块分别为战略管理、市场营销、运营管理、财务会计、其他理论知识(包括国际经营、金融市场和经济学理论),此框架归纳思路同时也参考了我们学生现有的专业知识结构。在学生反馈的总结报告中,对这五个模块内容的理解和认知是不一样的,以下结合学生反馈的频次和总结的深刻程度,分别对这些知识模块的学习进行分析。

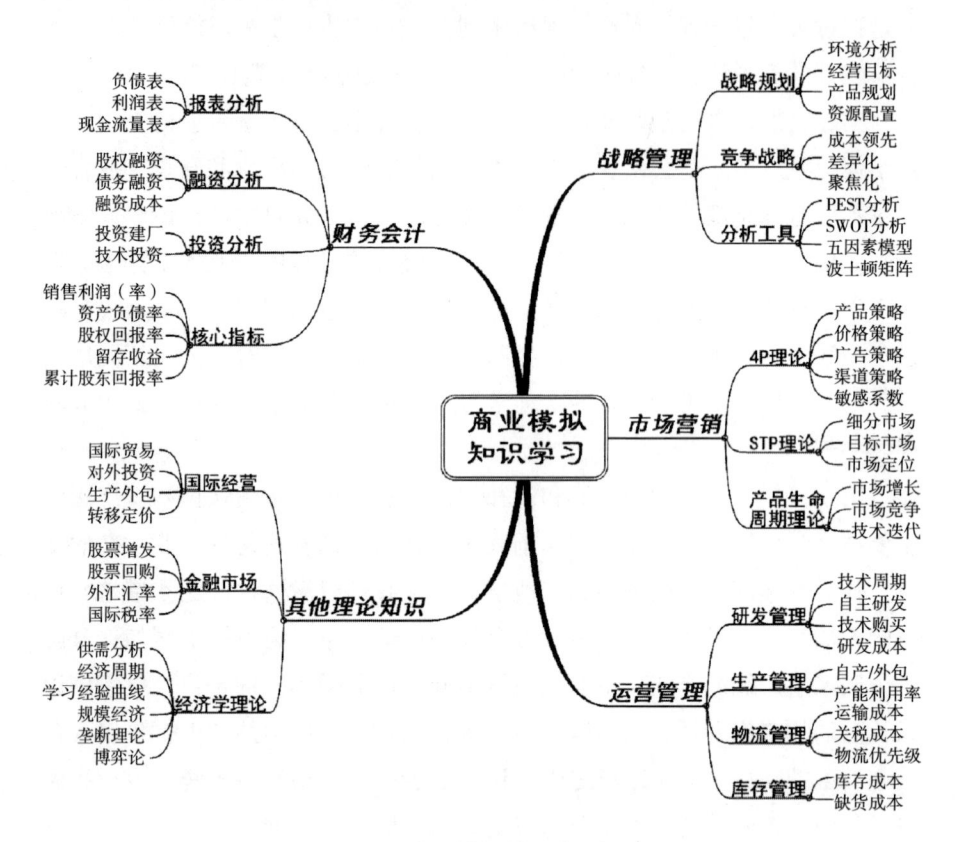

图 3-2 商业模拟知识学习框架

(一) 战略管理知识

对企业战略的总结与思考在频次和篇幅上不是最多的,但对战略的反思和认知却是最为深刻的。很多学生对战略在模拟决策中的重要性给予最高的评估,不少学生认为是决定此次模拟成败的最重要因素。从学生报告的反馈中可以发现主要有以下最为重要的收获:

1. 对企业战略知识的重要性有了深刻理解

经过十个回合的模拟经营,几乎所有的小组都深刻体会到了战略的重要性,因为经营业绩好的小组一般在战略上不能有大失误,有些小组战略失误之后即使能及时进行调整,但最终业绩也很难超越没有战略失误的小组。例如，有学生[B6-5]表示："制定长期战略非常重要，对于战略本身来说，优劣并不能做直观的判断，总成本领先战略或差异化战略都有可取之处，关键在于在实施战略的策略上尽量去适应市场前景的变化。"学生[A6-3]深刻地反思了自己在战略规划上的失误："反观我们小组，确实在这一方面没有规划，到最后几个回合才意识到要专注于做好某个技术（产品），一直都是被动地跟着市场走，因此最后无奈放弃欧洲市场以及技术4产品，专注于在亚洲市场的技术2产品和技术3产品。"

2. 对企业战略规划的复杂性有了切身体会

有些小组发现了正确战略的重要性，但真正要制定一个有效的战略并非易事。即使是战略决策能力较为出色的小组，对自己的战略决策也不会有十足的把握；对于那些战略决策能力较差的小组，则往往疲于应付多变而竞争激烈的市场，很难形成有效的长期战略。有学生[B2-1]反馈："想要取得好的排名，必须要综合所学知识进行长期规划与短期调整相结合。在决策过程中我们需要运用到管理学的很多知识，我们需要通过SWOT分析，分析出我们公司在市场中的优势、劣势，并进行可行的调整。决策的制定不仅取决于我们公司的整体战略，还需要对竞争对手进行分析和预判，其实在模拟之前，这种分析工具都只是运用在案例课上的，对案例中公司进行分析，对我个人来说并没有很深刻的体会，但是在课程进行过程中我尝试着使用这个模型，虽然只是模拟，但是这些数据和市场表现确实是我们通过决策和市场情况'创造'出来的，通过五力模型来分析市场上其他几个小组，也就是我们的竞争对手，根据竞争情况来调整我们的发展战略。感觉自己真正亲临了一次市场，并且像一个真正的公司决策者一样根据市场的变化对公司的发展战略进行调整。"

3. 对企业竞争战略的运用有了深入理解

由于本模拟决策具有突出的博弈氛围，分析竞争对手成了决策过程非常重要的一环，如何与其他公司进行市场竞争贯穿了整个模拟决策过程。波特的竞争战略思维成为各小组制定竞争战略最为重要的理论指导，通过实战学生更能体会出波特竞争战略的内涵及运用之道。例如，"成本领先战略是贯穿我们本次模拟的核心战略。正如上面所说，我们通过大量的生产极大地降低了我们的成本，保证了我们采取低价时仍然会保持高收益[A1-3]"。

4. 激活所学的战略分析工具，并运用到模拟决策中

比较令人欣喜的是，很多学生都会主动使用战略管理课程中学到的一些分析工具，这些工具包括"PEST、SWOT、BCG 和五因素模型"等。例如，有小组逐渐学会运用波士顿矩阵分析工具来思考和制定公司的战略，"我们运用波士顿矩阵，在不同的回合，结合不同的市场偏好，分析我们投入的产品大致处于哪个区间内，从而决定是否继续投入该产品，是否应当继续进行研发，是否应当转投其他产品，从而能在各个时间点上确定较优的产品线[A1-3]"。运用波士顿矩阵来找到公司的产品矩阵，采取相应的产品战略定位与措施，获得相应的模拟经营成效，该小组成员[A1-2]在报告中做了详细的分析总结："至于最重要的产品方面，我们利用了波士顿矩阵进行分类和优化，具体分为明星产品(stars)：更高增长占有率的自然是前期的美国技术 2 以及中期的欧洲技术 2 以及后期的欧洲技术 4，所以我们加大对它们的投资，对它们的广告营销都是力度最大的，保证其高利润，加强其竞争地位；而现金牛(cash cow)则是我们的中流砥柱，增长缓慢占有率大的是我们的亚洲技术 2 和亚洲技术 3，特点是占据大量市场，是我们大量现金的来源，产品线成熟发挥稳定，我们的做法就是稳定降价与中等水平推广；而问题产品(question marks)则是我们的高增长率却低占有率的产品，首当其冲的是美国技术 4，其特点是利润率低，但我们仍看好它是因为我们拥有雄厚的资本进行抗争，而问题产品有着大好的市场机会，可惜我们到最后也只是打个平手，如果还有后续其必能成长为明星产品；最后一种瘦狗产品(dogs)是衰退类产品，是低增长率低占有率的产品，面对这种产品我们往往是降价倾销去库存然后退出该市场，其低利润率是我们放弃的原因，很大程度上所有的技术 1 都成了'瘦狗'变成我们淘汰的目标。值得注意的是，因为回合较多，所以没有一成不变的产品分类，而合理的定位及变化是我们从始至终一直在做的事。"模拟决策不仅激活了学生以前在教材上所学的这些战略分析工具，更重要的是通过模拟来深入理解蕴含在这些工具中的战略理论与思想，并能在模拟实践中获得体验和应用。

(二) 市场营销知识

市场营销是学生反馈非常多的知识模块：首先是因为市场营销策略会

非常直接地反映在模拟经营与竞争结果中,尤其是反映在销量和市场份额等重要指标中,从而吸引学生进行关注;其次可能是学生对市场营销知识较为熟悉,所以在应用和总结报告中反馈较多。从知识理解深度与运用娴熟度来看,主要集中在以下几个方面的理论运用:

1. 对市场需求预测重要性的理解

市场营销的首要职能是要对市场未来的增长做出预测和判断,这决定其后面的一系列市场营销决策。在模拟决策开始的时候,并没有引起有些小组足够的重视,但是随着模拟的深入,许多小组和学生都觉察到了市场需求预测的重要性。例如学生[A4-4]反馈:"在每轮决策开始之时,我们首先需要做的就是根据当期的市场前景,对所有地区的市场增长进行一个预估,分配每个地区所需要销售的产品技术,并基于上一回合结果推测该回合我们小组在每个地区的市场份额。只有在完成了一个精准的需求预测之后,我们才能根据所得出的数字进行下一步的生产安排等。因此,需求预测可以说是决策里最为重要的一个环节之一,一旦预测出错,整个决策都将走向一个错误的方向。在确定每回合的需求预测时,我主要从三个方面考虑:市场总体大小、不同技术需求、公司市场份额。"而且,一些学生逐渐开始摸索一些预测方法和诀窍,学习如何利用现有市场和竞争对手的信息来预测。例如,"通过这两次经验,让我们了解到拥有准确把握未来产品需求的重要性,这项能力不仅需要对市场的良好洞察力,更需要我们对竞争对手博弈心理的了解,这就促使我们仔细分析其每轮的财务数据和认真聆听其每次的汇报演讲,提取关键信息[A4-5]"。

2. 对市场营销4P理论核心知识的理解与应用

作为经典的市场营销理论,如何将其4P做出更优的组合策略,是本模拟系统训练的重点。从学生的体验反馈看,很多同学都有较深入的思考,尤其是能将营销策略与其他模块的知识结合起来考虑,从而让学生对营销理论有更深入的理解。

(1)产品策略。产品策略需要在模拟决策中关注技术研发,把产品的功能诉求放在合理的位置上。产品策略制定主要考虑消费者对功能数量的需求,因此产品策略的知识还是体现在对市场和消费者需求的理解上。这点并不容易做到,一些学生需要在模拟实践中反复试错摸索,有学生[A6-2]反映:"在实际操作中,发现自己的知识是不扎实的、不全面的、不牢靠的。通过实战模拟的打磨，不仅对原有知识有更好的巩固，更加重要的是对未知领域知识的进一步学习、挖掘。"

（2）价格策略。价格策略在市场营销策略中具有非常重要的地位，许多学生在价格策略知识的理解与应用上都有深刻体验。经过模拟训练，学生[B4-4]逐渐发现"定价战略主要有两种：一种是成本定价法，另一种是竞争对手定价法，在这个模拟中，市场对价格比较敏感，采用成本定价显然是一种很被动的定价战略，所以我们采用竞争对手定价法"。学生[B1-3]发现："起初在定价时，主要是基于成本，在成本的基础上进行一个比例的增加，形成我们的定价。但是，第二回合起，我们发现单纯基于成本的定价策略不可行，想要取得一个好的业绩，关注竞争对手的定价十分必要。根据竞争对手的定价，判断他们下一回合的定价，结合功能数量，争取做到比竞争对手的性价比高，对于自身才是有利的。"而且，对所学的两种定价方法，随着多轮模拟决策的训练，逐步对定价知识和策略的应用有了更好的理解，例如学生[A6-4]反馈说："完全成本加成定价法是我们在前几轮所采用的定价方法，因为在当时的情况下各个公司之间的价格都比较均衡，市场价格比较稳定，与之相对应的是各个产品的利润率相对固定，成本方面在营销决策时可以明显看到，因此这种方法是想要保持一定的销售回报率的最佳定价方法。但是由于后期A1公司的'价格战'开始，我们公司不得不放弃这种定价方法。在陷入'价格战'之后，随行就市定价法成为我们定价的主流，我们的目的就是在市场中与竞争对手价格相差不大，因此在使用这种方法之后，市场开始出现大幅降价的趋势，但是这种竞争方法其实并不适合公司的长远发展。"

（3）促销策略。促销策略也是市场营销中非常重要的知识，本模拟主要通过广告促销从多个方面来考查和训练学生。首先，学生需要尽快发现广告投入对不同市场的影响力，这点不少学生可以做到，例如有学生[A1-1]能较快地发现"在这个模拟系统中，产品在美国的销量受广告的影响最大，因此通过投入合适的广告以实现利润最大化"。但更加进一步的知识考察需要考虑广告的其他一些效应，例如广告的敏感系数，这点对一些学生来说，就是一个较难的知识点，例如学生[A4-1]反映："一般来说，推出一个新产品时，广告费过高是可以理解的，但是当产品销售进入成熟期时，其最好能为公司带来盈利。微观经济学研究表明，当广告投入等于销售毛利乘以广告弹性(参数,一般在0.1~0.3)时,该笔投入可以使利润最大。但是很遗憾,我们公司并没有很好地利用这个公式。"另外,广告促销还可以让学生学到其他一些知识点,例如学生[A4-1]在反思总结中写道:"在营销环节,我在广告投入方面学到了很多,其实这也是我们公司的不足之处——我们忽略了广告的累积效应。我们知道美国市场对于广告的敏感度很大,所以一般情况下,我们会在美国市场投入更高昂的广告成本。但实际上,这并不是唯一需要考虑的地方。如果一个公司一直推出同一款产品,那么就会连续对这款产品投放广告,这里的广告效应是累积的。如果在一个市场一会儿卖卖这个产品,一会儿卖卖那个产品,那么顾客对于广告记忆不深,就等于每一次都要像推出一个新产品一样投放广告。"

3. STP营销理论知识的理解与运用

本模拟训练中使用较多的另一个市场营销理论知识点是STP理论,一定程度上,该理论可以和4P理论形成互补,帮助学生更准确有效地做出市场定位及相应的市场策略。学生[A3-4]在报告中总结:"STP营销战略是每个公司在进行市场营销决策时都会运用到的专业知识,在决策中我们小组也对市场进行了市场细分,首先将三个国家的市场分为美国市场——顾客对于功能数量的需求与价格差异较为不敏感;亚洲市场——顾客在选择产品时会优先考虑价格因素;欧洲市场——顾客在选择产品时对于功能数量的需求会稍大于价格。之后再在不同的国家投入符合顾客需求的高端、低端产品来迎合消费者。"还有其他学生[B1-3]也同样发现"亚洲、欧洲、美国三个市场的消费者偏好各不相同,我们把欧洲市场定位为追求功能但可以接受溢价的高端市场,是优质优价的价值主张,而对于亚洲市场,我们定位为低端市场,是低质低价的价值主张。美国则是中端市场"。

4. 对市场营销知识的综合理解与应用

通过几个回合的模拟实践,学生虽然对不同细分市场的特点有了不同程度的认知,但要真正制定出有效的市场营销策略组合则需要不断摸索和改进,例如有学生[B5-3]反馈:"在营销方面,三个市场都有非常鲜明的特点,广告对于美国市场销量影响较大,价格对于亚洲市场影响较大,功能数量则对欧洲市场影响很大。因此我们要选择不同的技术组合,将功能、价格、广告投入等综合考虑，才能获取利润最大化。前期的我们并没有意识到这些特点，只是尽量压缩成本来获取利润，而且同时做四个技术，使我们在营销方面会顾此失彼，显得很被动。不稳定的市场、疯狂的价格战，使我们在调整价格的时候举步维艰。"

尽管对市场营销知识的综合理解与应用是一项要求较高的学习目标，但我们可以从一些学生的学习反馈中发现他们通过模拟可以较好地行进在学习正轨上，从学生总结报告中充分获得这样的积极反馈，学生[A2-5]的总结思考就可以反映学生在知识的综合理解与应用上开始得到启发："主要有三个指标影响消费者选择：产品功能数量、广告和产品价格。大致来讲，前两个指标与消费者偏好是成正比的，即功能数量越多、广告投入越多，那么顾客会更愿意选择购买产品。而产品价格正相反，价格越低，越受顾客欢迎。当然，这三个指标并不是独立的，不同的组合策略会产生不同的效果，不同的市场也会存在不同的消费偏好，单纯注重低价格、高投入只会提高成本、缩减利润。经过十回合的模拟，我和我的搭档们发现，亚洲对价格更敏感，欧洲对功能数量更敏感，而美国对三项要求都非常高。所以，针对亚洲市场，尽管功能数量较低、广告投入较少，但显然通过较低的价格打通销路，是最明智的选择。针对欧洲市场，不吝投入研发提高功能数量、中等偏上水平的广告投入、适应市场的价格，是我们公司坚持的方针。至于美国市场，很显然，打开美国市场的销路需要的成本非常高，实际上，我们公司也因出现了非常大的财务亏空而举步维艰，所以美国市场采取以价格为中心的策略，在美国市场获得我们能得到的那部分利润即可。"

5. 产品生命周期理论的理解与运用

将产品生命周期理论运用到市场营销策略的分析中，反映出学生能从更长的时间周期上来动态分析和运用营销策略。实际上，产品生命周期理论应用到具体行业和产品上是有一定难度的，因为产品生命周期并没有一个泾渭分明的判断指标，需要经营者根据多种指标来进行综合判断和决策，这需要学生不断进行摸索和试错。例如学生[A2-2]所在小组的决策过程反映了这一点："到了模拟决策的中期，也就是4~6轮的时候，像技术1、技术2这样从第一回合就进入市场的产品已经到达了成熟期，发展潜力很小。而后进入市场的技术3和技术4仍然处于发展期，发展潜力巨大。市场和消费者对产品的需求有了一定的变化，说明在这个阶段，我们应该对产品线进行一定的调整，事实上我们确实进行了一些微调，这样的调整使我们小组的累计股东回报率有了一定增长。而到了后期，技术 1 到了消亡期的中间阶段，技术 2 开始进入消亡期，技术 3 和技术 4 进入成熟期，当决策者意识到产品的这一变化时，就需要对产品线进行二次调整。具体在决策中的事例，就是我在第 8 回合时提出全面出清技术 1 库存，在我们组没有研发技术 3 的情况下，要在第 9 回合撤下已经没有市场的技术 1，换上市场份额相对较大的技术 2。这一重大调整使我们组在最后两回合市场整体表现不佳的情况下，依然保持每个回合 1% 的累计股东回报率增加。"

当然，在运用产品生命周期理论时，不同学生的侧重点可能是不同的，例如学生[A3-2]侧重于运用市场份额、需求和利润的思考和决策，"一种产品进入市场后的销售量和利润都会随产品生命周期呈现一个由少到多，再由多到少的过程。技术 1 在美国市场的发展可以展现这一点。技术 1 在第 1 回合的市场份额是 77.84%，第 2 回合的市场份额是 81.41%，之后就一直下降，第 6 回合的市场份额是 29.47%，第 9 回合的市场份额是 3.78%。这个与技术 1 不断成熟有关系，同时也与竞争的公司在减少有关系，第 6 回合的时候只有 4 家在卖，到第 8 回合的时候就只有我们一家在卖了。由于技术 1 不断成熟，虽然成本也很低，但是市场份额和需求在缩小，已经走入衰退期，这就导致我们可以赚取的利润不断减少。因此，我们在最后一个回合也放弃了技术 1"。

(三) 运营管理知识

运营管理是本模拟系统较为重要的知识模块，主要涉及研发、建厂、生产、物流和库存等决策内容，这些内容所涉及的知识点也较为丰富，需要利用这些知识来做出权衡，形成最优的决策组合。主要有以下几个方面：

1. 投资新建工厂

模拟主要涉及美国和亚洲两个地方新建工厂，如何基于全球三个市场来安排公司的生产基地，是较为重要的决策。学生需要从公司长远战略的角度来权衡规划，才能做出较优的决策。例如，"在生产决策中，要找到最优的生产决策绝不是一件容易的事。因为存在着'本地生产本地销售'的理想化原则,很多决策者为了实现最理想的状态,非常容易陷入单位成本最低的陷阱。生产决策考虑的是本回合三个市场的整体生产策略,要在满足需求预测的同时,将本回合的产品成本下降到最低。如果单纯地采用单位成本最低生产策略,就会导致与需求预测不符的生产决策,最终导致产能过剩产生库存。综合权衡各个市场的竞争对手成本及自己的利润空间,以此来调整生产决策或者建厂决策,达到整体的利润最大化[B5-2]"。同时,投资建厂实际上还要考查学生能否从全球配置资源的角度来思考,并将相应的一些专业知识纳入分析,例如学生[A2-3]就认识到:"在生产投资决策中,只能在美国和亚洲建厂,每个生产地只有两条生产线的配置,而市场上一共有技术1、2、3、4四种不同类型的产品,这样的设定考查了管理者能否在全球生产价值链中合理配置资源;生产有自产和外包两种选择,考查了管理者对市场前景中关于'成本'描述的分析和基于产量积累带来的学习曲线效用的利用。"

2. 技术研发

技术研发有自主研发和技术外购两种策略,两种策略会影响到研发成本与公司研发能力的形成。同时决策还需要考虑技术周期(网络覆盖率)、市场偏好与产品定位等因素。总体来看,技术研发战略知识的理解与应用是具有挑战性的,学生在这方面可能会犯一些致命错误,并获得深刻的学习体验与收获。例如,"我们在技术的研发和购买的决策中,有时候会犹豫不决,这一部分内容我们没有做得很好。结合部分市场营销学的知识,我们觉得产品本身技术好坏是关键,技术的研发在开始阶段是首要的,我们并没有及时意识到这一点[B5-1]"。或者因为其他相关因素的影响导致研发决策失误,例如学生[A6-4]有深刻的体会:"研发要考虑到网络产品覆盖率方面的因素,我们公司太早开发出技术3和技术4,却因现金流的原因不能很好地对其进行后期的研发,导致我们虽然进入市场很早但是后期乏力不得不被迫退出高端市场的竞争。"

虽然在模拟开始阶段,学生对市场营销知识的理解与应用有较多的反馈,但是随着模拟回合数的增加,对技术研发知识的理解与应用开始深入,就如学生[B6-6]所总结反馈的那样:"技术才是根本,虽然营销具有很重要的地位,但从这次模拟结果来看,技术才是决定性作用。产品技术的研发存在着投入和产出比,不能盲目开发。例如,技术3一直不受欢迎,如果在技术3上投入很多就会造成不可挽回的损失。"

3. 自主生产与外包的权衡

外包战略对现实中的跨国公司具有深远影响,而在本模拟课程中,首要训练的是对生产成本问题的思考和决策。同时,也考查了学生能否从战略层面来做长远思考和布局。

(1) 生产成本的整体控制策略。在生产成本的控制上,学生[A2-5]做了较为全面的反思和总结:"生产是整个公司运营中非常重要的一个环节。生产的产品会带来收入,同时生产过程也会产生成本,如何有效地控制生产决定了公司能获得多少利润。在生产这一板块中,'学习曲线效用'是非常重要的一个概念,由于工人熟能生巧,所以对某个技术的单位生产成本会随着全球累计产品数量的增加而降低。低成本是公司很重要的生产目标指标,但是在这一点上面,我们小组绕了一些远路。在一开始,因为工人不熟悉生产流程,外包的成本是远低于自身生产的,所以,我们认为要缩减成本,外包才是正确的选择,甚至不理解那些坚持自己生产的小组。但是之后,因为技术2产品的生产成本一直很高,所以我们不得不把价格也定得很高,导致我们的技术2产品完全没有竞争力。我们只顾着眼前的低成本而选择外包,但是从公司更长远的角度来看,显然低成本还是需要自己生产的。虽然在技术2产品上面被拉开了差距,但是吃一堑长一智,在技术4产品上我们清楚地认识到通过自身生产降低成本的重要性,并取得了成功。"同一小组的成员[A2-1]在观察对手的成功后也有类似的总结:"本次模拟的第一名公司之所以能在最后取胜,重要原因是因为前期几乎所有组都出于成本考虑选择外包生产的时候,他们组一直坚持自己生产,从而使他们组的生产能力发展领先于其他组,为他们组带来了非常有利的成本优势。任何一家新的工厂的投入前期成本必然会较为昂贵,但这是一个积累的过程,前期一定不能目光短浅地一味依赖外包,因为外包生产的产能有限且变动较多,对于企业自身发展来说是十分不稳定的。"

(2) 灵活利用外包来降低成本。模拟系统中设置了外包决策,这能够调节和控制整体生产成本,更有效地利用自身的生产能力。有学生[B4-2]就发现:"在成本相一致的情况下充分使用外包,因为加建工厂对于企业来说其实是很大的负担,而且在市场前景不明朗的情况下,如果市场转好,我们可以使用提高定价的方式来保证产需平衡,但是若市场持续走低,那么大量的工厂无论是空转还是生产导致积压库存,都会为我们带来巨大的损失。"

4. 物流优先权与转移定价

两个生产基地供应全球三个市场,如何在综合考虑市场需求和销售利润的前提下,来综合分配物流优先权,是模拟决策需要慎重权衡的。首先,学生[A2-3]会发现"管理者对于'物流优先级'的选择,体现了物流作为构成企业价值链的基础活动,对成本和利润的影响——通过分析'运输成本和关税',调整物流优先级,可以降低成本"。

尽管对相应知识点有了理解,在实际的决策制定与应用上,学生[B5-3]可能会出现一些失误,例如:"由于我们在这一方面的知识匮乏,前期我们产生了很高的可变生产成本,不仅利润偏低,还产生了很多短期贷款,这是我们决策过程中的失误,在后期,我们也在不断调整来修正我们的失误。"

此外,学生应用这些知识在模拟决策中,需要考虑和应对许多外部环境的挑战与机会,这是一个动态的过程,例如学生[A4-1]反馈道:"在物流方面,我们也充分根据运输成本和关税做出了物流优先级的决策。比如在第七回合中,中美之间进行了一段时间的贸易冲突,被媒体喻为'贸易战',并且情况更为升级,双方都把中美之间贸易的关税上升到25美元。面对这样的中美关系,两国关税高昂的时候,我们就努力让中美两个市场自产自销,尽量用本地的工厂满足本地的需求,再将两国产品的物流优先级设为互为最低,避免造成高昂的进出口成本。"

5. 库存管理

当公司的产品供过于求时,就会产生库存,库存会产生额外成本而压缩利润。因此,在充分抓住市场机遇的前提下,如何实现库存的最小化是决策要做动态全局思考的问题,库存管理水平实际上一定程度上反映了公司运营管理的效率。在运营管理中,学生反馈与运筹学相关的方法和工具发挥了重要作用。例如,"在决策过程中,我印象比较深的是对于库存产品的管理能力,其他小组的成员在一开始忽视了对于库存产品的管理,而我们小组在正式比赛的第一轮开始就已经明确要做到最低库存,或者说零库存的决策,在第二轮、第三轮我们主要的产品选择外包主要也是基于可生产的产品组合中,外包生产的产品基本能够满足市场需求并且能够正好消化市场容量需求不产生较多库存,而到了第五个回合开始我们逐渐选择建厂也主要是因为随着市场前景的变化,从产品角度看基本上自行建厂生产的手机才能够满足市场需求,在生产过程中自行建厂生产的成本费用基本低于外包情况下产生的费用,并且建厂的费用不仅影响本回合也影响着下几回合的累计股东回报率(平均),因此在建厂的决策制定中,我觉得对于CEO的决定在当时几个回合中我也不理解,但现在能够理解他的考虑,的确让我受益匪浅[B2-5]"。

当然,也有些小组和学生对库存的管理采取不一样的策略,并且也获得了成功,例如,"我认为我们在生产的某些决策上还是相当有前瞻性的,虽然最后出了一些纰漏,但大思路还是正确的。我们的愿景是保持库存、产能与需求之间的动态平衡,核心做法是故意在一项技术产品上保留足以满足下一回合的库存。这是一个大胆的决策,起因是在第五回合中,我们发现亚洲工厂生产压力一直过大,考虑到市场越来越成熟,技术3和技术4也开始进入,如果每回合只生产当回所需,显然是不够的。于是我们决定先囤积一些技术3,保证后续几个回合的需求。考虑到积压库存也是一项成本,我们决定技术3和技术1轮流生产,每次只覆盖到下一轮的需要,保证库存的流动性。因此,对于市场有效准确的预估非常重要。而从结果来看,后续回合中技术3的需求上升势头很猛,如果技术3产品已经真正囤积到位,之后的间隔轮次都可以减轻工厂的生产压力。我们在运用这个战术的时候也很犹豫,因为这样决策的后果会造成一笔稳定的因库存产生的额外支出,但事实证明这个策略还是有效的[A4-1]"。

(四) 财务会计知识

对财务管理知识的分析与总结是学生反馈比重最大的内容。由于本模拟决策结果很大一部分是以财务报表的方式提供,所以阅读和分析财务报表是进行模拟决策的基本要求。根据学生的反馈,模拟决策为他们在财务管理上带来了以下收获:

1. 认识到财务会计知识的重要性

财务报表给出了所有参与公司每一个回合的经营结果信息,对报表中提供的指标和数据进行分析,是总结自己公司经营状况、洞悉竞争对手经营决策的有效途径，所以这需要学生能沉下心来研读分析财务报表。虽然有些学生一开始对分析财务报表没有多少兴趣，但最后认识到其重要性后还是会积极参与进来，并尽力去弥补自己财务知识的不足。例如，有学生[A2-2]反馈："我认为我的财务和会计掌握得不是很好，通常情况下，我都会避免分析财务方面的数据或者指标，而越是不运用这些知识，就越不会掌握这部分的知识，仿佛陷入了一个死循环。而在这个模拟决策中，不仅决策过程中有单独且全面的财务决策板块，结果呈现时还有财务报表和财务指标两个大的板块，充分说明了财务在企业经营方面的重要性，这就促使我不得不运用财务和会计方面的知识，以此来分析我们小组的优劣。"因为学生[B5-2]在模拟过程中发现，"财务管理的知识主要运用在对每回合结果中财务报表的分析上，还有财务部分的决策。对结果的分析能力不亚于需求预测对每个回合决策的重要性，通过观察分析各项财务科目下的数据，找出企业自身在上个回合中存在的问题"。在模拟结束后，学生[B2-1]甚至感觉到"财务部分是我在整个模拟过程中收益最大、学到最多的部分。这也让我认识到在之后的学习过程中，我还需要加强这个方面知识的补充，才能够让我在真实的市场环境中做出更加准确的决策"。

2. 理解财务指标的经营内涵

很多学生都反馈，虽然以前对一些学过的财务指标有了理解，但通过模拟应用之后，才对其在企业经营过程中的影响和作用有了深刻认知。而这种认知的提升通常需要犯错和认识到自己的不足，例如，"财务知识是我们较大的弱项，在某一回合中，由于决策时失误，没有做好财务预算，对自身资产财务状况未了解清楚，出现了不少的短期贷款，利息大大增加了我们的成本，在销售额不错的情况下依旧利润较低[B6-5]"。

3. 学习如何进行财务决策

本模拟决策涉及许多财务决策，特别是融资决策在整个模拟决策中发挥着非常重要的作用，会影响到整个企业的正常经营，模拟可以让学生深刻体验如何做好一个财务决策。学生[A1-3]对此有深刻体会："如此全面的模拟，能快速帮助我们找出自己不足的地方，比如我在开始这次模拟后，发觉自己对融资方面很没有概念，不了解股权融资和债权融资各自的优势，也不了解什么时候应该使用股权融资，什么时候运用债权融资，什么时候应当偿债，什么时候应当回购股票。因此我能及时针对自己的知识盲区进行补充，或查找资料，或向小组成员讨教，最后通过模拟及时消化吸收，很有效率地学习。"甚至有学生[A1-5]在观察整个模拟经营后发现，"财务的控制成了决定竞争成败的半壁江山。在这次模拟经营竞争中，几乎所有的公司都有过因为短期贷款暴增从而从财务上失去领先地位的经历，还贷之路严重负面影响了中期后期的生产资本投入。相反，同样是债务，长期债务虽然还贷利率更高，但是由于其'长期性'，根本不用急着还款，只需按期支付利息，所以是可观的稳定资金流"。

4. 系统地将财务管理与企业经营联系起来理解

财务管理是整个企业经营系统的一部分，只有结合企业的整体经营来理解财务管理，才能较好地理解和掌握财务管理，本模拟决策在这方面给了学生很好的训练。例如，学生[A2-5]总结，"通过这次模拟，我深深地意识到自己在财务知识方面的薄弱。在做决策的过程中，出现了两次非常大的失误，导致公司中期走得非常困难。但是正是由于出现了这样的失误，我和小组成员花了很多精力去弥补失误，也渐渐明白了发放或回收股票、发放股息对于公司有何种意义。保证公司资金顺利地周转，才能保证公司正常地运营，如果不是因为系统默认启动短期贷款，可能我们公司早早就得面临破产的困境"。

（五）其他理论知识

除了以上一些主要的专业知识模块，学生通过模拟还较为广泛地涉及了国际经营、金融市场和经济学等理论，商业模拟决策同样需要训练对这些理论知识的理解与应用。

首先，在国际经营知识上，模拟需要涉及对除了国际贸易、对外投资和生产外包等知识点的理解外，还有一些新的知识点，让学生获益匪浅，让他们了解到跨国经营的复杂。例如，学生[B3-2]通过模拟认识到："随着全球化的进一步发展，现实中很多公司会在全球范围内进行分工，如在劳动力廉价的地方设立工厂或者分公司。"并且，通过模拟逐步发现："虽然我们前期对转移定价这个概念完全不熟悉，前五个回合也都是自己瞎摸索。但是我们后来去网上查了资料，从第六回合开始把转移定价就做得非常好，从第六回合开始我们的'财务费用净额'都是负的。正如老师所讲'开源'的同时也不能忘记'节流'[A3-2]。"学生对以前在课堂中学到的知识会感到困惑，这次有了实践模拟决策后，才有所体验和体悟，例如学生[B3-3]反馈说："大家都知道，在进出口贸易当中，国外企业出口到中国的产品通常价格非常高，中国的经销商还要按照他们制定的原价去售卖，我曾经对此非常诟病，到自己决策的时候，却发现自己也在做同样的事情，才发现商业是无情的，在竞争和税收这些压力面前，这样的决策就是正确的。"

其次，对金融市场知识的应用和掌握。主要包括股票的增发与回购对股价和公司经营的影响，不同国家的利率、税率和汇率变动对公司经营的影响。这些理论知识可能在以前的专业课中学习了解过，但可能从来没有应用过。而这次通过模拟实践，学生能充分体验这些因素和决策如何影响到公司的经营业绩。例如，在如何正确利用资本市场的融资功能上，学生[B1-3]有所收获："在本模拟决策中，主要体现在对于股票的发放与回购以及股息发放。一般来说，股票的发行或回购采取低买高卖的一个方法来实现盈收。此外，股票发购也可以调整公司内部现金存量。在公司内部现金紧张的条件下，可以通过股票的发行来筹集资金，现金及现金等价物过多的话，也可以用其来回购股票；而股息发放可以提高股东累计回报率。"而在国际金融市场上，企业如何应对不同国家汇率的波动，学生[A3-4]也有所体会："我们小组是最先参与利用不同国家外汇差异来获取利润的小组，对这方面也较为自信。例如在第六回合中，市场前景的财务信息栏给出了'欧元兑美元继续升值'这一信息，这也暗示了我们欧元会继续走强，因此我们在这一轮中把大部分资金从美国总公司调到了欧洲子公司，这也保证了在美元汇率下跌的情况下我们公司的资产不会贬值。"

最后，对经济学理论的理解和运用。经济学是管理专业学生的必修课程，从本模拟的反馈来看，许多学生运用了经济学的理论知识来辅助模拟决策，其中频率较高的有"供需关系""学习经验效应""规模经济""垄断理论""博弈论""经济周期"等概念和理论。例如学生[A4-4]反馈："在微观经济学的学习中，我学到了长期平均成本曲线可呈现为一条U形的曲线，横轴是产出，纵轴是成本，主要表现为规模经济带来长期平均成本的下降，而在达到一定高的水平后，规模不经济又会重新抬高成本，从而导致了一个U形曲线的产生。而在GC模拟系统内，也有着一条同样的生产成本曲线，横轴为产能，纵轴为成本，随着产能的提升，产品的成本就会下降,当产能达到一定高度时又会回升。因此,根据该原理,提升产能是生产部分的重中之重。我也一直提倡小组可以多注意公司产能是否充足,充分利用产能并应用学习曲线而加速成本的降低。不过最初几回合,当外包成本更为低廉诱人时,我们小组内还是出现了不同的声音与争论的,因此也对该部分的决策产生了一定的影响。"从这一段话中可以发现学生已经可以将多个理论知识点融合在一起进行理解和应用,这能大大提高对知识的理解和增强学生的决策能力。甚至一些学生还会尝试应用更高层次的经济学理论与模型,例如学生[A1-5]反馈:"本次决策模拟在第七回合成功引入了价格领导模型,提高了总收益。这一模型的运用来源于对前几轮美国或亚洲市场出现个别寡头垄断现象的分析。我注意到,在一定情况下,对一家公司来说,双寡头市场比垄断市场总收益可以更大。这个收益体现在,当我们在双寡头市场采用比垄断市场更高的价格(按照价格理论,需求自然下降,需求如果越过了均衡位置,那收益也应该下降)时,(由于需求曲线因市场变化而斜率变化)需求减少量将小于预期,也就是说,市场种类变化、广告或者科学技术支撑了需求。"虽然这些知识已经超越了本模拟课程所要求的内容,但却是我们商业模拟所提倡的学习观,能够促使学生构建自主知识,通过持续学习来构建自己有意义的知识。

(六) 知识的综合运用

尽管学生模拟中运用的专业知识可以通过以上分析归纳进行分类,但是,在模拟中这些专业知识点并不是简单地组合在一起的,而是要将其视为一个整体系统来进行决策思考,这也正是本模拟决策在知识运用上的重要特点。模拟过程中知识的综合运用可以给学生带来以下深刻体验:

第一,企业经营决策涉及的知识体系是复杂而具有挑战性的。商学院将管理学知识进行专业分类,这能有助于专业知识的研究和传授,也便于学生的专业学习。但反过来要将这些划分于不同学科和专业的知识重新整合起来去解决现实的商业问题,是非常有难度和挑战的。实际上,在商学院现有的课程体系中,这样的训练较为缺乏,而本模拟努力为学生提供了此类综合训练。就如学生小组[A5-0]通过模拟后认识到:"工商管理模拟是一场综合了多种学科的模拟,例如市场营销、运营管理、物流、公司理财等,所以在实际决策时,我们懂得了要统筹兼顾,板块与板块之间是息息相关的,要从整体的角度去思考问题。"

第二,综合模拟决策让学生体会到专业知识学习的重要性。模拟决策首先能让学生们充分了解到,没有专业知识是不行的,因为这么多的知识领域靠实践去积累,将会付出巨大的成本和代价,因此,在实践之前尽量去学习相关的专业知识是非常必要的。其次可以让学生体会到知识是静态的,同时也是动态的,从静态的知识到动态的运用是个非常关键的步骤,也是知识学习不可或缺的一部分。模拟决策可以让学生真正体会到此种"知行合一"的重要性。从这个角度看,模拟决策应该是传统知识体系学习的一个重要环节。

第三,系统综合思考可以深入商业决策的本质。犹如盲人摸象,分割的专业知识一定不能洞察商业决策的本质。同时,专业知识的简单组合也无法还原商业决策的全貌。实际上,当我们学习的管理专业知识越细分时,我们有可能对现实商业本质理解的偏差越大。一定程度上,此模拟可以让学生尝试通过综合决策训练来思考和窥探商业决策的全貌和本质。就如学生[B4-2]所反馈的:"通过这次模拟决策,让我明白了每一个看似简单的决策其实牵扯很多的因素,我们需要用整体观来看待所有的问题,而不是局限于单一的几个数据,而更多的应该着眼于它们之间的联系和最终的企业目的。"

第四章

商业模拟学习过程的能力训练

第一节 就业能力与创业能力

一、能力理论模型

麦克利兰(McClelland)把能力界定为一个由社会角色、自我形象、动机、态度、技能和知识等多个要素组成的概念,是区别于个人在某一工作岗位或者环境中绩效水平的一些个人特性。McClelland 和 Boyatzis(1980)认为能力是帮助个人获得良好工作绩效的某些内在特质,包括个人动机、技能、社会角色和知识等要素。在众多的能力理论中,能力冰山模型与能力洋葱模型是得到较为普遍运用的两个理论,下面将以此两个模型作为本章的理论基础。

1. 能力冰山模型

Spencer 和 Spencer(2003)两位学者较完整地提出了能力冰山模型,即用浮在水面上的冰山来类比个人的能力。如图 4-1 所示,冰山由两部分组成:浮出水面之上的代表一个人的知识和技能,潜在水面下的代表一个人的自我认知、特质和动机。前者被称为门槛能力,是对个体胜任某职位的基础素质要求,门槛能力是指容易被测量和观察的能力要素,因而也是容易被模仿的能力要素;潜藏于水下的部分被称为差异性能力,是区分绩效优异者与平庸者之间的关键能力要素。研究者对以上几项主要的门槛能力和差异性能力，分别给出了其相应的内涵：①知识指个人在某些特定领域所拥有的专业知识；②技能指有效地运用特定知识和技术来完成某些具体工作或任务的能力，即反映了个人对具体知识与技术的掌握和运用能力；③自我认知指一个人的态度、价值观和自我印象；④特质指个人身体某些特征对所处环境和各类信息所表现出来的持续反应；⑤动机指一个人对某种事物表现出来的一种愿望与期待，以及对行动产生持续影响的力量与念头。

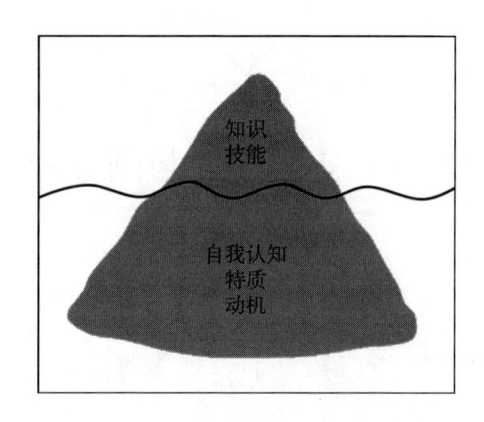

图 4-1　能力冰山模型

位于冰山不同层面的能力要素具有不同的特性，水面之上的知识和技能是倾向于看得见的表面特性，相对来说是比较容易通过教育和训练来获得的，在高等教育中也是学生学习的一个重点。但是潜藏在水面之下的特质和动机要素，则是难以直接发现和探测得到的能力要素，其能力的形成也是较为复杂的，与个人早年的成长经历有密切关系，要改变也不是一件容易的事，需要付出较大的努力。其中，自我认知则是介于动机和特质之间，其改变的难度也位于中间，是可以通过相应的教育和训练等方式来改变的，但是改变的时间和程度也是具有一定困难的。

2. 能力洋葱模型

与冰山模型具有相似价值的是美国学者理查德·博亚特兹（Richard Boyatzis）提出的"能力洋葱模型"，该模型用洋葱来形象地展示能力构成的各个要素，并对各构成核心要素的特征进行了分析和说明。

如图 4-2 所示，洋葱模型把能力由内到外概括为一个层层包裹的结构，由内至外对能力的核心要素进行了细分，分别是：动机、个性、自我形象与价值观、社会角色、态度、知识、技能。其中：①最核心层是动机和个性。动机作为行为的内在驱动力能推动个体为实现目标而努力；个性是个体对所在外部环境及其各种信息等做出反应的方式、意愿与特性。②中间层包括自我形象与价值观、社会角色和态度。自我形象是指个体对自我的认知与评价，价值观是对现象的回应或反应式的动机；社会角色是个体对自己所属社会群体或组织行为规范的认知与认可；态度是在自我形象、价值观以及社会角色综合作用下的外显表现。③外层是知识和技能。知识是在某些特定领域所拥有的专业知识；技能是有效地运用特定知识完成某些具体工作或任务的能力。与冰山模型相类似之处，越是外层的内容，其探测、评价和培养的难度越低；越是内层的内容，其发现、评价和习得的难度越大。

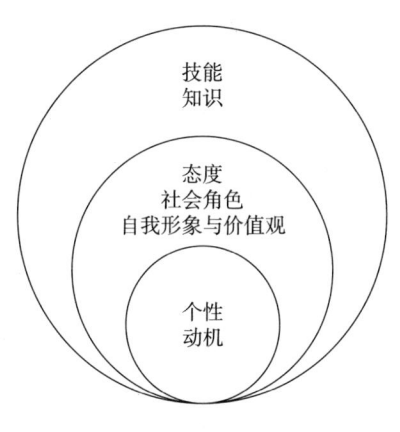

图 4-2 能力洋葱模型

二、就业能力分析

(一) 就业能力内涵与结构

1. 就业能力的定义

"就业能力"（employability）最早由英国经济学家威廉·贝弗里奇提出，被称为个体获得和保持工作的能力。之后就业能力的概念得到众多学者或机构的界定，但并未得到统一。例如，Bernston 和 Marklund（2007）认为就业能力是个人对获得新工作可能性的一种感知，包括感知"技能、经验、人际关系、个人特质和劳动力市场知识"等（王峰，2018）。国内的学者比较早地提出大学生就业能力是指通过在校知识学习和综合素质开发，大学毕业生所获得的能够实现就业理想与满足社会需求，并实现自身价值的本领（郑晓明，2002）。李玲玲和许洋（2022）认为，就业能力是个体拥有的对雇主有吸引力的知识、技能、态度的组合，大学生就业能力是大学生在校期间通过学习和培养所获得的核心素质集群，不论是绝对就业能力还是相对就业能力，其背后均蕴含着显性和隐性的元素。

以上定义主要从个体的维度将就业能力视为大学生实际掌握的"绝对能力"，而忽视了就业能力包含绝对和相对两个维度，即"就业能力不仅是个人的，也是集体的"。班杜拉（Bandura）的社会学习理论认为，人的行为是由个人内在因素与外在环境的交互影响作用决定的。McQuaid 和 Lindsay（2005）也认为，就业能力不仅只被视为个人的一些特征，更要考虑外部环境带来的影响，包括社会的、经济的和体制的环境，特别是要关注这些个人特征与外部就业情景因素之间的动态互动。实际上是建议我们要把狭义上就业的个人特征放到更大的环境背景中去考虑，才更加具有参考意义。

2. 就业能力的结构

为了将就业能力转化为教育与培训相关机构可实践操作的概念，就业能力被进一步进行了剖析，以从不同角度和方法来对就业能力进行分解，以获得更好理解和操作的一些构成要素。就业能力模型较多地在心理学和行为学领域获得关注和研究，例如，从心理学角度构建的就业能力 USEM 模型就是被广泛应用的一个模型（Yorke and Knight，2004）。该就业模型的四个字母包含四个组成要素，分别是：U 代表对专业知识的理解力；S 代表工作所需的通用和专业技能；E 代表自我效能感；M 代表个体的元认知。也有一些学者提出了更具实践操作性的就业能力模型，例如，Pool 和 Sewell（2007）提出的关键要素 Career EDGE 模型，该模型包括与职业相关的一般要素（如专业知识、实习经历、学历、逻辑推理能力、团队合作能力、忍耐力、沟通能力等），以及较深层次的个人特征（如自信心、自尊和自我有效管理等）。需要说明的是，在这些就业能力的要素之间是存在内在关系与相互作用的，彼此之间并不是相互独立的或没有关系的。

国外教育机构与管理部门对大学生的就业能力也提出了就业能力的一些框架,例如,欧美国家的一些教育部门就提出了相应的就业能力要素,美国教育科学部提出了一个就业能力框架,包括"问题解决能力、创新与创业能力、技术能力、沟通能力、自我管理能力、团队合作能力、规划与组织能力、学习能力"八种能力要素(耿冬梅和潘月杰,2014)。英国高等教育质量理事会提出的大学生就业能力构成要素,包括"问题解决能力、沟通能力、创造性思维能力、与他人的合作能力、执行能力、跨学科意识"六个方面(王峰,2018)。英国高等教育学会总结了雇主最期望大学本科毕业生拥有的 15 项通用技能,包括"乐于学习、独立工作能力,自主能力,想象力,创造力,适应能力和灵活性,在压力下工作的能力,团队工作技能,管理他人的能力,良好的口头沟通能力,拥有书面沟通能力,数理能力,注重细节、时间管理能力,承担责任并做出决策的能力,计划协调和组织能力,运用新技术的能力"(陈勇,2012)。瑞士联邦大学高等教育中心提出的就业能力包括"获取职业的动机、个人素质、专业知识、处理人际关系的技能、有效的工作方法、全球视野"(王峰,2018)。

国内学者郑晓明(2002)较早将大学生就业能力构成要素划分为两大维度:智力和非智力因素。宋国学(2008)将大学生就业能力构成要素划分为五个维度:个人属性、专业技能、沟通技能、学习能力、人际技能。胡永青(2014)认为就业能力可以划分为:基本技能、专业技能、交往能力、适应能力、发展能力。李玲玲和许洋(2022)结合 NCSS 相关研究成果和理论发现,提出了大学生的"二维四重"就业能力结构,主要包括自我认知能力、职业管理能力、专业发展能力、适应社会能力。

3. 就业能力的核心观点

基于以上众多学者的研究,我们发现在就业能力的要素与结构研究上,以下方面得到了专家和机构较为普遍的认可,我们大致将其进行归类,该分类仅是本书作者在个人理解的基础上进行分类,并没有经过数据的再次验证,目的是希望将主要的就业能力囊括进来,同时有助于我们对商业模拟训练就业能力有更好的理解。

第一,学习思维能力。是指在各种不同的学习环境下,能够自我求知、做事与发展,主要强调个人学习的方法与技巧。同时在学习能力的基础上具备一定的思维判断能力，能运用逻辑思维、理性思维、科学思维等对事物进行剖析与分辨以及提高独立观察和思考的能力。

第二，沟通与人际能力。是指运用书面及口头语言系统地表达想法，以及能够正确理解口语信息及暗示，与他人进行思想、感情等交流的能力；广泛地建立与周围环境的各种联系，能妥善处理周围的人际关系及冲突；理解团队合作精神并能与团队成员密切相互协作，以有效地提升团队工作效率。

第三，问题分析与解决能力。是指有效利用信息的能力，主要包括获取信息和评估、分析与判断等方面；在此基础上能够用合适方式或方法分析自己面临的问题，探索和提出各种解决问题的方案和措施的能力。

第四，自我管理与领导能力。即发挥个人的主观能动性，有意识、有目的、有目标地对自己的认知和行为进行管理和调控的能力；同时能在组织中实施计划、组织、领导、协调、控制等管理职能来协调更大群体的工作活动与流程，以更有效率地来实现组织的既定目标。

第五，职业发展管理能力。能对自我能力和外部环境进行充分的评估，形成自己的职业认知、远景与目标，并能够进行未来职业发展规划与管理。

第六，积极心理与自驱力。是指个体在成长和发展过程中能够具备一种积极心理状态，包含自信、乐观、韧性和自我效能感等，并能够让自己变得更好，不断驱动自己进步的能力，是促使个人很好地工作、努力实现优秀工作绩效的动力。

第七，环境适应与抗压能力。是指能按照环境的变化来调整自身行为，在新的环境下也能达到最好的或者可接受的能力状态。特别是在面对外界强大压力下表现出来的事务处理能力，其体现了个体在逆境下的承受与调节的能力。

（二）就业能力的评估

1. 公司管理者评估视角

就业能力某种程度上主要由就业市场的需求来界定和驱动，即雇主需要具有怎样能力的人。也因此，现有大量对就业能力的研究基本上聚焦于如何让学生获得就业市场所需的能力。一些研究就是寻找获得雇主的最新反馈,看他们眼中最重要的技能和特征是哪些? Barker(2014)通过对150名营销领域工作的管理人员进行问卷调研和案例研究,分析在职业能力(professional competencies)、商业技能(business skills)和个人特征(personal attributes)三个维度所组成的就业能力,三个维度分别由九个指标构成(见表4-1)。

表4-1 职业能力重要性评估

主要内容	评分
①沟通技能:能够用口头和书面形式清晰地表达个人的思想和信息	4.71
②应用知识:能够将理论概念转换到实际生活中	4.24
③逻辑思考:能够有逻辑地思考	4.24
④批判性分析:能够详细考察问题和阐释个人对问题的看法	4.12
⑤适应变化:能够调整观点和行为来迎接新挑战	4.12
⑥能够掌控压力:能够成功地处理压力	4.06
⑦研究技能:能够独立研究和解释数据	3.82
⑧计算机熟练度:能够制作专业的图表、流程图、文档和展示	3.47
⑨学术上优秀:在个人学习中获得高分	2.94

资料来源:Barker B. Employability Skills:Maintaining Relevance in Marketing Education[J]. The Marketing Review, 2014, 14(1):29-48.

首先,从职业能力来看,Barker 的调研结果发现,在九项职业能力中排在第一位的是沟通技能,平均得分4.71(最高分5分)。接下来是应用知识、逻辑思考、批判性分析和适应变化等能力。获得最低分的是学术能力,即个人的学习成绩是否获得高分在管理者看来并不是最重要的。

其次,从商业技能来看,Barker 的调研结果发现,在九项职业能力中排在第一位的是问题解决技能,即能够批判性地评估一个问题,并设计行动方案去解决,平均得分4.35。接下来是整体的工作效率、时间管理、主动性和团队合作等能力(见表4-2)。获得最低分的是创业精神,即能够组织和管理一项商业任务,发现新的商业机会。从就业能力来看,创业精神虽然没有作为最重要的能力,但也是同样需要进行训练的能力。

表 4-2　商业技能重要性评估

主要内容	评分
①问题解决技能：能够批判性地评估一个问题，并设计行动方案去解决	4.35
②整体的工作效率：能够有效率地完成任务	4.35
③时间管理：能够准时或按时间表安排活动	4.29
④主动性：能够提出不同的和创新的想法	4.18
⑤团队合作：能够在团队中工作以实现团队目标	4.12
⑥计划和组织：能够有效地计划和安排活动	3.82
⑦演讲技巧：在观众面前做演讲的能力	3.71
⑧领导技能：能够影响/激励他人以提高生产力和满意度	3.12
⑨创业精神：能够组织和管理一项商业任务，发现新的商业机会	3.12

资料来源：Barker B. Employability Skills：Maintaining Relevance in Marketing Education[J]. The Marketing Review, 2014, 14 (1)：29-48.

最后，从个人特征来看(见表4-3)，热情，即对工作的强烈兴趣排在了第一位，其后的自我激励、成熟度、灵活性和适应性也得分较高，评分均超过了4分(最高分5分)。

表 4-3　个人特征重要性评估

主要内容	评分
①热情：对工作的强烈兴趣	4.53
②自我激励：能够激励自己	4.24
③成熟度：个人品质充分发展，不幼稚	4.18
④灵活性和适应性：能够适应变化	4.00
⑤出勤/准时：遵守约定的时间	3.94
⑥学习意愿：愿意继续学习	3.94
⑦创造力：创造能力	3.82
⑧自信：对自己能力的信心	3.53
⑨自力更生与独立：依靠自己的判断与能力等	3.29

资料来源：Barker B. Employability Skills：Maintaining Relevance in Marketing Education[J]. The Marketing Review, 2014, 14 (1)：29-48.

以上是从重要性的评分来看管理者对不同就业能力维度和指标的评价。此外,从管理者提及的频次来看,研究发现,自我激励、热情、学习的意愿以及成为团队一部分的愿望和适应工作环境是频次出现最高的因素和指标。

2. 毕业生自我评估视角

Wilton(2008)对9800名商科与管理专业的大学毕业生做了一个跟踪调查研究,即在他们毕业四年之后,通过问卷调查和访谈研究来分析哪些就业能力在其工作岗位上发挥了重要作用,以及这些能力有哪些是在大学课程项目中获得的。其调研的技能指标主要来自"年度全国雇主技能调查"(The Annual National Employers' Skills Survey),主要包括十项:①问题解决能力;②书面沟通能力;③口头沟通能力;④外语技能;⑤计算能力;⑥计算机基础知识;⑦高级IT或软件技能;⑧研究能力;⑨创造力;⑩团队合作能力。该研究有以下发现:研究调研了15类专业的学生,其中有三类专业与商科和管理有关:第一类可称为商业通才(business generalists),如企业管理专业的毕业生;第二类可称为商业专才(business specialists),如酒店与餐饮管理专业的毕业生;第三类可称为其他商业人才,如结合了商业教育与职业教育(如工程专业)的毕业生。调查发现三类人才在这十项能力的强调上呈现大体相同的结果,如表4-4所示的结果发现,平均值排在前三位的分别是:口头沟通能力、计算机基础知识和团队合作能力,排在后三位的分别是:外语技能、研究能力和创造力。

表4-4 毕业生对工作中强调最多的就业能力　　单位:%

就业能力	商业通才	商业专才	其他人才	平均值	排名
口头沟通能力	84.7	82.7	79.0	82.1	1
计算机基础知识	73.8	78.1	69.0	73.6	2
团队合作能力	69.0	72.4	69.3	70.2	3
书面沟通能力	62.5	60.3	60.2	61.0	4
问题解决能力	57.8	66.5	57.0	60.4	5
计算能力	44.4	40.8	32.8	39.3	6
高级IT或软件技能	35.4	39.6	26.8	33.9	7
创造力	27.3	26.3	32.5	28.7	8

续表

就业能力	商业通才	商业专才	其他人才	平均值	排名
研究能力	16.9	21.1	21.3	19.8	9
外语技能	2.1	5.2	1.1	2.8	10

资料来源：Wilton N. Business Graduates and Management Jobs: An Employability Match Made in Heaven? [J]. Journal of Education & Work, 2008, 21(2): 143-158.

研究还进一步分析了毕业生在管理岗位上哪些能力用得最多，同时让毕业生评价在大学课程中发展出了哪些重要能力？两者评价的结果在一些能力上产生了较大的差异，如表4-5所示，排在前两位的是口头沟通能力与管理技能，但在课程训练中只是分别排在了第五位和第六位。同时，在课程训练中排在前两位的是书面沟通能力和研究能力，但在实际管理岗位中的使用只排在了第七位和第十二位。此外，在实际管理中运用较多的领导力技能，在课程训练中的发展只排在了第九位。从该分析可以看出，现有大学课程训练的能力与实际管理岗位中需要的能力存在一定差异。

表4-5 大学课程发展的重要能力

就业能力	在当前岗位使用最多	在课程训练中发展最多
口头沟通能力	1	5
管理技能	2	6
团队合作能力	3	3
领导力技能	4	9
计算机基础知识	5	4
问题解决能力	6	7
书面沟通能力	7	1
计算能力	8	8
创造力	9	10
高级IT或软件技能	10	11
创业技能	11	13
研究能力	12	2
外语技能	13	12

资料来源：Wilton N. Business Graduates and Management Jobs: An Employability Match Made in Heaven? [J]. Journal of Education & Work, 2008, 21(2): 143-158.

3. 基于 USEM 模型的就业能力评估

基于英国学者的 USEM 就业能力模型，国内有学者将就业能力进行多元维度的拆解，再通过调研获得 7 万多个有效样本的数据进行分析，调研内容主要涉及八个就业能力方面的体验与收获，主要内容和结论如表 4-6 所示。该调查结果认为我国大学生形成了对就业能力各组成元素的一定认识，一方面能够秉承传统注重知识学习，另一方面也很注意自我的技能与能力培养，以及意识到自我世界观和价值观的意义（史秋衡和文静，2012）。男生和女生调研结果的选择基本都呈现出相似的正态分布状态，但女生的分布状态更为中庸，男生相比较起来更加呈现两极分化的状态。不同类型高校大学生的调研结果总体上并没有显著差异，说明高校分类培养就业能力并没有形成真正的显著效果。缺乏学习兴趣、苦于寻求自我独有的学习方法仍然是大学生存在的问题，这在一定程度上影响了大学生就业能力的培养与提升。

表 4-6 大学生就业能力评估

题目	平均数	标准差	方差	完全不同意	不同意	基本不同意	基本同意	同意	完全同意
系统地掌握本专业的基本理论	3.99	1.029	1.058	2.7	5.3	16.2	47.5	22.9	5.4
掌握一套适合自己的学习方法	3.84	1.101	1.211	3.4	7.6	21.3	42.6	19.6	5.4
具备本专业的实践操作技能	3.82	1.077	1.16	3.4	7.1	21.8	43.6	19.5	4.6
具备很强的人际交往能力	4.06	1.07	1.146	2.4	5.1	16.4	44.4	23.5	8.2
具备分析问题和解决问题的能力	4.2	1.003	1.006	2.1	3.6	11.1	47.3	27.8	8.2
大学的学习激发了我的学习兴趣	3.78	1.164	1.356	4.3	8.8	22.4	39.4	18.9	6.2
大学的学习让我形成了自己的价值观和世界观	4.22	1.069	1.142	2.4	4.3	10.6	44.1	28.3	10.3

资料来源：史秋衡，文静. 中国大学生的就业能力——基于学情调查的自我评价分析[J]. 北京大学教育评论，2012, 10(1)：48-60+188.

三、创业能力分析

(一) 国内外创业能力研究

1. 企业家通用能力模型

在创业领域，Spencer 和 Spencer(2003)进行了一项跨文化研究，研究总共访谈了三个国家三个行业的 216 名企业家。经过深入的企业家访谈、编码分析和统计分析研究后，研究提出了一个企业家通用能力模型，包括如表4-7所示的 13 个能力，并对每个能力所包含的行为模式进行了提炼总结。

表4-7 Spencer 企业家通用能力模型

能力	行为模式
主动积极	①在他人的要求提出之前即积极主动进行处理；②主动采取行动以拓展新产品或新服务领域
把握机会	①掌握新的商业机会；②寻找机会以获得融资、土地、工作空间或协助
坚持	①采取各种行动来解决障碍；②面临重大障碍时会采取行动
寻求资讯	①个人会研究如何提供产品或服务；②请教专家，寻求商业或技术建议；③通过寻求资讯或提出问题来澄清供应商的需求；④个人进行市场研究、分析或调查；⑤使用人际网络或资讯网络来获得有用的资讯
注重高品质的工作	①表达欲望，希望能够制造/提供更高品质的产品与服务；②认为自己与公司的工作优于其他工作
对工作契约尽忠职守	①个人做出牺牲或付出更大的努力来完成工作；②敢于承担问题带来的全部责任，能为顾客完成工作；③加入员工队伍以协助完成工作；④表达出对顾客满意度的重点关切
效率倾向	①千方百计以更快和更低成本方式来做事；②收集各种资讯或使用不同商业工具来改善效率；③基于改善、改变或行动过程来关切成本和利益
系统性的规划	①将一个大的任务不断分解以有助于进行规划；②发展规划均能预测到未来可能发生的障碍；③评估替代方案的可行性；④各项活动的开展不仅有逻辑还有系统性方法

续表

能力	行为模式
解决问题	①采用替代方案以达成目标；②提出新的概念或创新的解决方案
自信心	①在完成工作与克服挑战上表达出个人的自信；②遭遇失败或他人的反对时，还能坚持自己的判断；③愿意做自己认为有风险的事
说服力	①说服某人购买产品或服务；②说服某人提供融资；③说服某个看中的人按你的要求去做事；④对自己的能力与可信度可以向别人做出保证；⑤向别人说明自己对公司的产品或服务深具信心
使用影响力策略	①采取行动发展商业关系；②使用人为代理人能具备影响力来完成自己的目标；③给予别人资讯之前会先过滤；④使用策略来影响或说服他人
果断力	①直接向他人提出问题；②告诉别人该做什么；③责备或规范没有达到预期目标的人

资料来源：Spencer L M Jr PhD, Spencer S M. 才能评鉴法：建立卓越的绩效模式[M]. 魏梅金, 译. 汕头：汕头大学出版社, 2003.

2. 创业角色与创业能力

在创业的过程中创业者需要扮演什么角色，这是一个值得研究的问题。学者 Chandler 和 Jansen(1992)认为在整个创业过程中需要"创业角色、管理角色和技术职能角色"三个角色来完成。其中，创业角色的任务是要搜寻和把握有前景的创业机会，为此创业者必须用独到的眼光来审视外部环境，以获取有利可图的机会。管理角色就是需要创业者制定创业战略、编制预算、评价绩效以及为创业战略顺利实施完成的其他工作。技术职能角色指能够运用特定领域中的工具和技术。为了创业成功和获得良好的创业绩效，创业者需要尽力承担好上述的角色与责任，需要具备多个方面的能力与素质：①识别和把握有前景的创业机会；②主导完成从企业新建到业务成长与收获的整个过程；③能洞察事物本质与规律，并高效地找到问题解决方案的概念性能力；④能找到合适的创业合作伙伴，营造良好创业氛围和有效地激励团队的人力能力；⑤使用特定专业领域内的技术和工具的能力。

其后，Chandler 和 Hanks(1994)又提出了创业者的两种能力：①机会能力。主要指考察环境，选择有前途的机会，并形成把握机会的创业战略。机会能力越来越被认为是创业能力的核心,该能力也会随着对市场的熟悉程度而得到改善。②管理能力。即与环境互动并获取和利用资源的能力。此能力包括诸多方面的内容,例如,必须能协调整个组织利益与行为的能力,必须能理解和激励他人,并与他人和谐共事,以及授权、管理客户和雇员关系、掌握人际关系技巧等方面的创业能力都对创业成功具有重要作用。应该说,机会能力与管理能力抓住了创业者能力最为核心的两个要素,当然两个能力本身所具有的内涵也是较为丰富且值得进一步挖掘的。

3. 服务行业的创业能力

Man 等(2002)运用行为事件访谈法(BEI),对中国香港地区服务行业的 19 名中小企业创业者进行访谈,这些行业包括餐饮、零售、贸易、快递、咨询、商务、专业技术服务等。通过访谈获得 413 件能反映创业能力的事件,再通过编码分析获得 182 种行为,这些行为被归类到 35 个能力族中,这些能力族最终归纳为七个创业能力维度。如表 4-8 所示,Man 等的质性研究不但验证了前人的研究成果,此外他们还总结出一个新的创业能力维度,该维度被命名为支持能力(supporting competencies)。

表 4-8 服务行业创业能力维度

能力维度	能力族
机会能力	机会识别、机会评估、机会寻找
关系能力	建立和维持关系网络、利用关系网络、建立和维持信任、利用信任、媒体宣传、沟通、谈判、冲突管理、建立共识
概念能力	直觉思考、多视角思维、创新、风险评估
组织能力	计划、组织、领导、激励、授权、控制
战略能力	愿景、设定和评估目标、利用资源与能力、制定战略变革、设定和评估市场定位、努力实现目标、利用策略、战略预算、控制战略产出
承诺能力	保持能力、致力于长期目标、投入工作、承诺同事、承诺信仰与价值观、承诺个人目标、失败后重来
支持能力	学习、适应、时间管理、自我评估、平衡生活、管理焦虑、诚实

资料来源:Man T W Y, Lau T, Chan K F. The Competitiveness of Small and Medium Enterprises: A Conceptualization with Focus on Entrepreneurial Competencies[J]. Journal of Business Venturing, 2002, 17(2):123-142.

4. 不同行业的创业能力比较

Man 和 Lau(2005)进一步研究了外部环境对创业者创业能力的影响作用，首先考察了产业环境对创业能力的影响，其中，产业环境主要聚焦在四个方面：创新机会、感知的产业成长、新产品和服务的重要性、市场异质性。为此，研究选择了"批发贸易行业"和"IT 服务行业"两个行业的创业者作为研究对象。前者是稳定的成熟行业，相对来说，创新机会较少、产业成长速度低、对新产品和服务需求少、市场较具同质性。比较起来，后者近年来发展较快，技术的迅速发展使产业环境变化较快，相应的创新机会较多、产业成长速度快、对新产品和服务有更多的需求、市场较具有异质性。

如表 4-9 所示，创业能力主要考察了"机会能力、分析能力、创新能力、关系能力"等 10 个维度量。研究通过问卷调查了 138 名创业者，其中 97 名来自批发贸易行业，41 名来自 IT 服务行业。

表 4-9 两个行业的创业能力排序

排名	批发贸易行业	IT 服务行业
1	关系能力	学习能力
2	承诺能力	关系能力
3	个人优势	承诺能力
4	学习能力	个人优势
5	机会能力	机会能力
6	分析能力	分析能力
7	创新能力	创新能力
8	运营能力	运营能力
9	人文能力	战略能力
10	战略能力	人文能力

资料来源：Man T W Y, Lau T. The Context of Entrepreneurship in Hong Kong: An Investigation through the Patterns of Entrepreneurial Competencies in Contrasting Industrial Environments[J]. Journal of Small Business and Enterprise Development, 2005, 12(4): 464-481.

数据显示，两个产业的创业者所感知的产业环境在"创新机会、感知的产业成长、新产品和服务的重要性、市场异质性"四个方面均存在显著差异，并且两个产业的创业者在"创新能力、战略能力、学习能力"三个创业能力维度上均具有显著差异。统计数据还显示，两个行业的创业者对创业能力维度重要性的排序是不一样的，如表4-9所示，在传统的批发贸易行业，关系能力是最重要的，在新兴的IT服务行业，学习能力则是最重要的。但总体上，关系能力、承诺能力、个人优势和学习能力在所有创业者的身上具有较高的排序。其中，研究者认为关系能力是具有一个中国本土商业行为特色的能力，该能力不仅应用在客户和合作伙伴身上，同时也应用在雇员、贸易协会等其他会直接或间接影响企业经营的人身上。

5. 国内外创业者能力的比较

Man等（2008）还运用关键事件与行为事件访谈法分别对八名国内和八名国外成长的创业者进行研究，分析了社会文化环境对创业能力的影响。所有访谈者都来自不同的制造业，包括医药、工程服务、床上用品、油漆涂料、手表配件、电子产品、手工装饰、摩托引擎等。访谈共收集了210个反映创业能力的关键事件，将这些事件进行编码分析后，两类创业者在创业能力上存在一定差异，如表4-10所示，尽管两者的创业能力存在一定相似性，但在创业能力排序上还是存在差异。对于国内成长的创业者来说，表现最为突出的是关系能力，而对于国外成长的创业者来说，表现最为突出的是战略能力和组织能力。不仅如此，通过对每个创业能力的子维度及内涵进行分析，两者也存在明显的差异性。以关系能力为例，两类创业者都强调了关系能力对创业和企业经营发展的重要性，但国内成长的创业者却表现出一种优势，他们能够更容易地利用相关的知识和技巧，这些都是基于他们早期的经验、关系和背景所形成。另外，国外成长的企业家也具有自己的优势，例如，在组织管理能力上，他们中的大多数都显示出对产品质量的关心，并对组织效率的重要性有更清醒的认识，他们在组织管理和信息技术方面也拥有更高层次的知识。这可能是由于在香港地区长大，他们更多接触西方管理思想和观念。

表4-10 国内外创业者能力排序

排序	国内成长创业者	国外成长创业者
1	关系能力（23）	战略能力（25）
2	战略能力（22）	组织能力（21）

续表

排序	国内成长创业者	国外成长创业者
3	概念能力(20)	概念能力(18)
4	组织能力(13)	机会能力(17)
5	机会能力(12)	关系能力(17)
6	支持能力(7)	承诺能力(7)
7	承诺能力(5)	支持能力(3)

资料来源：Man T W Y, Lau T, Chan K F. Home-Grown and Abroad-Bred Entrepreneurs in China: A Study of the Influences of External Context on Entrepreneurial Competencies[J]. General Information, 2008, 16(2): 113-132.

Man 等认为，创业能力的形成既与当前的创业环境有关，也与早期的成长环境有关。两个创业群体虽然同在国内创业，面临相同的经济、法律和社会文化环境，因此在创业能力的表现上会具有类似性，但是由于早期成长的环境不同，同样也会影响他们最终创业能力形成的表现。

6. 大学生群体的创业能力

随着中国高校"双创"教育的开展，大学生创业已成为一个重要的现象，对大学生创业能力是否具有群体性特征，王辉和张辉华(2012)通过创业大学生的案例研究和实证分析发现，大学生创业能力主要体现在"机会把握力、创业坚毅力、关系胜任力、创业原动力、创新创造力、实践学习力、资源整合力"七个方面。该研究发现大学生的创业能力确实具有一定的群体特征，即在结构上表现出独特性，同时在内涵上又表现出差异性。

王洪才和郑雅倩(2022)在已有研究文献的基础上，梳理和提炼了大学生创业的七个子能力，分别是"目标确定能力、行动筹划能力、果断决策能力、沟通合作能力、把握机遇能力、防范风险能力、逆境奋起能力"。然后编制相应的测量量表，对全国高校大学生进行随机抽样调研收集数据，经过统计分析表明，该量表具有良好的信度和效度。

(二) 创业能力的评估

1. 国内大学生创新创业能力现状评估

王洪才和郑雅倩(2022)对全国高校大学生就创业能力开展问卷调查，共回收问卷 6652 份。问卷调查的结果显示(见表 4-11)，我国大学生创新创业能力总体得分为3.6655分,高于理论中值3分,处于中上水平,整体发展情况良好。同时,从各项子能力的评估分数来看,大学生创新创业能力结构呈现一定程度的不均衡状态,在防范风险能力和沟通合作能力的自我评价上,得分较高,分别为3.7654分和3.7534分;但在果断决策能力和把握机遇能力方面则得分较低,分别为3.5201分和3.5392分,能力表现较弱。

表4-11 高校大学生就创业能力评估

子能力	定义	评估
总体创业能力	将创新创业行为分为七个关键环节及相应的七个子能力	3.6655
—目标确定能力	根据自身实际情况和社会需要确定行动目标的能力	3.7379
—行动筹划能力	对达到目标所需要的条件进行系统规划设计的能力	3.6454
—果断决策能力	在复杂的选择面前快速做出决定的能力	3.5201
—沟通合作能力	与他人形成一致行动目标并采取一致行动的能力	3.7534
—把握机遇能力	快速识别机遇并准确地把握机遇的能力	3.5392
—防范风险能力	发现潜藏的风险并预先采取对策的能力	3.7654
—逆境奋起能力	勇敢地面对失败打击并寻求新的突破的能力	3.7031

资料来源:王洪才,郑雅倩.大学生创新创业能力测量及发展特征研究[J].华中师范大学学报(人文社会科学版),2022,61(3):155-165.

同时,大学生创新创业能力存在显著的群体性差异,从统计数据分析来看,大学生创新创业能力男性显著地高于女性,理工农医类学生显著高于人文社科类学生;学业基础与创新创业能力呈正相关;社团参与时间与创新创业能力呈正相关;令人意外的是,大学生创新创业能力随年级升高呈现出"不升反降"的现象。

2. 国外大学生创业能力提升评估

Morris等(2013)基于德尔菲技术提炼出创业能力的13个子能力(见表4-12),然后在一个国际创业教育项目中进行评估,该项目共有25名美国学生和15名南非学生参加。该项目总的时间周期是1~2年,项目先是有3个月的线上预修课程,然后一起到南非当地校园接受线下培训,培训课程分小组进行,每个小组配备有专门教师指导,上午是在教室上课,下午和晚上到现场工作。通过对参与创业培训项目的学生在培训前和培训后分别进行创业能力评估，发现学生大多数的创业能力均有所提升。基于研究结果，该研究认为学生通过创业教育与培训可以获得创业能力的提升。

表4-12 基于国际创业教育项目的创业能力评估

能力	培训前评估	培训后评估	显著性
机会识别	4.02	4.13	0.0003*
机会评估	3.33	3.48	0.197
风险管理/缓解	3.92	4.18	0.0007*
传递有说服力的愿景/看到未来	3.65	3.79	0.074
坚韧/毅力	3.43	3.63	0.005*
创造性的问题解决	3.58	4.02	0.0001*
资源杠杆/自我积累	3.05	3.61	0.0001*
游击战技术（营销）	3.00	3.90	0.007*
用新产品/新服务/新商业模式创造价值	3.50	3.93	0.0007*
保持专注还能灵活调整的能力	3.24	3.32	0.143
具有弹性	3.72	4.12	0.01*
自我效能感	3.58	3.82	0.0002*
建立和利用网络	2.95	3.39	0.0002*

注：*表示显著性水平为 $p<0.05$。

资料来源：Morris M H, Webb J W, Fu J, et al. A Competency-Based Perspective on Entrepreneurship Education: Conceptual and Empirical Insights[J]. Journal of Small Business Management, 2013, 51(3): 352-369.

第二节 商业模拟的能力评估与训练

一、商业模拟的能力评估优势

制定一个有效的能力训练方案，首先需要对个人的能力进行科学和正确的评估，评估的有效性将更能为能力训练带来效率。但是，能力的评估并不是一件容易的事情，不同的评估方法可能各有优劣势，我们必须清楚其使用的必要条件。以下先介绍一些常用的能力评估方法，然后再来讨论商业模拟在能力评估上的优势。

（一）能力评估的常用方法

1. 问卷调查方法

（1）问卷调查法的实施方法。问卷调查法（Questionnaire Survey）也称问卷法，用来收集有关研究对象情况、观点或意见的第一手资料，通常研究者会根据自己研究的课题设计拟好问卷，然后将问卷发放给研究对象填写，发放的方式可以是当面作答、邮寄、网上填写或电话访问等多种形式。在前文中提到的一些对就业能力评估的研究就是采用问卷调查法，其调查的对象可以是被研究对象群体，如即将毕业或已经毕业的大学生，也可以是被研究对象的周边人，如被雇用大学生的雇主或同事和上下级。

（2）问卷调查法的优劣势。问卷调查法的优点是：①低成本地覆盖大样本人群。由于问卷调查一般采用结构式问卷设计，且采用邮寄或网上调查的方式，使问卷调查的成本大为降低，能覆盖很广的地域范围，可以进行全国范围内的调查甚至不同国家的人群调查。②调查的问题较为广泛，尤其是一些较隐私的或敏感性的问题，匿名调查方式可以减少被调查者的顾虑，如实表达自己的意见。③可以得到较为可靠的信息和意见。问卷调查通常会谨慎设计问卷，使用缺少歧义的标准化词语，尽量让被调查者建立统一的理解，因此，面对完全相同的问题，减少对研究对象的随意解释和诱导，就避免了许多误解和偏见。但是同时，问卷调查的缺点也是比较明显的，主要表现在：①问卷的内容设计受限。不是所有的问题都可以设计成问卷来进行调研，有些有深度或较复杂的问题很难用结构化的问卷来设计。②问卷完成质量无法控制。如果不是当面作答，调查者就无法保证问卷是否由被调查者独立完成，以及完成问卷的环境是否受到干扰，特别是邮寄和网上填写，问卷填写的质量和信度都可能出现偏差。③问卷调查的回收率和有效性无法确保，如果调查对象对某些问题拒绝回答，或者问卷填写方式不符合要求，导致问卷调查结果无法使用，都是难以补救的。

（3）问卷调查法实施的条件。问卷编制、被试选择和结果分析是问卷调查法有效性的三个重要环节。首先是问卷编制，根据问卷调查经验，不论在问卷设计时考虑得多么全面，总是存在没有考虑的情况或因素影响了问卷调查质量，因此，问卷编制看似不复杂，但一定是需要丰富经验的积累。其次是被试选择，如前所述，问卷调查的劣势是对一些深入和复杂的问题无法获得调查，而其优势是能覆盖更广的人群，因此更大的样本在统计上更具说服力，但同时也对抽样提出了一定要求，如果样本数量不够，或者抽样不科学或不正确，就会对问卷调查的结论带来重要影响。最后是结果分析，需要运用恰当的统计方法进行分析，并对数据加以合理的解释，数据分析需要研究者对数据有足够的解读与剖析能力。

2. 行为事件访谈法

（1）行为事件访谈法（Behavioral Event Interview，BEI）是在定性研究中得到普遍运用的一种行为回顾式探索技术。BEI方法主要是请被受访者回忆过去一段时间（半年或一年）的一些关键事件，这些事件对其有何重要影响，如最具成就感或最具挫折感的事件，然后请其详细地描述该事件过程，例如：①描述事件发生的具体情境或背景；②事件都有哪些主要的参与人；③在该事件中受访者实际采取了哪些具体行为；④个人在事件过程中有何感受；⑤事件最终的结果如何。

（2）行为事件访谈法的优劣势。从以上访谈的过程中可以看出，BEI方法的优点首先主要体现在可以较为深入地了解被访谈者在工作情景下的各种细致的心理过程和行为措施，而这些心理与行为往往能更好地体现出个人的不同能力。其次是充分地调动了研究者的专业能力，这不仅表现在访谈过程中，研究者可以运用各种访谈技巧来深入挖掘被访谈者能力表现的细微之处，同时还表现在从访谈资料的分析中可以发现很多结构式问卷调查无法事先预测的能力。同时，行为事件访谈法也有明显的劣势：首先是非常耗费时间和人力，每个被访谈者从约谈到访谈，再到访谈资料的整理与分析，耗时漫长，因此其用在对能力评估的过程中的成本是较大的。其次，实施的过程难度更大，要与被访谈者建立信任，能够让对方愿意进行深入和真诚的分享，否则就是获得一些无意义或虚假的信息和资料，根本无法对能力进行一个正确的分析。

（3）行为事件访谈法的实施条件。BEI方法实施过程主要有被访谈者选择与准备、正式访谈和访谈资料整理与分析。首先是被访谈者选择与准备，如果与被访谈者之前比较陌生，最好要通过一定的方式来建立信任，例如，第一次通过双方比较熟悉的中间人联系进行见面认识熟悉，通过中间人的关系建立了一定信任后再进行访谈。其次是正式访谈的实施非常关键，很多因素都会导致访谈效果的不理想，所以一定要做足准备，特别是访谈时间的节奏和长度要控制好，过短可能无法深入，过长又可能会给被访谈者带来疲劳和抗拒感。最后是访谈资料的整理与分析，与问卷调查资料分析不同，BEI方法的资料分析往往会运用扎根理论的编码分析，其工作过程更复杂、工作量更繁重，并且需要研究者有更丰富的分析能力和经验。

3. 实习实践法

（1）实习实践法。顾名思义，实习实践法就是通过实习实践来评估，即我们常说的"实践是检验真理的唯一标准"。实习实践法就是将个人放到一个具体的岗位上，通过一段时间的实践工作来评估其各项能力。在高等教育中，许多高校的本科大学生培养方案中就有"实习"这个环节，其目的不仅是培养实践能力，同时也是对其各项能力的评估。在企业的人力资源工作中，也会对新招聘的大学生或员工通过岗位实习来进行能力评估，如果实习期间对各项能力评估合格就进行正式录用，或者经过相应的进一步培训再录用。

（2）实习实践评估法的优劣势。实习实践法的优势比较明显，首先是直接且真实可靠，之所以要对能力进行评估，就是为了在实践中能够胜任或合格，实践检验无疑可以直接达到这一要求。同时，实习实践法的劣势也显而易见。首先是耗时长成本高，从时间上看，在工作岗位上，实习实践虽然对能力的评估和检验从反馈上看非常直接，但由于在有限时间内只能在单一岗位实践，其对能力的评估范围也是有限的。其次是对能力评估具有滞后性，特别是对大学生来说，一般是在临近毕业的最后学期才安排实习，对于评估后的能力训练来说已经有点晚了。

（3）实习实践评估实施的条件。实习实践法的评估实施过程主要包括选择实践岗位、安排正式实习与实习评估。对于高校来说，首先，要联系足够多合适的实习实践岗位来满足学生的需求，尽管许多学校都提倡产学结合，并鼓励学生多实习实践，但还是受限于合适实习实践岗位的数量，很多实习实践可能只是走了一个流程。其次，在实习时需要有经验的指导老师，如果将学生安排在岗位上后没有相应的实习指导和反馈，甚至只是当成一个可有可无的岗位助理，那么也无法通过实习实践来达到评估和训练的目标。最后，需要对实习有科学规范的评估，特别是对各项能力的评估反馈，如果只是像课程学习一样，只是根据学生撰写的实习报告或实习日志打一个分数，那将很难对学生的能力与素质做出全面的评估和反馈。

(二) 商业模拟的评估优势

1. 模拟实践法简介

所谓模拟实践法，就是用一些特定技术来模拟上述所说的实习实践评估法，例如"无领导小组讨论"(leaderless group discussion)就在许多场景中得到使用。被试者通常被要求按一定人数(如5~9人)组成一组，然后要求他们在规定时间内讨论相关工作或决策问题，该讨论过程中不指定谁是领导，只让被试者自由组织讨论，评价者则可以在一旁观察来评估被试者各方面的综合能力和素质。随着计算机技术的发展，一些模拟技术在能力的评估上开始得到运用，该评估技术的核心就是用计算机模拟实践场景，让学生或被试者在该场景中进行相应的实践，以便评价者能对被试者的能力或技能做出评估。

2. 商业模拟具有的评估优势

如前所述，实习实践法虽然具有很大的优势，但其劣势也是很难克服的。因此，模拟实践法就有了其相对的优势，模拟实践法在一些领域取得了非常出色的表现，并已成为一些替代实习实践法的重要选择。例如，飞行员和宇航员在正式上天飞行前的训练中，模拟飞行器的训练与评估就是飞行员和宇航员在上天飞行前的必修环节。此外，在医疗行业和高端设备行业，仿真模拟实践也已得到了广泛应用，并且其实效性得到认可。在商业领域，商业模拟在能力评估与训练上也开始得到人们的关注。根据笔者多年的模拟教学实践和总结，商业模拟在学生能力的评估上同样具有其潜在的巨大优势：

(1) 综合能力评估优势。随着计算机模拟技术的发展，商业模拟能够越来越接近商业世界的现实决策问题，并且能够将许多决策变量因素纳入模拟系统中，学生在模拟过程中不仅要像在真实企业中工作一样，要处理内部职能部门中间的协调与合作，企业在面对市场和行业的变化时，要做出相应的应对决策。因此，与企业中单一岗位的实习实践相比，这种商业模拟技术带给学生的训练比企业的实习实践更具综合性，能为学生提供根据综合能力的评估。

（2）低成本与低风险优势。与实践评估相比，模拟实践显然具有低成本与低风险的优势，其不需要耗费太多的资源和时间，只需在计算机上完成，而且可以反复操作和多次评估，并且模拟实践法也不会给企业和个人带来经济风险。

（3）反馈时效性优势。商业模拟的设计一般是在规定的时间段完成一个回合，然后在此基础上进入下一个回合，同时每个回合都会给学生一个模拟结果反馈，学生可以在规定的模拟时间里获得一次实践反馈。持续密集的实践与反馈能够给学生带来训练和评估的时效性优势，学生能够对自己的能力有更加深入的认知和体验，同时也为自己的进一步训练带来明确的靶向目标。

（4）仿真实效性。模拟实践经常碰到的挑战问题就是，这种模拟实践行为能真正带来评估和训练的实效吗？首先这种实效性从实证研究的角度来看，目前确实还未发现有太多深入和权威的研究，我们认为这也是商业模拟领域未来值得深入研究的一个重要课题。但是本书之所以对此问题有非常乐观的预期，原因有两个：首先是其他领域存在非常成功的模拟训练成果，以军事领域为例，除了战斗机飞行员训练具有非常好的模拟训练效果之外，从传统军事沙盘演练发展而来的计算机模拟军事演练，也是非常有实效成果的例子。从笔者多年商业模拟教学的观察来看，一个非常明显的现象可以说明这种模拟实践的实效性，就是学生在多轮模拟决策训练之后，其决策的速度和效率都显著提升。其次，通过进一步的观察和分析发现，学生之所以能做到这一点，是因为他们对决策变量之间的关系有了更深入的洞察，同时对决策系统提供的大量数据信息，也逐步从开始的不知所措到能够更加有序地收集、处理和分析，同时团队成员之间决策过程中的分工与配合更加默契和有效率。这些现象的观察能够真切地反映出，模拟实践能够对个体的认知和行为带来实质性的改变。

3. 模拟实践法实施的条件

模拟实践法的评估实施需要的条件有两个方面：一是商业仿真的模拟系统；二是科学合理的模拟指导。以下根据笔者多年的教学实践体验与大量观察来阐释对这两点的理解。

（1）商业仿真的模拟系统。模拟实践法首先需要将学生带入到一个商业场景中，例如，一套以计算机建模为基础的模拟系统，该系统能够较好地仿真商业系统中的一些决策场景，让学生能够充分地体验到现实商业场景中的决策问题。同时模拟系统需要具有适度的综合性、复杂性和挑战性，面对具有一定难度的决策问题，学生需要调动自身的综合知识和能力来找到解决方案。

（2）科学合理的模拟指导。模拟系统之所以具有一定的综合性、复杂性和挑战性，在于能够更好地激发学生的能力，让学生的能力得到更加有效的评估。同时，能力的评估也是多层次多维度的，需要学生逐次深入和展开，如果没有一个科学合理的模拟指导，就可能导致评估的效度不佳。科学合理有两个方面需要注意：一是指导仅限于一些必要的内容，不能替代学生进行问题分析与解决，更不能像课堂教学一样给出一些参考或标准答案。二是模拟指导计划要能够让学生逐步进入状态，引导学生充分发挥自己潜在的能力，千万不能因为突然感觉难度太大而却步。根据我们的教学经验，以上是在实际的模拟训练过程中学生不能充分发挥个人能力的重要原因。总之，模拟指导就像运动场上教练指导运动员一样，目的是能够将运动员真实的最大潜能激发出来。

二、商业模拟的能力训练优势

（一）商业模拟的能力训练思路

1. 大学生能力的训练与提升趋势

（1）就业能力的训练与提升。大学毕业生就业市场目前存在的一个重要矛盾，是供需双方都不能让对方满意，一方面是用人单位在招聘所需人才上碰到困难，另一方面是大量大学毕业生毕业后却找不到工作。高校教育的一个误区是容易把知识与能力等同起来，或者把知识当成能力的全部，而实际上知识只是构成能力的一个要素，即便说是一个重要的要素，或者进一步强调是能力的基础，但不管怎样，知识毕竟不是能力的全部。例如，商学院教育最容易受到批评和诟病的问题之一就是，教育并不能为学生带来就业能力。对于这种失衡的原因,有人将其归结为两个方面:第一,所教的管理理论与实践不相关;第二,教授学生的方法过时(Avramenko, 2012)。随着中国高校的扩招和就业市场压力增大,就业能力在高等教育中的地位越来越重要,甚至很多的教学改革措施都是围绕着提升学生的就业能力来展开的,以期望能通过各种教学创新来让学生能够更好地满足就业市场的需求。

(2)创业能力的训练与提升。早在1989年,联合国教科文组织提出,创业教育应作为"第三本教育护照",与现有的学术性和职业性教育护照同样重要。根据创业教育早期倡导者柯林·博尔的观点,创业教育就是让学生具备从事创业实践活动所需的知识、能力及心理品质。当然,创业教育兴起有其必然的重要背景(王辉,2017):首先是新经济的出现。20世纪末期,以信息经济和知识经济为代表的新经济的出现为大学生带来了无限的创业商机,特别是在计算机、互联网与服务业等领域极大地释放了大学生的创新与创业潜能;同时,新经济新产业也改变了企业的生存竞争法则,企业竞争的重心由规模与效率转向创新与创意,智力资本和创新能力在企业的生存竞争中发挥着越来越重要的作用,企业也越来越需要具有创业精神的大学毕业生。其次是严峻的就业形势。就业一直是令各国政府头疼的问题,特别是全球性爆发的经济与金融危机更是恶化了全球的失业问题。以中国为例,自20世纪末高校扩招以来,中国大学生的就业形势相当严峻,大学生毕业人数屡创新高,近几年更是突破千万毕业生的规模,同时随着各种突发事件的影响,如新冠疫情的暴发、就业需求的萎缩给高校毕业生造成了很大的就业压力。最后是大学职能的革命性转型。从本质上看,创业教育的兴起是大学自身发展的内在需要。"创造新知识"一直是传统主流大学发展的重点职能,但当代的大学职能开始发生变革,被称为"第二次大学革命"。未来的主流大学将不再局限于知识和技术的创造者和发明者,同时也应是这些知识和技术商业化转换的推动者和实施者。可以预计,创业教育是高等教育发展的重要趋势之一,培养大学生的创业能力与素质也必将成为高校未来的重要使命。

2. 大学生能力提升的主要思路

(1)能力提升的靶向设计思路。大学毕业生数量逐年增加带来的重要就业问题,开始受到各级政府与高等教育相关管理机构的广泛关注,同时也带来了对大学生就业能力的关注与研究。高校在提升大学生的能力方面开始形成一种满足用户的"靶向思维",其主要体现在以下几个核心思维:首先,能力提升的用户思维。其基本思路是强调高校与用人单位之间深度合作,高校不能"关起门来做教育",而应以就业需求与就业能力培养和提升为导向。要更好地促进就业市场供需平衡的目标实现,做到在专业设置与设计上与用人需求实现合理对接,在专业培养目标上与用人单位的岗位标准实现准确对接,在技能训练上与岗位要求对接。其次,能力提升的调研分析思维。现在高校越来越希望通过全面系统的市场调研和需求分析,来深入了解社会及用人单位对大学能力与素质的具体要求,并基于实际需求来设置专业和设计课程体系和人才培养方案。最后,能力提升的设计思维。高校的教学管理者认为整个能力的训练与提升需要从一个整体体系视角来进行,即高校可以分析、研究和预判社会对大学生就业能力的需求,然后在此基础上高校可以提高主动性和积极性通过专业设置和课程设计,以及相关的实习实践活动策划安排,以培养出就业能力满足用人单位所需的人才。

(2)基于社会需求的专业与课程体系优化。随着社会经济与产业的不断升级演化,一些专业不可避免地满足不了新经济新产业发展的需求,同时,随着一些产业与行业的衰退,一些专业也不得不面临淘汰的命运。因此,高校在专业的培养上必须不断地进行优化和改革,才能让大学生的专业知识和能力保持现实竞争力。为此,一些具有创新改革精神的高校会积极探索专业设置的新尝试,与社会的新经济与新产业的发展相契合,培养相应专业知识与能力的毕业生,以适应当前的劳动力市场对职业的需求。国内一些高校也越来越重视在课程教学与改革中将能力培养纳入重要考虑,这些能力包含的范围极为广泛,包括创新能力、沟通表达能力、实践能力、信息应用能力、团队合作能力等。

(3)参与各类实践活动。高校大学生的实践活动包含较广的范围,除了通常的企业实习之外,还包括第二课堂、社区服务和各类比赛活动等。首先,相关调查研究表明,第二课堂学习对学生就业能力产生重要影响,特别是教师教学与伙伴互动会产生积极影响,他们对学生带来的实习实训体验越好,学生就业能力的自我评价也就越高。其次,实践活动是大学生实践教学体系的重要组成。大学如果鼓励学生参加课外活动,如社团活动和各类竞赛,学生有机会在真实环境中得到培养和锻炼,就可以更广泛地培养自己的各种综合能力和各项就业技能。课外活动较为广泛，包括参与和实施各类科研、实践、创业导向的计划活动等。再次，鼓励学生参与各类社区服务。美国高校的本科教学有一项重要的实践活动——社区服务，其鼓励学生志愿于从事能满足当地需要的有组织的社区服务，培养学生的理论技能、公民责任意识并承担社会义务。在国内，社会实践也逐渐成为高校实践教学的一个重要环节，与一般的课外活动相比，融入校外社区环境的实践活动，更能培养学生的公民意识，并与专业技能的训练与提升相结合，将社会教育、学校教育和自我教育相融合。最后，大学生毕业前的实习是就业能力提升最为重要的一个体验式学习环节。高校一般也非常重视实习实践教学环节，通过与用人单位建立"校企合作、产教融合"的合作关系，并做好实习实训的设计、实施与评价，以促进大学生就业能力的训练与提升，增强学生毕业后的岗位适应能力，切实来提升学生的就业成效。

（4）推行创新与创业实践项目。从21世纪开始，教育部已开始颁布一系列重要的管理政策和措施来推进高校的创新与创业教育，并且要求高校必须为本科生的创新与创业实践创造相关条件。以上海的高校为例，大学生可以申请国家级、市级和校级的各类创新与创业实践项目，这些项目一般由学生团队自主选择，在校内外相关老师的指导下实施，项目周期一般在一年以内，学生可以灵活安排自己的时间，这些项目往往还能获得不同金额的项目资金支持，同时会根据实践项目的成果等级给予学生学分认定。这些鼓励政策极大地激发了学生参与创新创业实践活动的热情，对训练和提升学生的创新和创业能力有非常大的帮助。目前，从全国范围来看，大学生创新创业实践行为也获得了前所未有的支持和鼓励，一些高校各个层面的创业政策和资金支持对学生的综合能力训练与提升无疑具有重要促进作用。

（二）商业模拟能力提升优势

1. 大学生能力训练与提升的思考

我们已经越来越清楚，知识与能力不是等同关系，也不是必然的因果关系，知识只是能力的要素之一，如果高校仅仅将知识传授和学习作为主要任务，甚至唯一任务，那其所培养的大学毕业生将很可能会缺乏市场竞争力和社会适应性。而能力的培养比知识的学习更具复杂性，其科学方法和过程是一个非常值得深入研究的课题，前文归纳的能力提升主要思路都是众多教育学者提出的一些主流观点，也是许多高校在教育实践中实际采取的策略和措施。本节对这些思路和措施的核心逻辑与特点再进一步做些反思。

（1）搭建跨越知识与实践之间鸿沟的桥梁。如果我们把实践作为检验知识的一个重要标准，那么高校在知识的研究和传授上就需要全面地考虑实践需求。知识与实践存在的脱节或鸿沟已是包括商科在内许多学科真实面临的一个现实问题，其产生原因在前文已有所论及，且对这些原因的分析能够为我们采取正确和科学的改革措施是非常有帮助的。对于高校来说，如果能够实现知识在实践中得到应用，似乎就解决了能力培养的问题。但实际上，仅从知识是否能够实践应用来看，在实际教学中也会体现在不同的情况和层次。例如，一门课程设计一些实践应用题，学生能够书面作答，可以被视为知识得到了应用；再如，教师撰写一篇案例并设计一些相应的案例分析题，学生能够应用理论进行分析，也可以被视为知识得到了应用。但正确作答这些应用型题目是否可以说学生就完全获得了相应的能力？学生顺利完成了这些知识应用题是否就能说明学生在实际的工作实践中能够运用所学理论来解决实际问题呢？基于这些思考以及我们前面对不同能力概念与内涵的探讨，我们对大学生能力的训练与提升应该有更全面和深入的思考。

（2）高校负责能力训练与提升的整体设计和实施。在就业市场压力和结构性矛盾越来越大的情况下，高校毕业生和用人单位都无法在就业市场得到满意的就业结果，作为供应方，高校首先需要责无旁贷地应对此现象和问题。从就业矛盾的分析上来看，可能存在多种原因：一是随着社会经济和产业的进化，有些产业和行业正在壮大和发展，有些正在衰退萎缩，不同专业毕业生的培养比例需要及时做出相应调整；二是现有的产业和技术在进步，高校的专业培养需要跟上进步的步伐；三是新经济新产业新企业不断涌现，需要及时设立相应的专业来满足新企业的用人需求。不管是何种原因，高校似乎都能采取相应应对策略和改革措施，并获得相应的改革成效。但是我们好像并没有发现有高校在解决此问题上可以表现出满意和自信，反而成了一个难以解决的教育改革难题。因此，我们不得不反思一个问题：由高校推动的整体解决方案是否能有效地解决我们面临的这些问题？如果高校现有应对机制和效率没法有效解决这一矛盾，那我们又应从哪些方向去做新的思考和变革呢？同时，在思考这些问题的时候，我们还必须清醒地认识到，任何人无论是处于人生的哪个成长阶段，实现个人能力的提升都不是一件轻而易举的事情。

（3）学生被动接受能力训练与提升的方案与措施。高校在对外部人才需求进行调研和分析的基础上，来设置新专业或优化现有专业与课程培养体系，然后学生全面接受学校不同专业的培养方案与措施，如果学生能够通过所有专业课程的考核并获得相应学分，那么就可以被视为培养合格。即使是一些在校外参与的实习实践项目，学生只要能够完成学校规定流程的各项任务，就能顺利获得相应的学分并得到认可。我们可以发现，整个培养方案的实施过程，学生基本被动接受，所获成效和结果的差异只是分数不同或合格等级不同。由此，我们不得不思考一些问题，在这个培养过程中，为什么学生只能被动接受学校统一的培养方案？为什么能力各异的学生要采用统一的培养方案和措施？从统一培养方案中训练出来的学生，其能力都会一样合格吗？本书的目标不是意图全面解答这些教育问题，但对这些问题的思考可以引导我们对新的培养方案和方法进行反思，还可以指导我们的模拟教学不落窠臼，能够对学生能力的培养带来变革和突破。

2. 商业模拟提升能力的综合优势

商业模拟作为高校一些经管类专业培养的一门课程，经常被定位为一门实践类的课程，即通过模拟平台为学生创造一个应用知识的机会，该定位容易把商业模拟与案例教学等其他知识应用教学方式相混淆。但是，随着我们对商业模拟实践与研究的深入，商业模拟更应被视为一种教学方式的创新，就如我们前文中一直所探讨的，商业模拟的知识学习逻辑与成效不仅具有非常深厚的理论基础与实证依据，并且其在教学方式的创新与变革上也具有很大潜力，这点我们后面还将继续深入讨论。以下基于我们多年的教学实践探索与总结，就商业模拟在能力的训练与提升上所具有的优势进行探讨。

（1）不同场景下的综合能力训练。在前文中我们已经探讨了商业模拟在知识学习上具有多方面优势，其中包括综合性知识的学习，同样，商业模拟在能力的训练上也具有综合性这一重要特征。就高校所关注的大学生就业能力和创业能力来看，其所需能力具有多维度多层次的特征，实际上，在大多数商业实践场景中，其完成工作任务所需能力都具有综合性。在商业模拟的训练中，也表现出了对能力综合性的要求，并且其综合性与商业模拟具体的教学设计密切相关，以笔者教授的一门工商综合模拟决策课程为例，当教学设计中嵌入更多的训练目标时，随着模拟训练回合的推进适时地增加决策难度和竞争压力，学生在模拟过程中就能获得更加综合的能力训练与提升。因此，理论上，基于计算机技术的模拟系统只要具有足够的仿真性，能够科学合理地模拟出不同的实践场景，就可以让学生获得现实中所需要的综合能力。在我们的教学实践中，也能观察到模拟训练对能力的提升是其他教学方法无法替代的，即使与企业管理岗位中的实习实践相比，商业模拟对综合能力的训练都具有其独特的优势。

（2）知与行之间的持续反思。"干中学"是能力训练与提升的一个重要方法，同时"知行合一"又是判断能力形成的重要标志，而这也正是模拟训练所具有的优势，其主要表现在促进学习者能够在知与行之间进行持续的反思。没有行动或实践的知识，与没有知识或理论的行动一样，都很难形成持续改造世界的能力，因此，在认知与行动之间进行持续的反思与实践，是训练和提升个体能力的有效途径。在商业模拟训练中，正是通过持续的反思来桥接知与行之间的鸿沟，如果教学设计能够引导或鼓励学生不断地采取行动与反思，就能潜移默化地提升其能力，并且能够让学生在模拟训练过程中获得能力提升的直观体验。

（3）模拟训练的即时体验与及时反馈。体验式学习认为"学习是经历自身非常本性的紧张与充满冲突的过程"，学习者需要一边积极体验，一边反思观察，积极体验为反思观察提供了条件。商业模拟的特点是能够为学习者创造一种充满挑战的决策场景，激发学习者的竞争意识与紧张情绪，这种复杂多变的即时体验是个人能力训练与提升的重要起点，其能够激发个人的持续反思与行动。同时，及时的反馈又能增强学习者能力训练与提升的目标感、方向感和成就感。及时反馈来自多个方面：首先是模拟系统会给个人的决策行为给予反馈，尤其是高仿真的模拟系统能够让学习者进入玩游戏般的沉浸学习状态；其次是与团队成员和竞争对手之间的互动反馈，可以激发和带入学习者的社会角色意识，从而获得更为真实有效的体验学习；最后是指导者的及时反馈，指导者的角色不再是传统教师的知识讲授，而是更加丰富的角色，如教练和引导者，其能够给学习者的能力训练与提升带来更多的帮助，后文在商业模拟教学实践中将进一步展开探讨。

（4）模拟训练的因材施教与因需施教。在传统的教学模式中，从课程设置与教学目标的制定开始，直到教学内容的设计、实施与评估，所有学生的学习与训练都基本按照一套预先制定的培养模式和流程，这套培养模式就像自动化程度高的流水生产线，能够高效率地培养出符合教育者所制定和认可标准的产品。这套培养模式的合理性实际上需要满足两个重要的前提假设：一是学习者在知识与能力上具有相对的同质性；二是学习者在知识与能力的提升速度上是相对均衡的。显然这两点都是传统教学模式遇到的重要挑战。如果我们将商业模拟系统视为一个学习平台，学习平台不是预先给所有学生制定统一的教学目标，而是给学生提供一个学习的场景，在这个场景中每个学生都可以根据自己的能力特征来扮演所需的学习角色，制定自己的个性化学习目标，以适合自己个性化需求的节奏来推进学习进度，即因材施教和因需施教。这也正是商业模拟训练中具有的一个重要优势。因此，当学生组成团队一起进行模拟训练与学习时，团队成员之间初始能力的异质性和能力提升的异步性将不再构成一个挑战，甚至能变成促进学生更有效率训练和提升综合能力的一个机会。

3. 商业模拟影响就业能力的一项调研

Avramenko(2012)做了一项调研来了解商业模拟对毕业生就业能力的影响，他们在毕业一年后通过校友登记册联系调研参加过商业模拟课程的毕业生。该调研获得了一些很有启发性的发现。校友们很明确地表示，在他们的课程中设置商业模拟课程具有很大优势。许多校友都注意到，在就业前面试中提到商业模拟有积极的效果，因为这会提高雇主的好奇心，特别是对他们在面试中所学到的东西，从而引导整个面试朝着毕业生候选人的优势方向发展。

此外，课程中这种商业模拟的存在被认为是给没有正式工作经验的毕业生一个机会，即在就业面试中强调他们在商业模拟中获得的非正式工作经验，据报道，这使他们从其他候选人中脱颖而出。用一位受访校友的话来说：商业模拟特别有用，能够让公司相信，尽管我没有现实世界的经验，但我比大多数人(其他候选人)准备得更好。

至于商业模拟对校友就业信心的影响，则概述了商业模拟有助于学生对潜在雇主的公司有信心，并指导他们准备面试，就如其中一名受访者所述：商业模拟给了我一针强化剂，使我能够欣赏面试我的组织所做的业务的更大图景。

现在的公司招聘倾向于偏爱有工作经验的毕业生，包括但不限于正式、非正式、短期就业或在公司实习，而我们发现商业模拟也具有同样的优势。例如，该研究发现接受了商业模拟训练的毕业生表示：这个模拟让我亲身体验了企业每个部门的重要性，无论是营销、运营、财务、人力资源还是整体领导力。更重要的是，该模块最大的收获是，毕业生认识到为了经营成功的业务，所有部门之间保持良好平衡的重要性。由此可见，商业模拟教学作为商科教育的一个重要模块或单元，确实为毕业生提供了一个机会，可以将所学的理论知识实际应用到模拟课程训练中。

第三节　商业模拟能力训练的实践案例

本节将聚焦于"能力"这一概念，来探索和回答一个问题：商业模拟教学主要训练了学生什么能力？研究将基于质性研究方法，以接受商业模拟教学的学生为研究对象，来分析归纳商业模拟训练学生的主要能力。

一、基于商业模拟课程的案例研究设计

本模拟课程使用一款名为"国际化企业综合战略模拟"的在线模拟软件。在该模拟案例中，学生组成决策团队经营一家跨国公司，在全球市场中与其他小组经营的公司进行竞争。在模拟中，学生需要综合运用大学所学的管理专业知识，对市场做出判断，并做出相应的经营决策来为企业获取经济效益。模拟决策主要涉及市场需求、生产、投资、营销、研发、物流、库存和财务等诸多方面的决策。

本课程共有两个班，A 班是企业管理专业，共 30 人，分成 6 组，每组 5 人；B 班是市场营销专业，共 41 人，分成 8 组，其中 7 个组分别是 5 人，

1个组6人。

模拟结束后要求每位同学独立完成和提交一份"模拟分析报告",分析报告建议学生围绕与模拟有关的问题展开,例如"谈谈你对整个模拟决策的理解,并对本模拟决策系统的优点和缺点分别进行分析总结","在做模拟决策的过程中,你运用到了哪些知识和能力","通过本模拟课程,你有哪些重要收获和心得体会",等等。同时课程还要求小组提交一份"小组总结报告",小组报告要求就"财务业绩、经营决策、团队决策过程与效率、竞争对手"等主题内容进行分析总结。两个班的学生最终提交的文档资料有85份(见表4-13)。研究对所有的资料进行了统一编号,编号的第一个字母代表班级,第一个数字代表组别,第二个数字代表成员,例如A3-4代表A班第3组第4位组员,A3-0则代表A3组的小组报告。

表4-13 分析所用的资料

班级	资料名称	数量
A班	模拟分析报告	30
	小组总结报告	6
B班	模拟分析报告	41
	小组总结报告	8
合计		85

为了更有效地分析资料,本书使用了质性研究软件Nvivo 11,对所有的研究资料采用了三级编码。首先,第一级编码主要将分析报告中每小段所阐述的内容按主题进行归类,其中阐述"能力"主题的共获得300多条编码条目。其次,针对这些能力相关的条目再进行第二级编码分析,分别获得不同的子能力,再根据编码条目出现的频次,选择频次最高的前五项能力。最后,对选出的五项能力再进行三级编码,分析每项子能力具体涉及哪些维度。

二、商业模拟的能力训练:大学生案例

基于以上编码分析,选出编码频次最高的五项能力,如表4-14所示,

分别是战略决策能力、沟通与团队精神、竞争与合作能力、分析判断能力和学习能力。以下对这五项能力所包含的维度及内涵分别进行阐述。

表 4-14 文本编码频次分布

子能力	编码频次	资料来源
战略决策能力	87	55
沟通与团队精神	82	55
竞争与合作能力	61	47
分析判断能力	60	35
学习能力	43	32

(一) 战略决策能力

模拟决策对学生能力的训练与提升首先体现在战略决策能力上，因为学生反馈显示，所有的小组都对战略规划的重要性有了不同程度的认知，即使是因战略决策失误导致模拟经营业绩不理想的小组，对战略决策的反思也是非常深刻的。从实际模拟结果来看，战略决策能力对实际经营业绩有非常强的正向影响关系，而且大多数小组都把战略决策能力视为影响经营业绩的首要因素。总结起来主要体现在以下几个方面：

(1) 制定长期战略规划的能力。对于没有经营实践经验的学生来说，要求他们在模拟一开始就去制定未来三年、五年，甚至更长周期的规划，是件非常具有挑战性的事。但是，还是有小组尝试去这样做了，而且最终结果也给他们带来了非常深的体会。例如，"B1小组的胜利告诉我们，一个成功的领导者必须要有长期的战略眼光，一个成功的企业必须要有长远的发展计划。有了目标，把握好大方向，一步一步地去努力、去实现，结局一定是繁花似锦[B3-4]"。

(2) 把握战略的专注与灵活。长期战略的效果往往要坚持实施一定时间之后才能体现出来，但同时经营环境的变化又需要战略能做相应的调整，这是战略决策非常难以权衡把握的。但一些小组对此有了非常好的理解和把握。例如，"要学会随机应变，做出调整，在决策的过程中，需要对战略中不适应的部分做出改变[B1-3]"，"这也给了我一个想法：时刻改变自己的决策以适应变化的环境，但基本的决策逻辑要坚持不变[B2-5]"。

(3) 理解战略的取舍艺术。企业战略首先解决"做什么"的问题。面对多个市场多种产品，如何做出取舍，聚焦公司的战略重点，是战略决策非常重要的能力。通过模拟训练，一些小组有非常深刻的心得。例如，"在比赛前期，我们希望把各个技术都由我们公司做大，但到了比赛后期，我们公司亚洲工厂两面作战，既要生产技术3，又要生产部分技术4，而技术3和技术4各有强悍的竞争者，面临严重的产能不足，明显感到力不从心。在现实中，想要涉及各个方面，结果往往是顾此失彼。因此这给我带来的启示是：战略性地放弃或是集中化思想的运用并不是消极逃避，而是一种智慧[A1-0]"。

(4) 把握环境中出现的机会。好的战略决策需要能把握住环境中出现的机遇，这不仅需要决策者具有眼光和智慧，有时还需要一些勇气。例如，"对于机会把握是一个很重要的能力。比如，B4小组利用技术3在亚洲市场和欧洲市场的前期强劲表现，在第四回合之后帮助他们完成反超，则是一个很好的例子。不过对于机会的把握和坚持则是不容易做到的，毕竟对于后面三个市场都是靠着技术1和技术3支撑着也不是所有小组都能够做到的[B6-1]"。

(5) 资源配置的有效性。战略规划的一个潜在逻辑是要实现企业资源的最优化配置。就如学生反思总结的："在资源有限的时候，我们应该集中资源放到那些可以带来巨大利润的地方，将资源的利用效率达到最高[B7-1]。""我们一开始的方向其实并不明确，到第三、第四回合我们四种产品都在做，然后都没做得很好，本来资源就不多，还造成额外的浪费，这也就是我们之所以起不来的原因[B7-6]。"

除了以上几点，学生在战略决策能力的训练与提升上是全方位的，例如，许多小组体会到决策前充分获取决策信息的重要性，在决策过程中管理层沟通和争论的重要性，战略上保守与冒险之间的辩证关系，企业如何把握业务的扩展与收缩，以及应用战略决策分析工具等诸多方面。

(二) 沟通与团队精神

模拟决策是分小组进行的，一般是5人一组，个别小组是6个人。多人一起决策，就会存在沟通与团队合作方面的问题。根据学生的反馈，决策过程中的沟通与团队合作非常重要，因为"整个模拟决策需要考虑的事情实在是太多了，单凭个人没有办法考虑到方方面面，因此团队合作及合理分工就显得十分重要。在决策时互相提醒并查漏补缺可以避免很多决策失误[A5-4]"。因此，"在决策过程中，大家需要不断讨论，当大家的意见出现分歧的时候，如何协调也是我学到的很重要的一点。大家都是在慢慢磨合和尝试中不断进步[A3-2]"。一些学生甚至觉得"模拟给我们最大的收获就是我们小组内部，各个小组之间的一起竞争、一起讨论、一起分析、共享知识的过程[B4-3]"。对学生的沟通与合作行为进行分析，发现主要在以下几方面有所训练：

（1）改善学生对沟通与团队精神的认知。认识到团队合作的重要性，"我们每个人受到自己的思维方式和思维习惯影响，思维具有局限性，看问题的角度可能不全面，分析问题往往得到的不是最佳方案，在这次的小组合作中，大家也是集思广益，让我们可以从更多的方面看出问题所在，从而得到更好的决策方案[A3-3]"。"正所谓'三个臭皮匠，顶个诸葛亮'，一家公司的成功绝不可能归功于某一个人，一定是团队集体的智慧[B1-2]。"

（2）理解团队成员的异质性与互补性。本次模拟采取的是自由组合团队，大多数小组一般都是由较熟悉和关系好的成员组建而成。尽管如此，在模拟决策过程中，小组内部的分歧与争辩还是较为普遍的。许多学生对此也有了自己的体验，例如，"在做模拟的时候，寻找互补性的队友很重要，一个团队需要各方面能力的成员[B6-1]"。当然，"一个团队，存在意见分歧是正常的，不同个性和能力的合理搭配是完成公司任务的重要前提[A2-4]"。

（3）训练学生沟通说服的技巧。在决策过程中一旦出现分歧，就要尽力说服对方，就如学生[A2-5]所说："在这个过程中也很容易发生意见分歧与争论，尝试说服对方是件非常困难的事。但是，在这个过程中也锻炼了自己沟通交流的能力，更清楚地表达自己的想法，更准确地把握了问题的要害，是一种能力。"因此，学生[A2-3]觉得模拟课程中"最重要的收获是怎样做决策，怎样说服同伴，思维框架很重要。没有哪个决策是对的或者错的，只有最适合的。当出现不同的选择项，分析问题很重要，但是用什么方法说服你的同伴更重要"。

（4）正确对待团队中出现的分歧与矛盾。当然，并不是每次分歧都能说服对方或被对方说服，很多时候的分歧和矛盾会一直存在，如何正确处理这些分歧与矛盾显得非常重要，很多学生在模拟中有了相应体验。例如，"我认识到在企业经营决策的过程中，一定会存在意见相左甚至因为意见不同而导致争吵的情况，但这是正常现象。决策中，存在这种情况，说明所有参与决策的人员，都在以企业发展为目的积极思考[A2-2]"。而且，学生认为团队过于和睦对决策并不是总有利，"团队合作时不能一味附和，有时候矛盾与争吵其实就预示着进步。有时候我们为了避免起冲突，往往会相敬如宾，附和别人所提出的建议。而有时候我们就是这样忽视了决策中的问题，从而导致了失误的发生[A4-4]"。在分歧和争辩之后，学生如何正确对待争辩结果也非常重要，例如，"争吵过后，'获胜方'并没有因为意见被采纳而沾沾自喜，'失败方'也没有因为意见没有被采纳而垂头丧气，大家还是能心平气和地进行下一步骤的决策。我认为主要原因就是所有组员的出发点都是为企业好，无论用哪一种策略，只要能给企业经营带来好处，就是好的策略[A2-2]"。同时，一些学生为顾全大局还能学会适当"妥协"，"最后，我选择不跟对方僵持下去，因为想通过讲道理的方法说服对方太难了。我放弃我的选择并不是因为我对我的选择不自信，而是想让小组决策做下去[A2-3]"。"在决策过程中，什么时候该坚持自己的意见，什么时候要适当妥协都是需要组员之间互相协调的[A2-1]。"

（5）理解团队的合理分工与协调。高效的团队会有合理的分工，同时又要成为一个整体。就如学生[A5-1]所说的："在每个团体中，我们每个人又是个体，各有所长，所以，分工合作很重要。"但是同时，"一个团队是一个整体，充分发挥每个人的优势，各司其职，整体的优势才能体现出来[A2-4]"。如何使各司其职的成员成为一个整体，协调者的角色往往发挥重要作用，一些学生有了很好的体验，例如，"起初，我并不是我们小组的组长，但是在决策过程中，我经常能提出有建设性的建议，也能够指出其他组员建议的不足之处，后来我发现我提出的决策，经常能整体被小组所有成员接受。此外，当我们小组内部出现意见不一致时，我会主动对比两个或多个方案，找出一个最优解，化解小组之间的矛盾[A2-2]"。

（6）解决团队决策存在的问题。团队决策有优势，同时也会存在一些不足，如何去克服这些不足，也是沟通与团队决策能力得到提升的体现。例如，"集体决策有一个很大的缺点就是缺乏效率，人多意见必然就多……为此，我们会在每次讨论之前，明确这次讨论需要解决的主要问题，讨论的时长，以保证一旦偏题，立马拉回[A4-0]"。此外，"群体决策还会出现少数人控制的现象，讨论会被个别人控制，最终变成个人决策。对此，我们通过安排不同的组员撰写每轮的小组报告，来避免可能出现的每轮都是固定的一两个人做决策并对之负责的可能性[A4-0]"。

（7）在合作中获得激励与成长。这点可以体现在个人与团队两个层面上。首先，在个人层面上，良好的合作可以带给学生正向的激励与体验，改变其以往对合作的认知和行为，例如，"我之前是一个非常自由的人，一般做事情也是自己独立完成，生活中也不太与别人沟通，一方面是一些事情人多了反而降低效率，将时间花在争论上，另一方面就是大多数人非常容易钻牛角尖，非常固执，认定一个理无论怎么说也不会改变……这一次我是充分理解到了团队合作的好处，也许某些事情我一个人做就很好，但是有些事情团队合作是更好的方式，在以后的行事当中，我也会再仔细考虑是个人去做还是团队去做，如果团队来做，要怎么样才能充分发挥团队的效率[B3-3]"。其次，学生发现不仅个人在合作中获得成长，团队也同样在合作与沟通中不断成长。例如，"这个从明确到模糊再到明确的过程是宝贵的，这个过程叫作磨合，在这个过程中，我们学会了从自身的能力兴趣出发，找准自己的定位，做好自己的事情[B5-4]"。

（三）竞争与合作能力

公司之间的竞争与合作在理论范畴上也可以归纳到战略决策能力上，但从学生反馈的内容来看，非常有必要将其作为一项重要能力独立进行分析。下面分别从竞争和合作两方面展开分析。

（1）竞争思维与能力。首先，经营业绩好的小组往往表现出强烈的竞争意识，即使是竞争意识后知后觉的小组，到了后期也能感受到市场竞争的残酷。"在竞争过程中，我认为，没有永远的朋友或敌人，仅有永远的利益。在整个经营决策当中，我一直致力于研究对手的思路。我们有时候要故意打压价格，宁愿自己不赚钱也不让对手赚钱；有时候又要依靠这些对手，和他们一起联手把市场做大[A1-1]。"其次，竞争策略多样化，几乎所有的小组都能将波特的竞争战略思想不同程度地应用到模拟决策中，尤其是低成本领先战略的应用，各个小组都有深刻的体验。除此之外，心理学、博弈论和战略联盟等各种方法与技巧也是层出不穷，让许多同学有切身体验。"对手们先发制人、大刀阔斧地抢夺市场，挑衅地放出假消息、烟雾弹，用心理战术迷惑敌人，种种竞争策略层出不穷。在内忧外患的双重夹击下，我们深刻感受到了作为公司领导层的不易与压力[A4-0]。"最后，认识到竞争是考察企业的整体能力，需要有系统思考，"长期以来，我们一直以为营销是决胜的关键，价格战可以打压对手抢夺市场，但是若是没有强大的生产部门支持，再伟大的计划都会止于第一步。所以，对于实业企业来说，生产与供应链有时候会更重要，因为它们是支撑企业运营的坚实基础[A4-4]"。

（2）合作意识与能力。与小组间的竞争思维相比，合作意识与能力在不同的小组和学生身上会有完全不同体验和认知。第一，那些成功的合作给双方带来积极的体验，例如，"在有几个回合中，欧洲市场进入技术3的只有我们组与A4小组，因此我们两组进行了友好协商，决定共同提升价格增加利润，使我们两组在这次模拟中共同进步[B1-4]"。"如果A1小组在亚洲或者欧洲低价抛售这批货物，将对我们造成不轻的打击，衡量再三我们决定和A1小组协商谈判，动之以情晓之以理，成功地说服他们在美国抛售，完成双赢的局面[B6-3]。"第二，失败的合作则让学生反省合作需要的前提条件，例如，"我们与某一组一度达成不降价的协议，但是就结果来看她们都降价了，这次事件让我意识到，对于不能足够信任的'伙伴'，如果没有明显的共同利益，就不能轻易地相信。记得A3小组与A4小组之间也有过类似的经历，可以说这次模拟让我深刻地意识到了社会的尔虞我诈、残酷[B7-5]"。第三，当竞争对手的成功合作给自己公司带来经济损失时，一些小组也有强烈的反应，例如，"我想谴责一下市场串谋的不道德行为……因为我认为这样的行为会扰乱市场正常公平的秩序，是不可取的。但这也正是这个决策的魅力所在，因为在真实的市场环境中，也一定会存在这种情况，所以我认为我确实从这个课程中学到了很多东西[A2-2]"。第四，也有一些学生在面对这种合作或联盟行为是持抵制态度的，例如，"A1公司发现A6公司不再有利用价值，于是背叛了这个协定，他们企图来找我们小组进行联合，但是被我拒绝了"。整体上，一些学生还是希望能有更多的合作机会,因为"现实生活中除了竞争还有合作,虽然提供合作可能会使这个模拟更加复杂,但也更加接近现实生活。有了合作的机会,竞争者之间就可以合作,有些资源就可以分享了[A3-2]"。

(四) 分析判断能力

与传统理论讲授相比,模拟教学让学生感到"以往我们的学习总是浮于表面,依附在书上的概念中,运用难免也是按照书中的概念格式进行讨论与分析。但是此次模拟可以让我们进行数据的测算以及检验,极大地运用了以往所学的知识,将所学运用于实践,可以说是模拟的一大诱惑之处了[B4-1]"。而且,学生[A1-3]反馈"本次模拟很全面很复杂,我们需要分析各个组在各个市场上的财务报表、财务指标、生产情况、成本情况等数据,如何选取最重要的数据,从而总结出自己所处的状况、拥有的优势,以及所面临的挑战。这其实是一个很烦琐很复杂的任务。没有优秀的数据分析能力,很容易出现一头雾水、毫无头绪的情况。在这次模拟中,通过10个回合的历练,我的这项能力不仅得以充分运用,并且得到了很大的提升"。通过对学生总结反馈的分析,可以发现分析判断能力主要体现在以下几个层次:

第一,要有对关键决策数据进行筛选的能力。"因为每一轮的结果报告可谓是包罗万象,从数据到图像方方面面的展示令人眼花缭乱。结果报告中有财务报表、财务指标分析、市场报告、生产报告、成本报告,某些报告中又有三大市场和全球的划分,如果要将每一个数据都去搞懂并进行分析几乎是不可能的,耗时费力。所以我们要学会从庞杂的数据中抓取对我们有用的关键信息,进行提炼分析来获得我们所需的内容[A3-1]。"

第二,要具备数据分析能力。模拟让学生[A1-5]认识到,"作为专业课的学生,恰恰更需要实际的数据分析能力,才能更精准地把握处置将来在工作中遇到的种种变局"。其中,"首当其冲的是统计能力。作为市场总监,我需要通过计算得出大致的增长额以及对对手的预测[A1-2]"。

第三,分析能力主要体现在预测需求和分析竞争对手上。首先,"需求预测能力考验着小组成员对后续各项决策的理解能力,在自己拥有的资源和不可控的市场因素中做出权衡。需求预测能力能够充分体现一个小组的综合协调能力和战略思想。对企业家决策者来说,这是一项商业战场上的艺术[B5-2]"。其次,"分析竞争对手的能力是非常重要的一种能力,因为我们自身的决策与我们对对手的预判息息相关,如果预判正确,那么我们根据该预判做出的营销等决策便能实现效益最大化[A2-1]"。因此,"作为一家上市公司的管理团队成员应该对整个市场的竞争有着清楚的认知,如哪些公司在哪些技术上是强项,哪些方面是不足或空缺,只有对市场、对每个竞争对手有清楚认知才能有正确的洞察,如何见缝插针寻找利润空间、抢占市场,获得利润[A3-1]"。

第四,具备从数据分析中做出准确判断的能力。就如学生[A3-4]反馈的,"我认为更加准确的判断力也是我在这次课程中的收获之一……大家从一开始的犹豫不决转变为最终的游刃有余,并且可以根据系统给出的数据结合上一回合的结果来准确地预估前景并进行决策"。此外,有学生还强调判断过程中的逻辑与理性,"我们做的每一件事情都要有依据,不能想一套是一套。决策过程当中,我们小组各个成员都有自己的看法,要让大家按照我的想法来做,那我就要提供足够的理论依据,说服大家。做事情要有逻辑,想清楚为什么要这么做,这一点让我更加理性,也让我在想冲动一把的时候克制自己,少做了很多傻事[B3-3]"。

第五,好的分析判断还需要注意思维的系统性。学生[B4-2]"通过这次决策,明白了每一个看似简单的决策其实牵扯很多的因素,我们需要用整体观来看待所有的问题,而不是局限于单一的几个数据,而更多的应该着眼于它们之间的联系和最终的企业目的"。因此,"对于决策内容的一个逻辑思考能力,要注重模拟决策具有整体性,它涉及了现实决策过程的各方面,并且整体之间具有互相联系的性质……它所有决策具有逻辑上的相互联系[B1-5]"。

总体来看,分析判断能力是学生在模拟过程中的重要收获,就如学生总结:"我觉得模拟最重要的不是锻炼我们的专业知识,更为深远的影响是帮助构建我们的思维模式。这种发现问题解决问题,以及看问题的角度才是我们最为受益良多的环节[A4-3]。"

(五) 学习能力

与传统课堂相比,模拟课上老师很少集中讲授知识点,即使是模拟涉及了全新的知识点,也是在学生主动请教时,才会做适当的解释,或引导学生自己去寻找相关资料。因此,在整个模拟学习过程中,老师的作用主要是引导,正应了"师父领进门,修行在个人"这句谚语,学生只有积极参与到模拟中来,提升自己的学习能力,才能有更多受益。学生学习能力主要有以下几个方面的体现:

(1) 学习商业模拟系统。根据学生的反馈,本次模拟系统是他们遇到过最复杂的系统,就如了解现实商业的游戏规则一样,理解模拟系统的基本游戏规则是决策的一个重要起点。那些能够对模拟系统有钻研精神的学生或小组往往在决策中有良好表现。如学生[B1-5]认为,"在系统决策的过程中最重要的是要求我们不断学习,不断地研究系统,发现它不同决策过程中的逻辑性"。"正是因为我们对整个系统有深入的了解,才有了我们第一的良好表现[A1-4]。"通过模拟系统的研究来获得更好的模拟成绩,就犹如企业家要善于洞察行业发展规律,对企业成功经营具有非常重要的影响。

(2) 在合作与分享中学习。本课程会经常强调团队成员之间相互学习的必要性和重要性,同时采取各种方式来促进学生之间的学习。例如,要求小组的决策必须有充分的讨论,并且要有相应的讨论记录,这样"可以鼓励同学们形成学习小组,在组内积极讨论问题,而为了使自己的公司发展更快,同学们也会督促彼此认真学习、积极参与决策,因此这一形式可以使同学们在学习时的效率大大提高[A3-4]"。此外,每次模拟结束还会鼓励小组之间的学习,让小组派代表进行分享,很多学生非常喜欢这种形式,例如,"在本次模拟课程上,我还有一点非常喜欢,就是大家的分享。这个软件里面的很多功能还有一些问题,其实是大家分享之下才出现的,开始的时候一个人学习可能有所局限,一个班级的人一起参与让这个课程非常有乐趣,我觉得都是学习,这种一起互动参与的方式非常有趣,而且令人印象深刻,而自己学容易对着书愁眉苦脸还容易忘记[B3-3]"。

(3) 在竞争中学习。本模拟比赛具有很强的竞争博弈性,如何从竞争对手身上学习是非常重要的途径,因为"不同公司采取不同的策略,通过它们的分享,让我可以开阔自己的思维,从不同的角度去想问题[B1-2]"。因此,学生[A5-4]发现"每一节课上所有小组上台分析总结的部分非常地重要,从中不仅可以看出他们的决策策略,也可以从他们的失误中得到新的知识"。例如,"在同学的分享中,才发现可以通过结果中的生产报告和成本报告更可靠地去预测对手的产品定价。在这个模拟中，我们不是一家公司在运营，而是与其他公司竞争同一市场，因此学习他人成功的经验，对我们后续更好的发展是很有必要的[A5-2]"。此外，还可以主动向竞争对手讨教，"税收部分我主要是在向隔壁小组取经后，学习到了如何帮助企业提高利润的方法[A4-4]"。总之，很多学生反映"听取其他公司的建议是非常有必要的，否则当局者迷，光靠自己公司也许很难发现自身的问题所在[B2-4]"。

(4) 在模拟实践中学习。模拟与传统课堂授课最大的不同，就是边做边学，通过"干中学"来获得经验知识。"关于每一个决策点的认识，都在一次次具体实践中得到升华。许多知识点并没有包含在决策指南中，决策指南只是一个基础，其余的知识需要我们通过自己的实操及结果分析来发掘[B2-4]。"实际上，学生很快发现"要看完这两份资料很容易，但要完全在没有实践的情况下看懂却很难。当我们看完材料做第一次决策时，还有许多疑惑的地方，在接下来的几轮中也有遇到，但这个时候再回去仔细阅读材料就会有恍然大悟的感觉[A3-1]"。这也就要求学生"要不断地学习和摸索，愿意为此投入时间精力……从理论上我们可能没有完全理解，但是试着做出一些调整，观察这些调整对于总利润的影响，会让我们做出正确决策[B1-3]"。

(5) 在失败中学习。"失败乃成功之母"，这句话在本模拟中得到了淋漓尽致的体现，"因为我们都是新手，没有经验，不成熟的决策造成的失误在所难免，但正是由于这样的失误，可以使我们了解自己错误的原因，有针对性地提高自己的不足之处，这是我认为这个软件最好的地方[B3-1]"。即使是在模拟结果中最终获胜的小组，也同样是在一次次失败后的经验总结中获益成长，"我们需要不停地总结出我们上一回合做得好的地方，做得不好的地方，从而吸取教训。遇到不能理解的地方，需要去查找资料，寻找理论支撑[A1-3]"。而对于那些最终模拟结果不如意的小组，失败的经历也带给了他们更多的经验，"虽然最后还是追不上排名靠前的小组，但是我们小组一直在努力扳回之前的差距，每次失败都是一次经验的积累，我们小组也可能学到了那些排名一直很靠前小组学不到的东西。有得必有失，有失必有得[B4-4]"！

(6) 自主学习能力的提升。"授人以鱼不如授人以渔"，模拟带给学生最重要的一个收获就是自主学习能力的提升。与传统课堂学习相比,学生认为"在模拟中,问题的解决不仅需要宽广的知识面,还需要一定的实战经历解决,因为没有谁会告诉你一个公司盈亏问题的原因所在。在这种情况下,自主学习的能力显得比较重要,你只能自己去分析问题的原因,并通过自主学习尝试去解决问题[A5-5]"。小组[A3-0]反映"在模拟决策的过程中也遇到过之前从未了解过的专业知识,因此需要去查阅权威百科来了解这些指标对于公司各方面的影响,这样一个主动的学习过程是我认为在这次课程中最大的收获之一"。更重要的是,学生[B6-1]意识到自主学习将是自己未来需要持续坚持的,"模拟帮我发现了很多欠缺的地方,学习之路任重道远,输赢固然重要,但是不足之处的发现与弥补才是对自己更有帮助的地方"。"'亡羊补牢,为时未晚',接下来的日子里我会好好总结,发现自己不足之处,有针对性地去学习,去弥补[B3-4]。"

三、商业模拟能力训练的重要观点

基于以上案例研究,我们对商业模拟能力训练有以下观点:

(一) 商业模拟可以训练学生多种能力

商业模拟确实可以对学生多种能力进行训练,其中,"战略决策能力""沟通与团队精神""竞争与合作能力""分析与判断能力""学习能力"这五种能力在学生反馈中出现的频次最高,编码分析也显示了每种能力具有丰富的维度与内涵(见表4-15)。

表4-15 商业模拟训练的能力及主要维度

序号	能力	主要维度
1	战略决策能力	①制定长期战略规划的能力 ②把握战略的专注与灵活 ③理解战略的取舍艺术 ④把握环境中出现的机会 ⑤资源配置的有效性

续表

序号	能力	主要维度
2	沟通与团队精神	①重新认知沟通与团队精神 ②理解团队成员的异质性与互补性 ③训练学生沟通说服的技巧 ④正确对待团队中出现的分歧与矛盾 ⑤理解团队的合理分工与协调 ⑥解决团队决策存在的问题 ⑦在合作中获得激励与成长
3	竞争与合作能力	①竞争思维与能力 　—强烈的竞争意识 　—竞争策略的多样化 　—市场竞争的动态性 　—竞争的整体性与系统性 ②合作意识与能力 　—积极参与合作 　—总结合作需要的前提条件 　—反思合作带来的不利
4	分析判断能力	①对关键决策数据进行筛选 ②训练数据分析能力 ③预测需求和分析竞争对手 ④从数据分析中做出准确判断 ⑤分析判断的系统性思维
5	学习能力	①学习商业模拟系统 ②在合作与分享中学习 ③在竞争中学习 ④在模拟实践中学习 ⑤在失败中学习 ⑥自主学习能力的提升

(二) 训练的能力会因人而异

需要说明的是，每种能力并不是在所有学生的总结报告中都有同等程度的反馈，实际上，对同种能力，有些学生的反馈甚至是持有相反的观点，例如，在市场竞争中出现的合作行为，有些学生倾向于模拟有更多的合作设计和行为，而有些学生则可能认为这是一种有违公平竞争的市场串谋行为而采取抵制态度。尽管如此，我们仍视为是合作意识与行为上的表现，因为是模拟让他们获得了这方面的体验和训练。

(三) 商业模拟可以从学生实践视角来改革教学内容

传统商科的教学内容本质上是基于教师研究视角的内容体系，即潜在地假定了教师能够理解外部环境的现状与挑战，且知道掌握何种知识可以帮助学生去应对外部环境的挑战。这种教学思维形成的重要逻辑是环境的线性可预测性，即商业世界变化具有线性可预测的特征，通过对过去商业案例或数据的分析和研究，所获得的知识和经验可以用来应对未来商业世界的挑战。商业模拟的教学内容与成效则变革性地从教师研究视角转换到学生实践视角，即把一个模拟的商业世界展现在学生面前，在一个充满各种变数(变数既可来自模拟系统的刻意设计，同时也可能来自模拟过程中竞争对手间的互动行为)的商业世界中，模拟实践反馈会引导学生有的放矢地学习和完善所需的知识和能力，而且基于学生实践反馈所学到的知识和能力，将帮助学生更直接和有效地去应对外部商业世界的挑战。

(四) 商业模拟有助于商业实践能力的挖掘和训练

本书虽然只分析了编码频次较高的五种主要能力，但案例资料反映的能力远不止五个，并且深入的研究将可能构建出一个更丰富更立体的能力体系。这充分体现出了商业模拟教学内容的一些重要优势，即商业模拟教学不仅可以整合传统商科的知识体系，还能将其转换成一种实践能力。传统商科知识体系的构建是基于学科和专业的分工，该体系对教师在知识的形成、积累与传授上具有分工优势，但对学生在知识的实践应用与整合上并不具有优势，甚至会让学生感到困惑。因为在应对现实商业问题过程中，如何先将经济学、管理学、社会学与行为学等诸多分割学习和记忆的学科知识进行有效整合，这本身就是一个巨大挑战。但商业模拟教学一定程度上克服了这种劣势，其教学思路可以总结为：基于问题解决导向的能力体系培养。因此，如果把知识学习作为传统商科教学的核心目标，那么商业模拟教学的核心目标则是能力培养。与知识相比，能力不仅在概念和内涵上层次更高，更重要的是，能力比知识在应对商业世界的挑战上将更具优势且更加有效。

第五章 商业模拟的学习机制

第一节 商业模拟学习的激励因素

激励或动机（motivation）表现为个人选择参与某项活动，以及在该活动中努力或坚持的强度（Garris et al., 2002）。商业模拟学习的激励因素与前文提及的游戏化有关，游戏化的激励机制是商业模拟学习激励机制研究中的核心内容之一。有人可能直观地认为好玩或有趣是游戏化激励机制中最主要的因素，实际上，游戏的激励因素和机制会比我们直观想象更为丰富和复杂。Richter 等（2015）在已有游戏化激励因素研究文献的基础上，提出了如图 5-1 所示的一个游戏化激励因素的综合模型。该模型区分了三大类游戏化激励因素：基于需求的激励理论、基于社会的激励理论和基于奖赏的激励理论。深刻地理解游戏的激励因素和机制将有助于我们理解商业模拟会如何激励学习的发生，同时也能帮助我们在商业模拟的教学中更好地进行规划和设计。

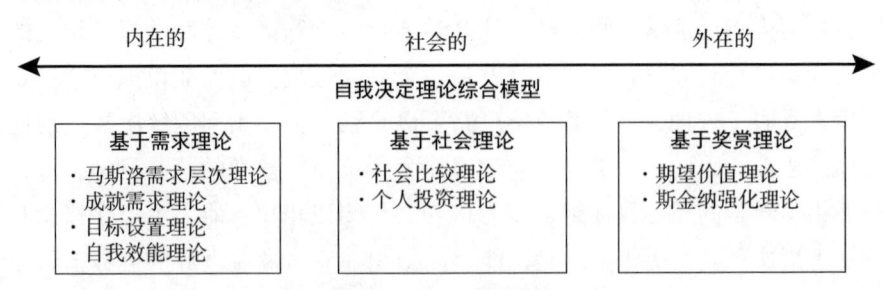

```
内在的 ←――――――― 社会的 ―――――――→ 外在的
         自我决定理论综合模型

  基于需求理论        基于社会理论       基于奖赏理论
· 马斯洛需求层次理论  · 社会比较理论    · 期望价值理论
· 成就需求理论       · 个人投资理论    · 斯金纳强化理论
· 目标设置理论
· 自我效能理论
```

图 5-1 游戏激励模型

资料来源：Richter G, Raban D R, Rafaeli S. Studying Gamification: The Effect of Rewards and Incentives on Motivation [M]. Berlin: Springer International Publishing, 2015.

一、基于需求理论的激励因素

基于需求的激励理论聚焦于内在的激励因素,主要理论有马斯洛的需求层次、成就需求、目标设定和自我效能。

(一) 需求层次理论

马斯洛的需求层次理论(Hierarchies of Needs)认为人类行为的驱动力来自满足生理和心理上的需求欲望。马斯洛提出的需求层次主要包括五个,首先是必须满足人们的生理需求和安全保障需求,然后才能发展到更复杂的需求,如归属感、自尊和最终的自我实现。基于马斯洛需求层次理论的逻辑和观点,Siang 和 Rao(2004)提出了一个游戏化的七层次需求理论模型。如图 5-2 所示,在模型的底层,参与者寻求信息来理解游戏的基本规则需求(rules need)。一旦规则需求得到满足,游戏参与者就需要安全、坚持和获胜的需求(safety need)。第三个层次是归属需求(belongingness

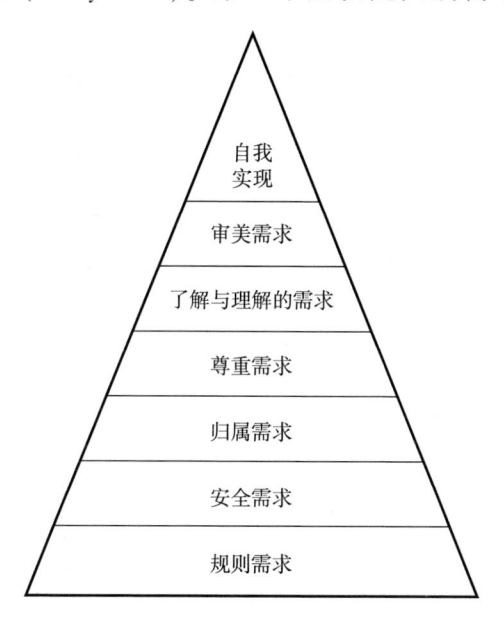

图 5-2 游戏化的需求层次模型

资料来源:Siang A C, Rao R K. Theories of Learning: A Computer Game Perspective[C]. International Symposium on Multimedia Software Engineering, IEEE, 2004.

need),即参与者需要对游戏感到舒适并最终实现游戏目标。在知道获胜是可能的之后,我们就需要在玩游戏时感觉良好——一种自尊感(esteem need)。在下一个层次中,参与者开始期待更大的挑战,他们需要理解和了解更多关于游戏的内容(need to know and understand),如不同的策略。第六个层次是审美需求(aesthetic need),反映了对优秀图像、视觉效果、合适的音乐、音效等需求。最后是自我实现的需求(self actualisation),参与者希望能够在游戏规则和限制下做任何事(在虚拟世界中获得某种形式的完美)。

(二) 成就需求理论

成就需求行为是指对自己或他人发展或展示一种高能力而不是低能力。在成就需求的驱动下,人们渴望获得成功以显示他们的高能力,同时避免反应低能力的失败。而且,追求成功和避免失败是两种不同的动机。这两种动机影响着人们选择承担的任务难度水平。具有追求成功动机的人更容易选择中等难度的任务。然而,如果避免失败的动机是强大的,人们要么倾向于选择非常简单的任务,要么喜欢非常困难的任务。游戏设计通常就是一套成就系统和身份指示器。成就系统是为玩家提供额外目标的奖励结构,因此它们会在用户间引发友好竞争和比较。游戏中可选的一些子目标可以是简单的、困难的、令人惊讶的、有趣的,这些目标既可以是独自完成的,也可以是团队完成的。不同的成就类型会带来不同的利益,游戏中的成就算法是为了激励参与者学习游戏,通过特殊的游戏风格成就来提供新的游戏体验方式,从而延长游戏参与时间,而且技艺高超的成就则是一种社会地位的象征。研究表明,通过适度的挑战可以提高游戏精通的水平,许多游戏允许根据参与者的技能来调整任务难度,从而调节成功和失败的概率。

(三) 目标设定理论

目标设定理论(Goal Setting Theory,GST)认为,那些困难的、具体的、与环境相适应的即刻目标是实现更多目标的动力。目标通过引导注意力、集中精力、增加毅力和对完成任务能力的信念来影响绩效。目标设定能有效提高任务绩效的情形:目标具体且具有足够的挑战性;受试者有足够的能力；提供反馈给进度与目标；目标达到获得奖励，分配的目标是个人实际接受的。根据学者米哈里·契克森米哈伊（Mihaly Csikszentmihalyi）的心流理论，目标与实现能力之间的匹配是心流形成的重要条件之一。在游戏中，创造心流体验的关键是要找到参与者感知技能与游戏挑战之间的平衡。游戏任务的一个要求，就是在有适当挑战和帮助的条件下，逐渐增加难度，这也是游戏实现激励参与和产生自我效能的重要功能特征。

（四）自我效能理论

自我效能（self-efficacy）是指自己感知完成某一特定活动的绩效能力。自我效能感的判断决定了活动的选择、挑战环境的选择、努力的付出、坚韧性和任务绩效。自我效能水平可以增强或阻碍动机，例如，自我效能高的人更愿意挑战一些难度高的任务，他们会投入更多努力并坚持，即便遭遇了失败，他们也能更快地从失败中恢复过来，并持续投入努力来实现目标。通过将高难度任务分解成小的、低难度的任务，自我效能感可以得到积极的刺激。一个人越是相信自己能够成功完成某项任务，他们就会在这项任务中表现得越好。在游戏中，复杂的任务通常被分解成小的任务，所以较大的成就被认为是小成绩的累积。

自我效能感的判断来自四种不同类型的经验，包括绩效经历、观察他人业绩的二手经验、言语说服和社会影响。绩效经历最具影响力，自我效能感会因成功经历而提高，因反复失败而降低。游戏提供了关于游戏内部行动的即时反馈，提供了关于参与者在游戏中所取得的进展，以及参与者在游戏中所处的位置。游戏根据参与者的绩效表现对他们进行排名。同时来自他人的类似行为及其后果也可以促进自我效能的发展。

二、基于社会理论的激励因素

（一）社会比较理论

社会比较理论（Social Comparison Theory，SCT）认为，与他人的比较也是了解自己的一个重要来源，通过与他人的比较，我们得以评估自己的信念、能力和反应。根据费斯廷格的"相似性假说"（similarity hypothesis）

(Festinger, 1954)，人们会将自己与相似的人进行比较，并希望不断提高自己的能力，努力争取自己比其他人有更好的地位。一般来说，竞争意识强的人比竞争意识弱的人更有兴趣去进行社会比较。我们与他人比较的类型会取决于具体情境，有时向下比较，有时向上比较。但人往往有一种自我完善的动机来引导我们向上比较，向上目标的比较增加了对能力和动机的自我评估，因为它提高了改变自己状态的信念。

游戏会根据他人的表现来呈现反馈。参与者赚取积分，并根据他们累积的总点数进行排名，排名可以是相对于最高得分者所获得的分数，或者是与某个地区或年龄范围内的其他参与者进行比较。通过定量测量来比较参与者会激发竞争。竞争可以作为把控给定任务而引入的一种挑战。游戏通过持续的评估来监控，这些评估包括对当前位置与他人位置对比的看法，以及对未来竞争发展趋势的预期。因此，评价包括与当前状况相关的不同社会比较，随着持续的评估和社会比较，参与者的自尊也会不断发生变化。

（二）个人投资理论

个人投资理论（Personal Investment Theory，PIT）将社会影响与成就动机的检验相结合。PIT 认为，一个人以信念、感知、感觉、目的和目标的形式所创造的意义激励着他的行为，这些认知要素是理解和预测投资行为（如参与、花费时间和精力）的关键。PIT 理论的概念框架有三个重要部分：意义、意义的前因和个人投资行为（Granzin and Mason，1999）。具体来说，该理论将意义定义为三个基本组成部分，在特定情况下它们是决定个人投资的关键因素：个人激励、自我意识和感知的选择。首先，个人激励可能是内在的，也可能是外在的。在这些激励因素中，任务激励反映了技能的提高和掌握；自我激励反映出想比别人表现得更好的愿望；社会奖励包括与他人的联系和团结，外在奖励包括金钱补偿或来自重要他人的社会认可和认可。其次，自我意识是指与能力、目标定向、自力更生和社会认同相关的感知、信念和感觉。最后，可感知的选项是参与者认为是可用的和适当的替代活动。这些可感知的选择往往受到社会方面的影响，如从属关系、帮助或与他人交往的机会以及家庭关系。

游戏将奖励作为一种动机诱饵来保持参与者的兴趣，以助于提高黏性和重复使用率。一般来说，激励措施取决于业绩方面的因素，这些奖励可以以积分、徽章等级和用户声誉的形式呈现。这种多样的反馈机制有助于根据自己和他人来监控游戏决策和表现。

三、基于奖赏理论的激励因素

基于需求的激励一般是个人的内在需求因素，基于奖赏的激励则一般建立在外在的因素上，其中，期望价值理论和强化理论是奖赏理论的两个重要代表理论。

（一）期望价值理论

期望价值理论（Expectancy Value Theory，EVT）认为，目标导向的行为是一种信念的函数，即努力会带来获得奖励所需的绩效，绩效将决定结果，以及实现结果的价值。因此，期望价值理论与追求某一目标的动机强度有关，与达到预期目标的期望有关，与特定目标的激励价值有关。该理论认为，期望和价值观影响成就选择、坚持、努力和表现。反过来，又受到任务特定信念的影响，如能力、感知难度、个人目标、以前的经历和各种社会化影响。

游戏通过包含鼓励用户个性化和控制的功能来提供一种控制感。允许用户控制某些方面可以让他们有机会投入到游戏环境中，并在其中创造某些方面的认同感。McNamara 等（2010）提出了两种类型的控制：第一种是控制环境的各个方面，如改变配色方案、背景或角色；或选择任务，如迷你游戏。第二种是设定个人目标或子目标，如设定目标获得一定的分数或达到系统的顶层，如果将游戏中的努力、表现及结果之间的关系清晰化，分数就可以有效地强化动机。

（二）强化理论

最早由斯金纳提出的强化理论认为，持续强化比部分强化能更快地建立理想行为，同时，一旦持续的强化被移除，期望的行为就会迅速消失。根据部分强化原则，与持续的强化相比，偶然的行为强化会导致更大持久性的消失。行为研究表明，不同的强化计划产生不同的反应模式：比率计划比间隔计划产生更高的反应率；可变计划往往比固定计划带来更高的一致性。在维持预期行为方面，可变比率计划比固定比率计划更有效，例如，赌博和彩票游戏的奖励就是基于可变比率计划的一种典型设计。因此，为了吸引学习者，游戏的反馈应该带来意外或惊喜，并且应设计成随机性地出现。一些研究发现，游戏不同的功能变量和分数奖励设计会产生不同的游戏行为(Hacker and Von Ahn, 2009)。

四、激励因素理论的整合分析

(一) 自我决定理论

自我决定理论(Self-Determination Theory，SDT)认为，人天生就具有积极追求自我心理成长和发展的愿望，面对持续的挑战会努力去应对，并有效整合外部经验与自我感知。SDT认为内部动机和外部动机的内化可以是一个自然的过程，这个过程需要满足三个基本的心理需求：①自主的需要(the needs for autonomy)。当个体在应对环境过程中能够体验"个人意志、发表看法、采取主动"等自主性，或者在某些活动中个体自我决定程度较高，个人就感到能够自我主宰行为，真正成为行为的主人，其活动参与的内部动机就高。②能力的需要(the needs for competence)。能力需要与自我效能感的概念有些类似，是指个体对自己行为及其所达水平的一种信念，确信自己能够胜任该活动的挑战，能最大限度地把个人的积极性调动起来。③归属的需要(the needs for relatedness)。归属需要是个体对他人的关爱、理解和支持的需求，期望自己能够融入周围的环境和群体，归属需求的满足可以带给人们更强的自主动机和环境适应能力。

SDT在教育领域得到了深入研究，发现支持自主性、能力和关联性的内在需求可以促进更深入和更内化的学习。从自我决定的角度来看，支持有趣游戏和学习的基本原则是同步的。而且研究证实，无论游戏的具体内容、复杂性或类型如何，人在"能力、自主性和关联性"上的体验是游戏乐趣的主要原因(Przybylski et al., 2010)。研究表明，自主满意度、内在动机和游戏体验之间存在密切联系(Bleumers et al., 2012)。自愿参与游戏的选择提供了一种强烈的自主体验，这是一种内在的激励，并且该结论在缺乏外部后果的情况下也获得了支持。游戏通过反馈和奖励培养参与者的能力感(即自我效能感),并通过社交联系、竞争和合作支持参与者的亲和感。

(二) 激励与奖励机制的整合应用

在非游戏系统(如教育场景)下来有效整合游戏元素,以鼓励使用者重复使用,增加贡献,并建立用户声誉。这可以采用许多不同的形式,如分数、徽章和级别。常见的实现形式包括所有权(如积分、代币和徽章)、成就(成就的象征)、身份(由计算显示出的等级或水平)、协作(可以通过合作解决的挑战)(Vassileva, 2012)。

基于人内在需求、价值观和目标的不同,人们对奖赏的认知也存在差异。这就需要我们根据运用综合的理论模型来研究游戏嵌入的激励机制。例如,社会比较理论可以解释排行榜的动机效应,因为它表明人们倾向于将自己与他们所感知相似的人进行比较,以评估或提升自我的某些方面(Vassileva, 2012)。社会比较理论解释了地位和声誉评估的动机方面,与基于需求的理论相一致。这些理论指出人类需要社会化,寻求社会认同和社会身份(Fu, 2011)。社会身份和声誉也可以用自我效能理论来解释,因为它们通常是被社会认可的一种掌控结果(Vassileva, 2012)。

获得声誉的一种方法是收集徽章,徽章可以宣扬一个人的成绩和过去的成就。此外,徽章也可以作为一种设定目标的工具,通过完成不同目标而获得徽章奖励来显示进程,徽章代表成就和成功,徽章利用了人们的收集动力。徽章提供了一种社会塑造,因为通过说明被重视的活动和互动类型,徽章可以代表一些社会规范。因此,在社会动机和需求理论的帮助下,我们可以勾画出徽章的激励因素。徽章也可以作为过去成就的提醒;它们标志着重要的里程碑,并提供了过去成功的证据。这些特征建立了自我能力和自我效能。身份和确认之间的相互作用可以凸显徽章如何从个人或群体的角度激励人(Antin and Churchill, 2011)。有些用户可能会更多地关注徽章的个人好处,而其他人则更可能关注社会方面。

游戏展现了一些社交激励机制,如馈赠。送礼可以是一个强大的激励因素,它可以作为一种利他主义的表达。根据社会和个人投资理论,虚拟物品和礼物可以促进关系和个人投资,从而刺激动机。虚拟物品具有自我表达导向,而收集稀缺资源的社会交换则指向需求理论。层级融合了这两种动机。层级一方面反映了参与者身份,因为它反映了参与者对游戏体验的精通程度;但另一方面也可以作为设定目标的工具,由于标记了困难的进展,从而增加了自我效能感。

每种理论或它们的组合都需要成就、期望、目标设定和社会比较来解释成就的动机效应。参与者喜欢在收集新成就和与其他参与者竞争的同时探索自己的数据(Medler and Magerko,2011)。不同的成就类别旨在获得不同的利益。成就提升社会地位,有些参与者成为收藏家,沉浸在游戏中以获得最大化的成就。由于某些成就的稀缺性,它们会引发用户之间的竞争和比较。

第二节 商业模拟学习的过程机制研究

一、商业模拟的学习过程模型

(一) Garris 等的模型

Garris 等(2002)提出了一个"输入—过程—产出游戏模型"(见图 5-3)。不仅游戏和模拟的属性或特征能激发学生内在动力去学习,而且这些属性或特征在与相应的教学内容匹配作用下,可以形成一个"评价—行为—反馈"的良性循环(judgment-behavior-feedback loops),将有助于更好地激发学习兴趣,促使学生付出更多的行动和更大的努力去进行模拟学习,不断地去自我构建知识,形成一种自我激励和自我主导的学习模式。Garris 等认为这种良性循环才是模拟学习最重要的特征,也是学习绩效得以提升的关键所在。

该模型提炼和揭示了商业模拟教学一些潜在的巨大优势。首先,模拟框架中的游戏循环利用了游戏中的一个重要特征,就是游戏玩家会被吸引到一遍又一遍地玩游戏,这是我们经常在娱乐性游戏中看到的现象,那些沉迷于游戏的年轻人总是沉浸在一款游戏中重复玩。模型中也将模拟教学

第五章　商业模拟的学习机制

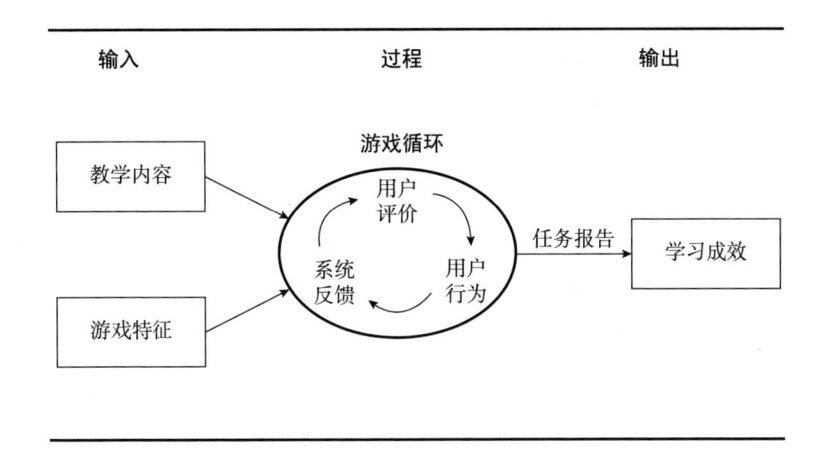

图 5-3　输入—过程—产出游戏模型

资料来源：Garris R, Ahlers R, Driskell J E. Games, Motivation, and Learning: A Research and Practice Model [J]. Simulation & Gaming, 2002, 33(4): 441-467.

设计得像玩游戏一样，是一个重复的"判断—行为—反馈"循环，而且这不是简单的循环，而是一个迭代升级的循环，商业模拟这种游戏式的玩法可以给学习者带来积极反馈，如增加兴趣、乐趣、参与度或信心，以及带来更强的毅力或更强的努力。这点与传统教学中学习任务的单次设计与单纯尝试模式不同，且具有潜在的优势。因为这可以给学习者带来更好的体验式学习，可以促进他们参与到环境中积极学习，加上配套的教学支持就可以为他们提供一个有效的学习环境。

其次，游戏学习循环形成的一个重要原因是游戏本身具有的一些重要特征，该模型将其归结为六个方面：

（1）想象力（fantasy）。想象力可以被定义为一种唤起"不存在的物理或社会情境的心理图像"的环境（Malone and Lepper，1987）。嵌入了这种想象情境的教学内容更能提高学生的兴趣，并提高学习效果。当学生沉浸在游戏活动中学习时，可以为现实世界的真实现象提供类比或隐喻，让用户从不同的角度体验现象，并促进其注意力的集中和自我学习效果。或者说，在一个想象的、感兴趣的语境中呈现的材料可能比在一个通用的或非语境化的形式中呈现的材料更容易学习，如果想象情景与学习内容的联系更紧密和更有趣，就更能刺激学生的有效学习。

（2）规则/目标（rules/goals）。游戏活动发生在现实世界之外，日常生

163

活的规则和约束可以暂时被搁置，并被精心设计的一套游戏规则所取代。导入的游戏规则是管理一般行为的常识性或隐含规则，正是这些规范且熟悉的规则被引入到游戏情境中，让玩家能够玩游戏，就像这些规则在现实生活中构建我们的行为一样，而游戏之所以有趣，是因为它们还允许放松或打破某些日常规则。尽管我们可能事先清楚地知道游戏规则，但我们永远无法准确预测游戏将如何进行。同时，清晰、具体的目标可以让个人感知到目标反馈的差异，这成为激发个人更多注意力和行为动力的关键因素。有意义的游戏情境、提供高度分化、层级分明的目标结构很可能会增强动机和绩效。

（3）感官刺激（sensory stimuli）。许多娱乐游戏给玩家带来丰富的感官刺激，让玩家感受一些在现实世界中很难或很少能有的感知和刺激。游戏可以让玩家进入或暂时接受另一种类型的现实世界，声音效果、动态图形和其他奇怪或陌生的感官刺激可能会吸引注意力，但也可能吸引对正常体验之外的感官障碍和感觉的渴望。一些图形或动画可以增强或激发教学活动的动机吸引力，与纯文本形式相比，大多数学生会选择返回包含动态图形的模拟学习活动。

（4）挑战性（challenge）。有一定挑战性的目标对个人成长来说是一种动力。在现实中，过于容易或过于困难的目标都可能无法引起人的兴趣和关注。游戏可以采取渐进式难度关卡、多个目标和一定数量的信息模糊性来确保不确定的结果，同时，游戏的绩效反馈和计分使个人能够跟踪实现预期目标的进度。更重要的是要让目标对个人产生意义，例如，将活动与重要的个人能力联系起来，在吸引人的幻想场景中嵌入活动，或者加入竞争或合作动机，都有助于使目标变得有意义。

（5）神秘（mystery）。好奇心是驱动学习的主要动力之一，可以由不同的因素引发，例如，由新奇的感觉引起的兴趣，属于因感官刺激的好奇心；另一种就是对知识的渴望，希望获得新的认知，这反映了人类理解世界的一种倾向，对意想不到或无法解释的事情感到好奇。还有多种情况可以激起我们的好奇心，例如，我们现有的知识和新信息之间的差异太大，好奇心就会由我们现有知识的中间信息缺口激发，而且这种中间知识既不太简单也不太复杂。好奇心和神秘性之间存在一定的差异和关联性，好奇心存在于个人身上，神秘性是游戏本身的外部特征，而神秘能唤起人的好奇心。神秘性可以来源于多种情况，如信息的不一致性、不完整性、复杂性、新颖性，想法之间的不协调，惊喜与预期违背等情况。

（6）可控制(control)。控制指的是行使权力或调节、指挥或命令某事的能力。教学可以由施教者预先设计的教学计划来控制，也可以由学习者来控制，但是，经验表明，让学习者来控制或掌握主动权可以提高积极性，提高学习效果。当游戏过程中允许用户选择策略、管理活动方向，并做出直接影响结果的决定时，即使这些行动与教学无关，游戏也会唤起一种个人控制感，从而对学习者产生积极的结果。

需要稍作补充的是，这个模拟学习模型中有一个"任务汇报"，看似不显眼，但却是体验学习获得成效很重要的一环。任务汇报是对游戏中发生的事件的回顾和分析，其重要性在于提供了模拟、游戏体验与现实世界之间的一种联系，并允许参与者将游戏事件与现实世界事件进行比较。如果我们的兴趣纯粹就是游戏，就不需要建立这种联系，因为我们只是为了自娱自乐。然而，如果我们的目标是开发具有教育意义的游戏，任务汇报过程可以让我们将游戏事件转化为学习经验，并使学习者将获得的知识与现实世界联系起来。汇报可能包括对游戏中发生的事件的描述，对事件发生原因的分析，以及对错误和纠正措施的讨论。尽管我们这里只是简单地提一下任务汇报这个环节，但它确实是游戏体验和学习之间的基本联系。

（二）Ak 的拓展模型

在 Garris 提出模型的基础上，Ak(2012)融入库伯的四阶段体验学习循环圈(具体经验→反思观察→抽象概念化→行动实验)，替代了原来模型中的学习过程阶段，构建了一个扩展的教育游戏设计模型。如图 5-4 所示，该模型对"输入—过程—输出"做了如下调整：

（1）输入。模型中有三个输入项，分别是学习目标/课程、学习者需求和游戏特征。在这一部分中，学习目标/课程与输入—过程—输出模型中的教学内容是相同的。学习目标是指预期的学习结果，而游戏的目标之一，也就是主要目标，是要达到这些结果。此外，游戏特征也与第一种模式相同。游戏特征来自评价游戏部分所解释的文献，根据这些文献，我们可以将游戏特征列为"反馈、明确目标、情境、挑战、好奇心和神秘感、竞争、娱乐、幻想、激励和心流"。最后，根据 Freitas 和 Oliver(2006)的说法，游戏应该考虑学习者的背景，如应该具备必要的先决知识和技能。

（2）过程。学习循环由四个阶段组成，分别是"具体体验、反思观察、抽象概念化和行动实验"：首先学习者基于熟悉的或具体的经验来构建知识；其次发展抽象概念，并主动测试抽象概念以完成学习过程；最后，转向下一个学习经验。在这些阶段中，可以实现主动学习。在这个步骤中，还需要学习者的帮助部分。此外，合作和社会互动也是促成因素。

（3）输出。在第一种模式中，只有学习结果是游戏体验的结果。然而，在学习过程中，动机就是一种期望的结果。因此在模型中有两种结果：成就（achievement）和激励（motivation）。

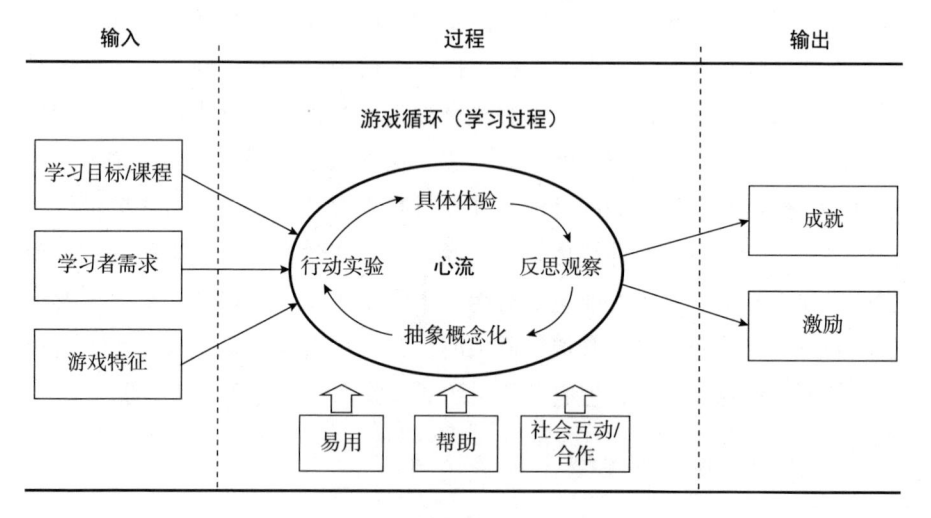

图 5-4　教育游戏设计模型

资料来源：Ak O. A Game Scale to Evaluate Educational Computer Games[J]. Procedia-Social and Behavioral Sciences, 2012(46): 2477-2481.

二、商业模拟的学习机制模型

（一）中介与调节机制模型

Landers（2014）提出了游戏化与学习成效关系的一个理论模型，如图 5-5 所示。总体上，该理论认为游戏化能有效促进学习成效，并且主要是通过"中介与调节"两个核心过程机制发生：首先，游戏化会影响学习者的学习行为和态度，从而影响学习成效，即游戏化学习的中介过程机制（D→C→B）。同时，这种中介效应也发生在教学内容与学习成效之间，即教学内容本身的设计也会影响学习者的行为与态度，从而影响学习成效（A→C→B）。其次，游戏化带来的行为与态度改变会影响教学内容与学习成效之间的关系（C→［A→B］）。我们可以进一步解释说明一下该模型的过程机制：首先，教学内容对学习成效的影响是整个理论模型的基础或前提，如果教学内容的本身特征不能对学习成效起作用，就不能对教学内容或过程的游戏化起作用。其次，教学内容和游戏化特征对学习行为和态度产生的影响，如会让学生在学习上投入更多的时间和精力，课上更集中注意力，积极做笔记和思考，更努力地投入课后练习，更有兴趣去钻研与教学内容相关问题等。再次，行为与态度对学习成效的影响，即只有学习者的行为和态度改变了，才会对学习成效产生影响，反之，不管教学内容和游戏化程度如何，如果学习者自身不发生学习行为，或者学习态度没有改变，也是无法带来学习成效的。最后，行为和态度影响教学内容与学习成效之间的关系，例如，良好的教学内容设计会带来好的学习成效，同时游戏化可以更好地引发学生的学习兴趣，从而对教学内容的学习成效带来更好的效果。

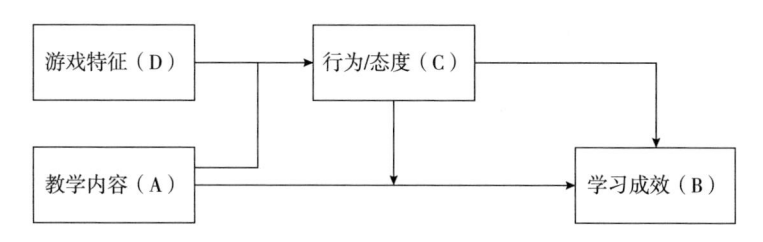

图 5-5　游戏化学习理论模型

资料来源：Landers R N. Developing a Theory of Gamified Learning Linking Serious Games and Gamification of Learning[J]. Simulation & Gaming, 2014, 45(6): 752-768.

（二）理论与实践的整合模型

在商业模拟中，需要通过一些方法来有效地整合理论与实践。Avramenko（2012）提出了一个商业模拟教学的框架来弥补管理教育中的理论与实践脱节问题。如图5-6所示，该模拟教学框架在学习行为、学习产出和评估的环节中，将相关学科的具体理论运用模拟实践，激发学生创造相应的解决方案来应对外部环境出现的机遇与挑战。从学习行为来看，主要由四个迭代的环节组成：①分析外部商业环境；②确认威胁与机会；③运用理论来应对这些威胁和机会；④分析干预的结果。在评估实践环节强调持续反思，主要指两个方面：一是"行动中反思"（reflection-in-action），主要由指导老师和团队成员激发，在模拟过程中进行反思；二是"对行动的反思"（reflection-on-action），主要是在模拟结束之后进行反思。

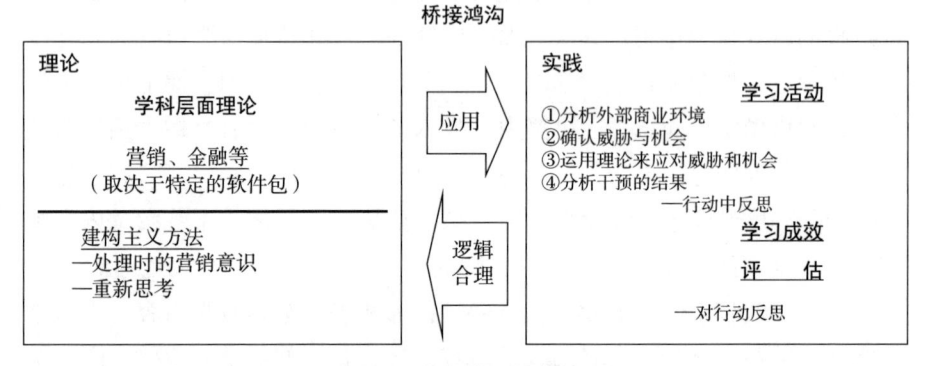

图 5-6　商业模拟教学框架

资料来源：Avramenko A. Enhancing Students' Employability through Business Simulation [J]. Education and Training, 2012, 54(5): 355-367.

该模拟教学框架建立在学生自主构建方法理论上，在模拟学习中，模拟软件只是作为一个有效的教学工具，教学最具价值的环节是能够促进学生在自主互动的学习环境中，将理论运用到模拟实践，对各种管理问题和假设不断进行验证，来构建自己的知识体系，从而解决理论与实践脱节的问题。

第三节　商业模拟激励学习的案例分析

一、案例研究说明

本模拟课程使用一款名为"国际化企业综合战略模拟"的在线模拟软

件。在该模拟案例中，学生将置身于一家全球移动电话公司的经营决策团队，与市场中的其他公司进行竞争，目的是为企业和股东带来价值最大化。在模拟中，学生需要综合运用大学所学的管理专业知识，对市场作出判断，并做出相应的经营决策来为企业获取经济效益。模拟决策主要涉及市场需求、生产、投资、营销、研发、物流、库存和财务等诸多方面。

本课程共有两个班，A 班是企业管理专业，共 30 人，分成 6 组，每组 5 人；B 班是市场营销专业，共 41 人，分成 8 组，其中 7 个组分别是 5 人，1 个组是 6 人。

模拟结束后要求每位同学独立完成和提交一份"模拟分析报告"，分析报告建议学生围绕与模拟有关的问题展开，例如"谈谈你对整个模拟决策的理解，并对本模拟决策系统的优点和缺点分别进行分析总结""在做模拟决策的过程中，你运用到了哪些知识和能力""通过本模拟课程，你有哪些重要收获和心得体会"，等等。同时课程还要求小组提交一份"小组总结报告"，小组报告要求就"财务业绩、经营决策、团队决策过程与效率、竞争对手"等主题内容进行分析总结。两个班的学生最终提交的文档资料有 85 份（见表 5-1）。研究对所有的资料进行了统一编号，编号的第一字母代表班级，第一个数字代表组别，第二个数字代表成员，例如，A3-4 代表 A 班第 3 组第 4 位组员，A3-0 则代表 A 班第 3 组的小组报告。

表 5-1　分析所用的资料

班级	资料名称	数量
A 班	模拟分析报告	30
	小组总结报告	6
B 班	模拟分析报告	41
	小组总结报告	8
合计		85

为了更有效地分析资料，本书使用了一款质性研究中较普遍使用的软件 Nvivo 11，使用软件逐段分析报告内容，根据每小段所阐述的内容主题进行归类，获得有关对"模拟软件"或"模拟教学"等相关主题的编码条目，共计 43 条。然后，针对这些条码再进行第二级编码分析，归类成不同的七

个分析主题。最后基于以上的编码归类进一步做以下案例分析。

二、激励学生的商业模拟特征

前文的匿名问卷调查显示，有83%的学生表示很有兴趣参与本模拟课程的学习，有82%的学生表示很有热情学习本课程，有83%的学生表示积极主动地参与本模拟课程。此外，课程报告也显示，学生在课后还要投入大量时间和精力来思考和讨论本模拟决策，个别小组每周课后会花5~6小时来进行讨论，而多数小组一般也会讨论1~2小时。学生为什么会喜欢商业模拟课程，是什么吸引他们在课后主动投入这么多的时间和精力来参与模拟课程呢？在对学生反馈的报告资料进行分析后，可以发现以下因素发挥了非常重要的作用。

（一）模拟系统的仿真度

吸引学生的一个重要因素是模拟系统本身的仿真度较高。许多学生从不同的角度反馈了对模拟系统仿真度的评价，认为"本模拟决策系统已经是一个比较全面、系统、能够模拟真实市场情况的模拟系统，为没有企业经营经验的我们提供了一个很好的实践、试错平台[A2-2]"。这种仿真性一方面可以给学生带来新奇感，能够通过模拟系统了解现实的企业经营系统，另一方面能够亲身体验该系统，"模拟系统就是一个微缩仿真的生动的商业生态圈。在这个商业生态圈里我们每个小组都可以经营一个极度类似于现实公司的企业，与其他的竞争对手在市场内各显神通、同场竞争[A4-4]"。在一些内容细节上模拟软件的仿真度也获得了学生的认可，例如，学生反映："这个模拟决策的优点是它虽然只作为一个模拟软件，但是其所包含的内容非常详尽和真实，已经相当靠近实际企业做决策时的步骤，例如，在生产这一环节，系统可以将学习经验曲线纳入到工厂生产中，随着工厂生产的件数增多，生产成本得以降低，以此来和外包生产进行权衡，我认为这一点就非常的真实，因为在实际企业高管进行决策制定时，也需要考虑上述的问题[A6-1]。"并且，模拟决策的真实性会引发学生情绪与心态的波动："在这样真实的模拟中我切身体会到了失望、绝望和希望，某种程度上，认真的人心态会有一种变化，而这种变化归功于这侧模拟的真实性[B6-3]。"

此外，仿真性越好越能带给学生信心通过该模拟系统的训练，来提升自己的经验和能力。例如，可以训练各种职能模块之间的权衡与协调，"本次课程所使用的模拟系统添加了财务、物流、税收等模块，生产和营销方面也添加了更多的可调节部分，一方面更加拟真，另一方面也让我们有了更多的需要权衡调节的地方，更加锻炼我们在宏观和微观视野中的协调能力[A4-3]"。而且，学生期望通过这种仿真度高的模拟能获得未来工作所需的经验。例如，学生[A2-1]说："总体来看，我认为模拟决策就是通过软件模拟出实际公司运营中的情景，然后让我们在模拟的情景中去进行公司运营中的实际操作，去学习、去试错，再从每一次的模拟结果中去反思总结，从而习得一些可以运用于我们今后实际工作的经验。"

（二）模拟任务具有挑战性

模拟任务本身的复杂性和挑战性也是让一些学生喜欢本课程的重要原因。首先，挑战性本身就可能增强个人的参与动机，因为挑战性后面会蕴藏着机会，例如，学生[A2-2]所反馈的："在这个模拟决策中，我已经可以直观系统地了解经营一家企业到底需要从哪些方面进行考虑，以及要如何做一个对企业有效的决策。我第一次尝试如此全面全方位的模拟决策，对我来说既是机会，又是挑战。"其中一个机会就是能够带给个人成长，认知到挑战所带来的成长价值，例如："模拟给我们这些商科新人打开了窥探现实商业竞争的大门。从第一回合对每个职能部门懵懵懂懂地摸索确定数据，到后期能够从每轮结果分析中发现出现决策错误的部门在哪里，又该如何补救，我们都学习成长了很多。但是，越是当我们掌握了更多的企业经营与商业知识后，我们越是发现商科的'难'[A4-0]。"学生[A3-1]也认为："这种全面而真实的决策对于任何一个学生来说上手都是一件难事，但也是一个宝贵的机会，让我们站在高处通观全局，运筹帷幄，吸取经验的同时不断进步。这个模拟系统就像一个真实的市场，六家公司不断地绞尽脑汁预测市场，分析对手，做出权衡，选择主动出击或是退让。整个模拟决策的过程都要保证策略的全面性、完整性、连续性，这也对每一轮决策前的分析有很高的要求。"

其次，挑战性能够更好地帮助学生体验到商业世界的真实性和复杂性。学生[B6-1]在"经历了12个回合的模拟决策之后,觉得最重要的收获就是明白了公司的管理和运营太难了,它需要团队成员拥有各方面的知识,扬长补短并且能够团结协作"。商业模拟所展现的复杂性和竞争性,让学生[A4-0]"在内忧外患的双重夹击下,深刻感受到了作为公司领导层的不易与压力。……让我们提前感受到了商业世界的魅力与复杂,为我们这些商科'小白'做了一次最生动的预热"。

最后,挑战性可以激发个体内在原始的生存动力,开始"视商场如战场",理解生存的不易。"整个模拟决策锻炼了我们在运营一家公司时的决策能力,让我们在一个模拟的环境中体会到市场的多样性和与竞争对手竞争时的激烈厮杀。同时也让我了解到,执掌一家公司是多么的困难与不易,在进行决策时,很可能一不留神,一个决策的失误就会导致后期的努力都白费,无论怎么修正都无法改变局势[B1-2]。"尤其对于那些争强好胜的学生来说,到后期已不仅是为了获得一个好成绩或分数,而且还激发了要战胜对手、让公司生存下来的欲望。当然,也有部分学生在这种挑战性面前表现出畏惧和退缩的情绪,但这部分学生的比例不是很大。总之,模拟任务的挑战性不仅能有效地训练学生的能力,同时也能给学生的学习带来更好的动力。

(三) 体验式学习

模拟课程与传统课程在教学方法上有一个非常重要的区别:传统课程以"老师讲授,学生聆听"为主;模拟课程则是以"学生实践,老师辅助"为主。模拟课的一个重要目标是要让学生在实践中去体验如何思考和行动,以及这些思考和行动会带来什么结果,并通过这种"知行合一"的方式来让学生获取知识和能力。就如学生[B8-2]反馈的:"经验来自实践,通过工商管理模拟这一课程,可以让我们充分地进行实践活动,将曾经书本上学习到的知识点运用到这次模拟决策中,而不再是纸上谈兵。"而且,这种体验式的学习模式也不会让学生感到枯燥乏味,反而让学生能沉浸其中,逐渐融入到模拟的角色中。

首先,体验式学习让学生感到学习的有效。因为"体验式学习法让学生成为课程的主体。在整个模拟过程中,从头到尾皆为我们自己摸索、与成员讨论、与竞争对手分析共享信息,老师也摆脱了照本宣科的'傻瓜式'

教学法，化身为指导者与点评者帮助同学们更好地整合及消化信息，将所学知识充分运用到实践中去[A4-4]"。学生通过模拟深刻地认知到，最重要的体验就是自己亲自实践，亲手去做，就如学生[A6-4]说的："模拟为我们提供了一个体验以往所学知识的平台，只有通过'做'才能获得经验，将所学知识用于实践。虽然是模拟环境，但我们决策制定的实施步骤都是未来实际工作的一种提前体验。例如，通过模拟我了解到公司中的管理层其实并不像想象中的那么轻松，对于整体布局的掌握和把控是公司经营的重中之重，还深刻体会到了制定经营决策所需要专业知识的重要性。"

其次，模拟如果能够将学生带入一种情境和角色中，其体验就会更加深入。例如，学生[B2-4]会对自己的公司产生感情，"在我的学习中，这个模拟课程就像是一家实实在在的公司摆在我的眼前，而且我就是决策者，我们团队的每一个决定都关乎企业未来发展的命运。我们就像自己在创业一样对待'点点科技'这家公司。我们喜欢这个品牌，并且要做大做强"。学生[A4-5]会对自己所承担的经营角色产生责任感："模拟正是让你体验成为高管中的一员，尝试运营一家属于自己的企业，这是前所未有的机遇与挑战。机遇在于我们终于拥有一家属于自己的公司，从名字生产到销售等方方面面都尽在自己掌握之中，而挑战则是我们需要对自己曾经做出的决策负责。"就如学生[B1-2]反馈的："通过这个模拟，我们学会了如何合理地制定决策，也知道了一个决策者应该如何思考，才能逐步靠近目标，直到当上行业领导者。"

最后，学生能进一步体验到企业经营的不易。学生通过模拟还能与现实中的案例相联系，体验到经营的风险与挑战。"事实上，在现实中也是类似的道理，在市场发展的初期，如果没有良好的生产线和投资金额注入，是不可以大肆烧钱的。比如发展火热的共享单车业务，在市场发展初期，非常多的企业冲进这个风口，但是因为成本高昂、资金不足，还是要大肆激进地扩张，想要占领市场份额，只会落得现在这样破产、欠债的下场[A6-2]。"

（四）互动分享的学习模式

传统课程主要是学生向老师学习，而模拟课则是群体的互动学习，

包括学生之间的学习和学生与老师之间的学习,主要体现在以下几个方面:

一是小组成员之间的互动分享。每个回合的模拟决策都要求小组进行讨论,讨论过程中小组成员之间能够相互启发和取长补短,通过集思广益来促进每个同学的决策知识和能力得以提升。学生[A2-5]发现"在和小组成员研究讨论的过程中,不仅学习了新的知识,也巩固了学习过的内容。每一次制定决策都花了很多时间,但是非常值得,收获颇多"。并且能深入认识到小组成员交流分享的价值:"思考问题不能考虑单一的方面,我们每个人受自己的思维方式和思维习惯影响,思维具有局限性,看问题的角度可能不全面,分析问题往往得到的不是最佳方案,在这次的小组合作中,大家也是集思广益,让我们可以从更多的方面看出问题所在,从而得到更好的决策方案[A3-0]。"

二是不同小组之间的互动分享。尽管小组之间是竞争的关系,但课程要求每个回合模拟结果出来后,都需要内部讨论学习并派出代表进行分享。由于每个小组在决策思路上的不同,因此小组之间的互动分享能给其他小组带来启发和受益,也受到学生的欢迎。在模拟经营竞争中分享互动有多方面的优势,一方面,"与各小组的竞争,可以说是一个共同成长的过程,老师让每组上课交流经验,就是给大家共同学习的过程,学习他人优秀的经验[A1-2]"。学生[A5-3]也有类似感触:"在很多次回合中都可以学到不同小组的决策智慧和优质策略,让我们互相学习,互相促进。"另一方面,因为是模拟经营,所以"在每一次的分享会上同学们都毫不吝啬地上台共享自己小组的生意经与心得,我们的心得也曾给过其他小组灵感(如注意固定资产折旧中的工厂部分),其他小组的分享也成为我们之后决策的重要依据。通过模拟,我们构建了一个健康的商业社区,每一个同学都获得了充分的锻炼与收获[A4-4]"。

三是学生与老师之间的分享,在同学的分享过程中,老师在一旁聆听观察,在需要的时候,及时通过提问的方式将大家的分享与思考引向深处,来提升互动分享的质量。"在整个过程中学到了很多理论课堂上无法了解的东西。在多次与老师以及同学们互相交流的过程中,本人对商科综合知识的运用有了更深一步的了解[A5-5]。"

(五) 充满博弈氛围

模拟过程营造的博弈氛围激发了许多学生的参与积极性，这点迎合了年轻人争强好胜的心理，特别是如果在班级中存在一些"好挑事"的学生，那么这种博弈氛围还会带有一股"火药味"。只要能够把这种竞争博弈的热度控制在一个合理范围，不要让竞争博弈恶化到会破坏大家的学习热情和分享意愿，小组之间有适当的竞争博弈其实可以更好地让课堂充满学习氛围，也能更好地激发学生去关注、剖析和学习竞争对手，从而对企业竞争战略思维有一个深入的体验和洞察。

首先，学生直接将模拟经营视为一场博弈。学生[A5-1]认为："模拟决策就像是棋盘上的博弈，不同市场就像棋盘不同区域的进入退出，竞争者则代表不同颜色的棋子对手，博弈用什么样的策略，推出哪颗棋子，这些都是智慧与集体合作讨论所产生的。移动通信行业竞争性很强，为了在这个环境下取胜，公司必须了解竞争对手的强弱点，并对这些强弱点将怎样影响自己团队的战略定位做出估计。"学生[B4-4]的个人体验就是："每回合都是每个小组之间的博弈，每回合模拟我都会去揣测别的小组下个回合的行动，比如，这个小组这回合剩了这么多库存，他们下回合会在哪个市场降价促销，他们到底又会降多少？这个小组这回合在亚洲建了这么多工厂，他们下回合会集中做哪款产品？每回合我都有想这些问题，根据自己的预测来调整我们自己的小组决策。竞争者之间的互相揣测，这是之前的模拟中所没有的，也很好地还原了公司如何应对多变且富有竞争性的市场。"

其次，将博弈的思维应用到公司的战略制定中，能引发更深层次的学习与思考。"在整个模拟过程中，不能只考虑自己公司的决策，这样会造成自己的公司相对封闭，不能对别的公司不闻不问，因为我们是共同争夺一个市场的公司，他们的决策也会影响到我们公司的结果[A3-3]。"为此，学生[A4-2]开始认识到："企业的竞争战略要动态思考竞争对手的变化，企业要十分清楚现有竞争对手是谁，潜在竞争对手是谁，他们现在或将来要做什么？他们所做的事情对我们企业有什么影响？我们与竞争对手相比有什么优势？要在企业的核心竞争力培育和实施差异化战略上下功夫。"

最后，本模拟课程直接引起学生对博弈论课程的记忆，尽管这个已经超越了本课程学习的知识框架与内容，但这正是商业模拟的综合性与复杂性所具有的学习魅力。"从实战模拟演练上来重温学过的知识，这种体验真的很难忘，'纸上学来终觉浅，绝知此事要躬行'。当然个人认为在本次模拟课程还涉及一门很重要的课程，就是博弈论[A5-3]。"

（六）模拟决策的动态性

多变的未来让人充满期待。在模拟过程中，动态的经营环境不仅让学生感觉模拟更贴近现实商业世界，还能让学生保持对模拟的新鲜感。动态性是由多方面因素造成的：一方面是由于本书就模拟了经营环境的变化；另一方面是由于其他模拟经营小组会采取难以预料的竞争策略。这两方面都可以给学生带来不同的学习体验。

首先，模拟系统本身对每个回合的环境参数都会进行动态调整，个别回合会出现让市场环境剧烈震荡的突发事件，让公司决策层防不胜防。模拟的这个特征颇受学生喜欢，"我认为这个模拟决策中一个比较好的设置是每一次的市场前景都不同，并且有的可能与我们平时的预期或'正常情况'背离，比如第七回合后，市场的增加突然加快，这给我们的决策带来一定的影响，在决策前的预估，原本以为会正好满足市场需求，但最后的确显示我们低估了市场需求[B2-5]"。而且这种动态变化会给学生带来成长感、代入感和成就感，例如，学生[B3-5]说："另一个让我觉得非常好的方面是，这个模拟系统是在变化成长的，整个模拟的市场也是在成长的，系统中设置的生产曲线让前期的生产决策影响到了后期的生产成本。市场前景、外包成本和汇率等因素也是每个回合在不停地变化，这些设置都让这个模拟变得更加贴近现实。也让我们真正感受到了每一回合的公司成长，非常有成就感和代入感。"

其次，由于每家公司的经营策略本身也是多变的，难免会有一些难以预料的行为出现，有些小组的经营行为甚至让其他小组感觉匪夷所思。正是这种经营的动态性让学生不会轻易产生厌倦，反而对每个回合的经营决策和结果充满期待。"参与到模拟决策中令我感受最深的是管理学不再是枯燥的静态知识、一段段陈年往事般的静态案例，而是成为动态、充满变化的博弈模型。游戏的每一局都可能出现'黑天鹅事件'，每一个对手都随时可能出其不意,使未来充满变数,远远不再是管理学课本中那种'行为决定结果'的简单逻辑。在决策模拟中,有的行为可能是对的,但却因为情况变化而失灵,有的行为明明存在问题,却歪打正着[A1-5]。"因为各种因素的动态变化,一直可以让学生处于不断调整与适应、学习与成长的过程中,例如,学生[B6-4]强烈地感觉到经营的波动性,"每一回合的运行结果都是受到自己公司的运营、竞争者的能力以及外界环境的变动的影响,你不可能闭门造车,甚至在决策中遇到的其他小组的价格战、小组之间的暗自结盟、外界的政治混乱造成的需求下降、地区间关系恶化造成的关税壁垒等,每一种情况你都无法控制,你必须适应并通过自我调整及时跳出怪圈"。

最后,从模拟动态性的教学效果来看,让学生产生了更浓厚的兴趣,充满了好奇和期待,甚至许多学生会在每回合模拟的截止时间守着模拟结果的出现。就像学生[A4-5]所反馈的:"当我们在做决策时,摆在我们面前的选项组合成千上万,但我们绞尽脑汁排除万难最后得出的结论真的会给公司带来巨大的收益吗?是不是会有更好的决策方案呢?在结果出来之前这个问题的答案一直都是未知状态。人类是对世间万物充满好奇的生物,越是未知朦胧的事物,越是令人心驰神往。我会有想要与小组成员一起探讨模拟决策的冲动,很大一部分得益于我渴望着探索甚至征服未知。"

(七) 游戏般的趣味性

"寓教于乐"是许多商业模拟决策软件涉及的一个重要考虑因素。因为现在的学生大多是伴随玩网络游戏一起成长,所以我们也希望学生会像喜欢网络游戏一样来喜欢模拟决策。从实际的表现来看,决策模拟在趣味性上比网络游戏还相差太远,但其中的一些特性与游戏还是有相似之处,如及时反馈和竞技性。许多学生也确实从模拟决策中找到了一种玩游戏的乐趣,甚至有些学生认为模拟学习能缓解自己学业上的压力,"这个软件给了我一个非常好的机会去运用我学到的东西,让我深刻地理解知行合一这样的一个道理,让我在即将毕业和实习的压力下有所缓解,理解一个东西所带来的乐趣能战胜这些压力,这种时候我才真正知道,'知识就是力量'这句话的心灵层面上的含义[B3-3]"。

如果引用一位学生[B7-4]的话来总结就是:"总而言之,我认为模拟课程是一个比较轻松、愉快的过程，不像传统课堂授课，模拟决策确实对于我们学生而言会更加地有趣，更加地有兴趣参与到课堂中去，模拟决策就像是一款游戏吸引着我们投入其中，不会显得枯燥单调，我们也可以通过每回合的结果，得到实时的反馈，通过反馈，我们又能够实时地了解到自己的不足在哪里，哪方面的决策思考出现了纰漏，并可以时刻对自己的不足进行纠正，从而帮助我们更好地记牢知识以及进行知识的应用。"

模拟课程除了具备以上吸引学生的主要因素之外，还有一些因素也同样具有重要影响。例如，①模拟的操作界面较友好，学生[B1-3]喜欢"页面设计清晰、简洁；操作过程简单易懂，决策区域清晰明了；部分术语还有解释说明，易于理解并操作"，学生[B6-2]喜欢"模拟决策时一些指标旁边会有一个'？'指示的帮助按钮，当我们决策遇到疑惑时可以随时点击参考，特别是在实验前期对模拟系统并不熟悉时可以有效地帮助我们"。②平时操作也较为方便，"可以让学生根据自己的时间和地点独立进行模拟训练，不受场地限制，在任何时候、任何地点都可以进行决策[B6-6]"。③没有实际的经济风险，"没有了经济风险的同学们，可以毫无负担、心无旁骛地去尝试各种各样的决策组合，甚至可以通过公司的决策经营结果来学习并验证自己的猜想，把商业模拟当作一种游戏、一场实验，从数字的变化中学习与成长[A2-4]"。④数据全面充分，"给出的结果分析也很详尽，财务数据、市场报告、生产数据等都很充分，有利于我们进行总结和反思，在分析自己和竞争对手时都是一个很好的工具[B1-2]"。

第六章

商业模拟的教学设计与策略

第一节 体验式学习设计与策略

一、商业模拟体验学习过程设计

前文大卫·库伯提出的体验式模式与学习圈可以给商业模拟的教学提出许多有价值的思考和借鉴。体验式学习非常强调学习者体验与互动，激发学习者主观积极性，重视学习者亲身参与感知直接经验。为此，商业模拟课程也可以借鉴库伯的体验式学习圈，来引导和实施整个教学过程。

（一）具体体验

商业模拟可以首先根据学生的专业背景和兴趣点，结合本课程专业领域的实际来设计商业模拟教学实施方案，在教学方案中将涉及一系列相关专业决策问题，学生通过亲身实践模拟的参与来具体体验经营决策，形成对经营问题的初步了解。在教学的具体实施上，首先可以介绍企业经营模拟的基本方法、各模拟经营模块的基本决策内容、各经营角色的职责与所需专业背景知识等基本内容，引导学生结合自身兴趣与专业特长，以及成员之间性格与优势互补来组建企业经营团队。在实际的经营决策模拟中，经营团队根据决策的流程一步一步来讨论决策，如对市场进行预测、对市场环境与需求做出判断、形成经营决策方案、做出决策执行与预估、对经营结果进行分析和讨论等。该过程需让学生能够充分体验企业经营过程，对企业经营决策与方法进行全面了解。

(二) 反思观察

在学生对经营决策过程有了全面的体验后，等决策模拟结果出来，就要进入反思观察的重要环节，这个环节需要教师做些设计和引导，让学生对交流讨论观察到的感知进行深入的思考和分析，并将反思结果记录下来进行总结。在反思观察过程中，教师可以根据学生模拟经营业绩，结合相关的企业案例进行点评，但更重要的是要让学生自己主动积极地进行反思。学生的反思可以分阶段进行，首先，可以让学生独自进行分析、思考和总结，并根据个人的学习特点和需求，做出有意义的反思；其次，可以鼓励经营团队内部的分享与共同反思，这个过程需要一个不断磨合和提升的过程，教师可以适当给予团队一些反思的方法和步骤的指导，以帮助学生团队的反思更加有效率；最后，教师要设计和引导团队之间的共同反思，特别是在经营决策上对比特征明显的团队进行反思和分享，如在某个区域市场中，经营绩效最好与最差的经营团队进行分析和分享，以促进所有团队与成员的观察与反思。总之，该模拟教学过程的设计要尽量能够令学生对自己和他人的经营行为与体验进行深度反思。

(三) 抽象概括

学生在反思和观察的过程中，要做更高层次的学习，即对反思与观察结果进行抽象与归纳，以形成因果解释或归纳出一般性的理论以用于验证性应用。这个过程需要教师做一些恰当的引导，引导的方法可以从已学的一些专业知识作为切入口，教师可以根据一些典型的企业案例来引导和鼓励学生进行抽象概括。学生在进行抽象概括时，不要刻意用已有的专业知识或教师的知识标准来评价学生，主要目的是要让学生具备独立思考和抽象概括的意愿和能力。教师的任务是要根据学生思考的成效和进度进行恰当的引导，首先要注重对学生投入度和自我挑战的鼓励，其次就是用引导性问题帮助分析和思考不断升级和升华。不同课程可以根据教学内容有所侧重，例如，战略管理模拟课程可以多注意在战略知识上的抽象概括，金融或财务管理模拟课程可以多注意财务知识的抽象概括。

（四）行动应用

抽象概括的知识是一个不断完善的过程，将得到的抽象概括结论或所学知识再次应用到模拟决策中，通过实际经营决策问题的解决来检验理论是否正确合理。这个过程就会在理论概括与实践验证之间形成循环，直至问题得到更有效解决，知识抽象概括更加合理。由于模拟过程中的企业竞争是根据竞争对手变化而不断动态博弈的过程，因此，学习就是一个动态持续的过程，需要学生团队不断进行讨论、调整和学习。行动应用不仅是验证之前抽象概括的理论知识，同时会带来新的深入思考，如果经营出错业绩不佳，团队成员需检讨是自身经营决策合作模式出了问题，还是对市场环境和竞争对手的判断出了问题，以提出相应的经营改善策略。

二、商业模拟体验学习实施策略

Vargo 和 Lusch(2004)两位学者提出了服务主导逻辑(Service Dominant Logic, SDL)的概念，并且在企业的营销战略工作中获得了有效的应用和推广。两位学者认为，传统的产品主导逻辑(Good Dominant Logic, GDL)以产品为中心，生产者和消费者在整个价值生产与交易过程中分别扮演不同角色，两者彼此分离，生产者在生产过程中创造价值，消费者通过货币交易在市场获得价值；与 GDL 不同的是，SDL 强调价值创造由生产者和消费者共同完成，并且获取竞争优势和创造价值的关键资源是知识和技能。借鉴 SDL 理论，我们把教师(生产者)和学生(消费者)整合起来共同参与到教学活动过程中，让学生从课程接受者变成课程学习的价值创造者。同时，该教学模式完全体现了体验式教学的精髓，可以让学生主动积极地构建体验学习循环圈，同时学生的全过程参与能够有助于模拟教学成效的提升。基于 SDL 的理论逻辑，模拟教学需要参与者(如老师、学生、校方)各种资源的整合与运用，以有助于当事方(如学生)真正获益。

在商业模拟的体验式学习中可以基于 SDL 的总体思想与方法，来创新各种有效的教学策略。以下根据模拟教学的实践经验探讨商业模拟体验式学习的设计策略。

（一）情景化的角色扮演

商业模拟平台已经为学生初步创造了一个体验式学习的舞台，课程教学可以基于这个舞台来让学生进行各种体验式学习。教师可以成为一位编剧和导演来创造各种体验情景，让学生进入不同的角色中进行沉浸式的体验学习。情景化的角色扮演可以注重以下策略：

（1）学生自我适配角色。优秀的演员如果选择适合自身内在气质的剧本和角色，近乎本色的出演就可以把演技发挥得淋漓尽致。在商业模拟教学中，教师要能创造一种情景，让学生在该情景中自我适配角色。教师可以根据不同的情景鼓励学生进行角色的适配，例如，可以从团队中的角色来选择，在一个合作团队中，不同成员会担任不同的角色，学生可以根据自己的个性特征和人际偏好逐步摸索自己的角色定位，当每个人都找到了自己适合的团队角色时，不仅有助于团队的合作学习，更有助于挖掘自己的优势和潜能。再如教师还可以鼓励学生根据自我职业规划来选配职能角色，不同的职位对学生的专业知识、职业技能与心理素养都有相应的角色要求，如果学生能代入该角色认知去进行体验学习，对模拟学习成效将大有裨益。角色扮演也可以采取一种完全相反的适配策略，鼓励学生敢于挑战自己不擅长甚至感到内心恐惧的角色，例如，当学生发现自己缺乏沟通和领导能力时，教师可以鼓励其担任团队领头的角色，通过角色来体验学习所需的知识和能力；当学生发现自己对数字和数据不敏感和不喜欢，甚至有排斥心理时，教师可以鼓励其尝试担任财务和报表分析师的角色，逼迫自己去适应该角色及训练所需的知识和能力。以上两种角色扮演的教学策略各有优势，可以配合着使用。

（2）激发学生的情感智商。在传统教育中我们认为学习绩效主要由智力因素决定，非常注重学生智商因素开发，但是越来越多的研究发现情感智商对于学生学习成效的影响力，其对学习成绩和未来事业的成败有着直接和密切的关系。例如，在数学这种理性逻辑思维要求高的学习过程中，在智商接近的学生中，情感智商高的学生会有更好的学习成效。因此，在基于角色扮演的体验式学习中，激发学生的情感智商是非常重要的学习策略。在商业模拟教学中，教师可以采取教学策略来激发学生的情感智商，如学习的兴趣、好奇心、专注力和坚韧性等优秀的情感智商。以市场竞争情景为例，商业模拟中会出现竞争白热化的恶性场景，这不可避免地会造成学生的挫败感和失落感，如果在教学中能给予恰当的引导，让学生能在竞争压力下坚持学习不放弃，就需要复杂的情感智商介入，这不仅能大幅地激发学生的智力潜能，还能让学生获得更深层的学习体验心流，并带来智力和情感智商的共同提升。

（3）培养学生成为编剧与导演。让学生产生深刻的体验是体验式学习的基础，而其学习的深度则与反思观察和抽象概括环节密切相关。如何让学生在这些环节不断深入并形成自我良性循环，就需要学生不仅局限于情景中的角色体验和学习，还需要学生能跳出角色体验从其他更高的维度来思考和观察，教学过程中需要尝试各种方法和策略来实现该目的。例如，培养学生成为编剧与导演，就可以让学生跳出角色来更好地反思观察和抽象概括。当学生能够自主编剧和导演整个体验式学习的情景与内容时，其就能够进行更深刻的反思和观察，也能站在更高的维度来进行抽象和概括。一旦学生能够像编剧和导演一样在学习过程中自编自导，教与学就能以更有效的方式融为一体，自主学习的创新模式也将无穷无尽。同时，在教学过程中，教师的角色从传统教学中的主角退居编剧与导演，又进一步从编剧与导演退居剧务的角色，学生也将更加有深度地参与到教与学融为一体的体验式学习中。

（二）游戏化的互动策略

在融合 SDL 理论思维的模拟教学模式下，不仅要重视教师与学生之间的互动，更加强调学生与学生之间的互动，学生可以根据个性化需要和资源整合，共同构建属于自己的管理知识，培养个性化管理技能。此外，在互动策略的具体设计中，借鉴游戏设计中的互动方式与内容，将更能让互动学习产生成效。

（1）从互动的形式来看，可以有人机互动、师生互动、团队互动、线上线下互动等多种形式。首先在人机互动中，要选择那些有良好互动界面的模拟软件平台，学生能够直观地感受到自己决策行为的反馈，且反馈的形式与内容能有效地引导学生进入反思和总结，就如游戏中的人机互动一样，好的游戏能够让玩家沉浸其中并流连忘返。其次是师生互动与团队互动，与人机互动相比，人与人的互动还能给学生带来更好的学习体验，就如前面所探讨的，学习不仅是关于智力的活动，在学习过程中还有丰富的情感与情绪，如欣赏、意志、好胜、羡慕、羞耻、好奇、比较与超越等人类情感因素，这些因素可以更好地促进学习成效。

（2）从互动的内容来看，传统教育中的知识与经验互动学习是重要内容，在教学设计中我们可以较为科学有序地进行规划和实施，在商业模拟的体验式教学中依旧可以借鉴使用。但是当学生作为主角或编剧与导演的角色参与进来时，商业模拟的体验式教学可以采取更加灵活的设计策略，可以在传统正式规划的教学设计中加入更多的即兴演绎，这些应情景需要而插入的互动看似节外生枝，偏离了原有的知识框架内容，但这些互动就如同知识高墙中砖块之间的水泥砂浆，能更好地将不同领域和学科之间的知识黏合。此外，以知识与经验为主体的分享互动就好比能力冰山模型的水上部分，较为容易展现、分享和互动；但是，我们在互动中更要注重冰山模型下的水下部分，即学生内心的体验，有些体验可以表达，但更多的体验是无法清晰表达的，需要在互动过程中用恰当的方式去体会和意会。教师在这个互动过程中将发挥积极和重要的作用，与知识和经验的互动不同，内心体验的互动需要教师有更多的倾听和非言语技巧，去触及学生的内心真实体验，让那些好的体验不断强化，对差的体验及时发觉和进行调整。

（3）从互动的效果来看，不仅要关注互动结果，更要注重互动的过程。在传统教学中，正确的答案和好的评价结果是教师和学生共同的目标，互动的过程往往会被相对忽视。但在商业模拟的体验式教学中，最为需要关注的是互动过程，而非结果。从我们的教学实践来看，有些商业模拟绩效结果并不理想的团队，却由于模拟学习过程的丰富、投入与精彩，而获得了非常富有成效的学习体验。从知识的学习来看，强调结果的学习往往更多地引导学生关注陈述性知识，而强调过程的学习则会引导学生关注程序性知识的学习。后者对于学生的认知能力与行为态度可以产生更大的影响。教师如果将关注重点从结果转移到过程后，也能更好地引导学生进入体验式学习。但在重结果轻过程的传统教学规范中，教师要转向重过程轻结果的模式并不容易，这就需要商业模拟的教学能切实关注教学过程的设计，或者说，商业模拟的学习变革主要就蕴藏在教学过程中。

第二节 PBL 教学方法的实践创新

一、PBL 的教学周期

PBL 教学周期也被称为 PBL 教程过程(见图 6-1),学生们会看到一个问题场景,他们通过从场景中识别相关事实来制定和分析问题,这个事实识别步骤帮助学生描述问题,当学生更好地理解问题时,他们会对可能的解决方案提出假设。这个循环的一个重要部分是识别与问题相关的知识缺陷。这些知识不足成为学生在自主学习(SDL)中研究的问题。在 SDL 之后,学生应用他们的新知识,并根据他们所学到的知识评估其假设。在完成每个问题时,学生反思所获得的抽象知识。教师帮助学生学习解决问题和合作所需的认知技能。因为学生是自我指导的,管理他们的学习目标和策略以解决 PBL 结构不良的问题(即那些没有单一正确解决方案的问题),他们也获得了终身学习所需的技能。

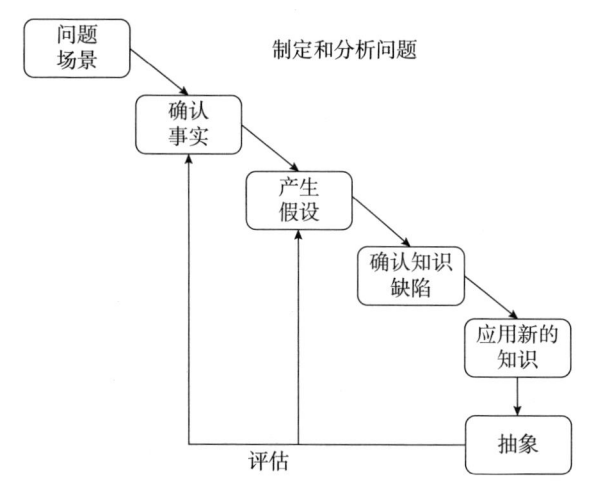

图 6-1 基于问题的学习循环圈

资料来源:Roopashree B J. PBL: Future Challenges for Educational Practice and Research[J]. I-manager's Journal on School Educational Technology, 2014, 10(2): 9-16.

PBL学习周期通过辅导过程实施，从问题的呈现开始，到学生的反思结束。PBL辅导课首先向一组学生介绍关于一个复杂问题的最少信息。从一开始，学生必须向主持人提问以获得额外的问题信息，他们也可能通过做实验或其他研究来收集事实。例如，在商业模拟中，当海外市场销量不断增长，公司就需要考虑和测算投资海外工厂的数量，以满足海外市场消费者的需求。在解决问题的过程中，学生通常会停下来反思他们迄今为止收集到的数据，对这些数据提出问题，并假设可能有助于解释数据的潜在因果机制。为了解决问题，学生们还会确定他们需要学习更多的概念，并将这些概念标记为"学习问题"。在用自己所学的知识考虑问题后，学生自主地研究他们所选择的学习问题，然后，重新组织起来，分享他们所学到的东西，重新考虑他们的假设，或根据他们的新知识产生新的假设。在完成任务时，学习者有意识地对问题进行反思，以抽象出关于问题的教训，以及关于他们的 SDL 和协作解决问题的过程。

问题解决是商业模拟获取知识和技能的主要行为。由于问题的类型不同，问题解决的情景、方案和过程也大相径庭。

二、PBL 方法中的问题属性

PBL 教学方法的一个核心是"问题"本身，即教学首要问题是：问题难度如何设计以有助于 PBL 方法的有效学习。为此，Jonassen 和 Hung (2008)认为问题属性可以从问题的复杂性和问题的结构性两个维度来进行分析。

(一) 问题的复杂性

问题的复杂性体现在许多形式上，主要包括四个方面：所需知识的广博性；解决问题所需的技能和知识水平；理解和应用所涉及的概念的难度；问题空间变量之间关系的非线性程度。

(1) 所需知识的广博性(breadth of knowledge required)。简单来说就是，为解决该问题，问题解决者需要多少学科领域的知识。就通常的情况来说，如果解决一个问题所需的领域知识越多，那么问题解决的空间越大，问题也会呈现出越高的复杂性。这些知识包括解决问题所需的事实性信息、理论概念、原则和程序等。例如，经营一家大型跨国公司就比经营一家国内小公司所需的知识要多更多。从认知的角度看，当问题解决者需要拥有和应用大量知识时，任务的复杂程度至少会随着以下三个因素出现变化：①需要处理的单个信息条的数量；②需要理解和处理的相互关系的数量；③认知负荷或处理负荷。因此，问题解决过程中所涉及的知识量和信息量越大，就可以认为问题的复杂性也就越高。

(2) 领域知识水平(attainment level of domain knowledge)。问题的难度还取决于解决问题所必须应用理论概念的难度。当一个特定问题解决所涉及的概念对于学习者来说很难掌握时，这个问题就可能更难解决了。领域知识水平具有不同的特点。首先，所使用概念的高级程度将决定问题的难度。例如，相对于经营一家国内小公司来说，要经营一家上市跨国大公司，除了需要理解和掌握研发管理、生产运营、市场营销、人力资源和财务管理等一般知识外，可能还需要掌握更多的有关国际经营、全球战略和国际金融的知识，因此，经营管理上市跨国大公司就肯定要更复杂和有难度。其次就是概念的抽象程度。例如，上市公司估值模型所涉及的概念就可能比较抽象。抽象概念通常具有较低的可感知度，这在很大程度上解释了学生学习概念的困难。当概念对学生来说很难掌握时，一个自然的结果就是学生在解决问题时很难应用这些概念。在解决问题的过程中，学生在应用概念时可能会遇到困难，即使他们已经证明了对概念的基本理解。因此，理解问题和执行问题解决过程所需的概念越抽象，问题就越复杂和困难。

(3) 问题解决程序的复杂性(intricacy of problem-solution procedures)。问题解决程序的复杂性也可以称为解决路径长度，其包括在解决方案路径中执行的步骤数，以及这些步骤中任务和过程的复杂性程度。或者将其称为计算复杂度，可以通过解决问题所需的时间来衡量。例如，制定一家跨国公司的战略，就比制定一家国内经营的小公司战略要复杂得多。

(4) 关系的复杂性(relational complexity)。在解决问题的过程中，关系复杂性可视为需要并行处理的关系的数量，其代表了学习过程中所承担的认知负荷。问题中的关系越复杂，在问题求解过程中所需要的处理负荷就越大，其涉及的问题也就越复杂。此外，给定关系中属性的数量也会影响复杂性的程度。例如，使用双向关系描述系统的功能比使用单向的线性关系要复杂得多。如果初级阶段的学习只需以线性顺序来解决概念或原则涉及较少的问题,那么更高级的阶段学习和问题解决通常就需要应用更复杂的知识体系。在大多数学科领域中,高级学习阶段就是去理解和掌握那些复杂程度较高的关系。同样,在企业管理专业中,理解和经营一家公司系统,其问题的解决一定涉及复杂的变量以及这些变量之间的关系。

(二) 问题的结构性

问题的结构性主要是根据问题空间的透明性、稳定性和可预测性来描述问题。问题的结构性也可视为问题解决者对一个思想所知或可知的程度。问题结构属性可以包括一系列两两相对应的表征因素:"已知的问题状态"与"模糊定义或未知的问题状态(通常指初始状态、目标状态和操作符)";"相关规则和原则的常规使用"与"相关规则和原则的非常规使用";"陈述的约束"与"隐藏的约束";"可预测的操作"与"高度不可预测和未规定的操作";"首选的和规定的解决方案"与"多个可行的解决方案";"评估解决方案的确定标准"与"评估解决方案的模糊标准"(Jonassen,1997)。具体来说,可以从以下几个方面来考虑:

(1) 问题的不透明性(intransparency)。问题所涉及的未知因素数量是决定问题结构不良特征的重要因素之一,如果问题的不透明程度越高,即我们对问题的了解程度越低,问题的结构就越不良。为了解决问题空间中包含未知数的问题,问题解决者必须基于假设或猜测来解决问题,而这些假设或猜测不可避免地降低了问题解决者成功解决问题的信心水平。Jonassen(2000)对问题进行了分类,列出了11种不同结构类型的问题类型,其结构性从"良好"到"不良"分别排序如下:①逻辑(logical);②算法(algorithmic);③故事(story);④规则使用(rule-using);⑤决策(decision making);⑥故障排除(troubleshooting);⑦诊断解决方案(diagnosis-solution);⑧战略绩效(strategic performance);⑨案例分析(case analysis);⑩设计(design);⑪困境(dilemma)。例如,排列第五的决策制定问题通常涉及根据一组标准从一组备选方案中选择一个方案。决策者必须从一组备选方案中做出选择,每个备选方案都有一个或多个结果。决策的复杂性各不相同。带有单一解决方案和有限选择的简单决策更有可能通过某种形式的理性分析得到解决。然而,在条件不断变化的多阶段动态任务环境中，决策需要问题解决者在风险和不确定性的情况下做出多个决策，并且这些决策是实时做出的。

（2）问题解释的异质性(heterogeneity of interpretations)。问题结构属性的第二个参数是理解或解决问题的各种可能解释和观点的数量。问题的解释越开放，问题的结构就越不良。有些问题(如政治或经济问题)是可以被广泛解释的，这取决于利益相关者的观点，他们有独特的利益或信仰。问题解决者如何解释问题(初始状态)，自然会导致各种不同的或有时相互矛盾的解释，这些解释包括对问题的目标状态、必要的操作符以及对限制或规范操作符的约束。对问题的解释通常有两种：第一种是定义模糊的问题，可以有多种解释。当问题被模糊定义时，它被认为是高度非结构化的。这种类型的问题可以根据其初始状态(问题是什么)、目标状态(试图实现什么)和约束条件(规则或障碍是什么)进行解释。第二种解释与可行的解决方案有关。在大多数设计问题中(如教学设计问题)，给定任何学习问题，都有无限多的解决方案。然而，考虑到围绕问题的约束条件，这些解决方案中只有一部分是可行的。这两种解释都因个人或利益团体看待问题的不同而不同。当一个问题的情况涉及多个方面时，由于不同的利益、信仰、标准或文化，不同的方面可能会对问题的解释、问题的方法、目标状态的形式和约束的性质有不同的解释。

（3）问题的跨学科性(interdisciplinarity)。问题的结构化在两个方面受到跨学科程度的影响。首先，跨学科性将注入一个综合性程度的变量，当一个问题需要用跨学科的知识来解决时，成功解决问题的一个关键因素往往是需要考虑到所有学科方面的知识。然而，当我们首次遇到某个问题时，其会涉及什么样的和多少种类的学科并不总是明确的。这样，这种不确定性在构造一个完整的问题空间时就存在一定程度的困难。其次，不同问题的学科是紧密联系和相互依存的。在跨学科环境中，业务活动中出现的意料之外的问题并不少见。此外，由于各学科之间的相互依存关系，在一个领域一个次级决定的改变将可能影响到其他领域。因此，平衡问题的各个方面的任务需求使这类问题解决成为一种挑战。

（4）问题的动态性(dynamicity)。变量或操作者的动态性极大地导致了问题结构的不良化。问题空间中的操作者和问题目标状态的形式两个方面，都会随着问题解决者所做的决策或采取的行动而动态变化。此外，非结构化问题的动态特性也可以在操作者的各种状态下看到，例如，在国际象棋中，棋手在某一特定时间的可能走法是在对手走完之后才能确定的。

（5）竞争性选择方案的合法性（legitimacy of competing alternatives）。这个参数是指在问题空间中，执行操作者在不同状态和解决方案路径下存在的可能选项的数量。通常来说，结构极其良好的问题可以具有一个单一的和规定的解决路径，而结构极其不良的问题则可以具有无数个解决路径。解决路径的数量在两个方面增加了问题的难度：首先，它在选择问题最佳解决方案的信心上增加了不确定性；其次，它在验证和评估选项或选择最可行的解决方案路径上增加了所需的任务量和时间。

三、PBL 的问题设计与实施

（一）PBL 的问题设计原则

在所有使用问题的教学方法中，问题难度在学生学习结果的有效性中扮演着重要角色。一个具有适当难度水平的问题是在学习者的认知准备范围内的，因此是可以解决的，而一个不适当难度水平的问题可能会超过学习者的准备程度，从而导致失败。评估问题难度的目的是帮助教学人员确定在 PBL 环境中最有效使用的问题类型。问题难度评估方法作为一种工具，使设计师和教师能够绘制出给定问题的难度程度和性质，以匹配学科领域的性质，支持问题的预期教学目的和功能，并确保与课程预期水平相适应的难度水平。

为此，许多学者总结了 PBL 教学中如何进行问题设计的一些原则，以更好地引导 PBL 的教学过程。这些原则包括：

（1）PBL 的问题设计应该是开放式的、结构不良的，但其结构应属于中等的结构不良。

（2）PBL 的问题设计应该是复杂的，复杂的程度应该满足一些基本要求：①问题复杂程度所具有的挑战性和激励性应该可以吸引学生的兴趣；②问题的复杂程度能为学生提供从不同角度或多个学科来研究问题的契机；③设计的问题能够适应学生所具有的先验知识；④设计的问题适应学生的认知发展和准备。

(3) PBL 的问题设计具有仿真性或现实意义，其场景是基于学生的未来或潜在的工作环境需求。

需要说明的是，PBL 的主要目标是通过要求学生积极地表达、理解和解决问题，提高学生应用知识、解决问题和自主学习的技能。PBL 开始学习的主题内容和技能是围绕问题来组织的，这些问题模拟了现实中的真实问题，而不是列举一些层次性的主题，PBL 学习要求知识和问题之间存在一种相互促进或互惠的关系，学习是由问题激发的，并应用到问题中。

（二）结构化与非结构化问题的设计

针对不同类型的问题，Jonassen（1997）分别提出了结构化与非结构化问题的指导设计步骤模型：

（1）结构良好问题的步骤模型。结构良好的问题模型包括六个步骤：①回顾必要的组合概念、规则和原则。解决问题所需要的概念、原则和程序应在开始解决问题的课程之前加以回顾，或作为概念和规则条款呈现。②提出问题领域的概念或因果模型。帮助学习者构建恰当问题呈现的一个有效方法，是提供一个问题领域的图形示意图。在问题空间中有意说明概念成分的一个原因，是为了增强学习者对所研究内容的心智模式；另一个原因是，它们明确地表示了支持问题解决所需的结构知识。③在工作实例中对问题解决绩效建模。工作示例的目的是对所需的问题解决绩效进行建模，主要包括有经验的问题解决者对问题如何解决的描述，以及问题解决经验所涉及的思维过程。工作示例可以帮助学习者构建有用的问题图式。它们可以帮助学习者对具有相似解决方案的问题进行分类，并通过与实例的类比来构造新颖问题的解决方案。④呈现实践问题。工作示例首先影响问题模式的获取，然后才改进规则自动化。因此，工作示例和扩展实践的结合最有可能促进问题模式的获取，并将这些模式转移到新的问题中。⑤支持寻找解决方案。在帮助学习者构建有意义的问题呈现之后，就应该提供支持以帮助学习者找到并尝试不同的解决方案。一种方法是提供类比问题；另一种支持策略是提供建议或提示，将问题分解成更容易通过突出相关线索或提供解决方案模板来解决的子问题。对学习者解决问题的尝试提供充分的反馈也是必要的。⑥反思问题状态和解决问题的方法。由于问题解决的认知负荷干扰了适当问题图式的获得，学习者应该对初始问题条件进行反思，以促进相关图式的获得。学习者应该注意所提出问题的特点，包括问题的情况、已知和未知的问题，以及所陈述的问题。然后，学习者应反思在解决问题方面最有效和最无效的解决过程。

（2）不良结构化问题的教学设计模型。不良结构问题模型也包括六个步骤：①阐明问题的背景。结构不良的问题比结构良好的问题更具有情境依赖性，因此就有必要进行情境分析。明确问题领域的另一个原因是，发展良好的领域知识为解决问题发挥重要作用。②介绍问题的约束。对于定义明确的问题的指导将在此时阐明问题的目标和解决方案。然而，结构不良的问题很少（如果有的话）有明确或明显的解决方案或替代解决方案。结构不良的问题所具有的是问题约束或需求（由客户和/或环境强加的）。③为学习者定位、选择和开发案例。确定了实践者所需要的技能之后，下一步就是选择需要使用这些技能的案例。④支持知识库建设。为了构建有用的知识结构，学习者需要对比案例之间的异同。⑤支持论证建设。让学习者对什么是已知的、什么是未知的做出反思性的判断，对于支持解决问题的教学是很重要的。这种支持可以采取为相关问题的解决方案建模的形式，或者指导或促使学习者反思已知的东西。⑥评估问题的解决方案。非结构化问题的解决方案是发散的和概率的。评估学习者的解决方案必须同时考虑过程和成果两种标准。所描述的模型并不推荐作为确定的答案，但可以视为工作进程中的成果。

（三）PBL教学的实施

基于问题学习的教学方法在实施的过程中，是一个师生高度互动的过程，其设计和实施难度比传统的讲座教学更为复杂和困难，需要教师有更丰富的经验和实践创新。

（1）合适的问题情境。PBL的应用对选用的问题情境会有一定的要求，通常来说，问题较适宜的情境应当具有一些特点：①有不同的参与方，个人、团队或组织等，他们都有自己的兴趣、利益和目标；②情境中不同参与方会持有不同的价值观点，并且很难达成一致的看法；③问题产生的矛盾必须找到行之有效的解决和处理办法；④问题解决具有多个不同的方法或方案，需要参与方进行讨论、协商、比较和选择。例如，在情景化的角色扮演中,问题情境可以突出社会现象或社会机构之间存在的冲突与矛盾,以及个人遇到的一些困扰或疑惑等。教师可以根据课程目标的要求选择类似的真实事件,然后像编剧和导演一样编制相关的情景案例;更好的做法是鼓励学生成为编剧和导演,把自己平时遇到的两难问题,或者是愿意探究的事件,编出来进行角色扮演。

(2) 娴熟的教学技能。尽管PBL教学要充分发挥学生主体的主动性和积极性,但教师或指导者的组织与引导作用不可或缺,并且会在整个教学的推进与质量提升上发挥重要作用。与其他以老师为主体的教学形式相比,PBL在模拟教学中的运用要求教师熟练掌握一些重要的教学技能:①激励技能。在问题情境呈现给学生之后,就需要调动学生参与的主动性和积极性。只有充分激发起学生的参与热情与探究动机,模拟教学才可以发挥最大的学习成效,因为学生只有在参与中才能有所思考、体验、领悟和提升。②协调技能。在商业模拟教学中,教师并不是作为一个控制者,而是作为一个协调者。学生团队自己决定和实施决策过程,他们是问题解决的主体,教师不能过多地干预或越俎代庖,但是,在问题解决的过程中,如果碰到了不可避免的困难,教师需及时给予适当的帮助和协调。③引导启发技能。教师需要在整个教学过程中不断引导和启发学生,使学生更准确地把握和分析问题,找到问题解决的思路和方法。教师千万不能越过问题解决的必要步骤,让学生直接获得问题的结果,学生只有在自己不断探索与探究的努力下,获得相应的知识,才能提升学生的学习兴趣。好的引导和启发,可以更有效地让学生产生解决问题的方案和获得能力的提升。④反馈技能。在学生自主进行问题解决的过程中,教师应当给予密切的观察和及时、中肯的反馈。这不仅可以在必要的时候给予学生指导和引导,同时还能给学生一种提示或暗示,即教师在关注他们的进程,他们的解决问题与学习过程是件严肃认真的事情,不仅是在做一次"游戏"。

(3) 营造良好的课堂学习氛围。首先,教师要为学生创设一个安全、开放的心理环境,鼓励他们自由表达思想和感情,不轻易否定学生的观点和见解,更不能凭借老师的权威身份做随意的论断,而应引导学生大胆、诚挚地袒露自己真实的想法。其次,学生之间也要相互倾听、学习和尊重,而不是因意见不同就彼此打压和贬低,让学生领悟团队工作中合作的重要性。帮助大家把注意力集中在对问题的分析以及对问题的解决上,而不只是在乎个人表现或影响。在整个学习过程中，让学生真正有收获，不断体验和感受到学习的价值与意义，并在此过程中获得面对未来现实世界的勇气、自信和能力，才是商业模拟教学的重要目标。

第三节　商业模拟的教学反馈实践

在教育环境中使用的反馈通常被认为是提高知识和技能获得的关键。除了对成绩的直接影响，反馈也被描述为激励学习的重要因素。有效的教学不仅包括老师向学生传授信息和理解，还包括评估学生对这些信息的理解，并将这些评估反馈给学生，以便于下一个教学行为能够与学生当前的理解相匹配。因此，反馈在商业模拟教学中将是一个非常重要的环节或实践技能，并对模拟教学效果起到至关重要的作用。

一、教学反馈的内涵与构成

Hattie 和 Timperley(2007)认为反馈是代理人(如老师、同伴、父母等)对个人表现所提供的相关方面信息或理解。如果反馈是为了达到教学目的，那么就需要提供与学习任务或学习过程相关的信息，以填补学习实际所理解的与期望理解目标之间的差距。然后，学生就可以通过不同的方法来弥补这种差距。这些方法可能是通过情感过程，比如增加努力、动机或投入，或者这种差距可以通过许多不同的认知过程来缩小，包括重建理解，向学生确认它们是正确的还是错误的，提供有更多可用或需要的信息，指明学生可以发展的方向，或提出理解特定信息的一些替代策略。

如果把教学中的反馈实践进行细化，反馈内容可以涉及三个主要问题：①教学的目标是什么？②如何达到这个目标？③需要采取哪些行动才能取得更好的进展？下面对这三个问题做进一步的阐释，以便我们对反馈的内涵和构成有深入的理解。

首先，教学可以设定清晰的教学目标，清晰的目标通常会涉及两个维

第六章 商业模拟的教学设计与策略

度：挑战性和承诺度。从挑战性这个维度来看，具有挑战性的目标要告诉学生需达到何种类型或水平的业绩，或者说是为学生提供一种"成功标准"，以便他们能够相应地指导和评价自己的行动和努力，根据设定的目标跟踪自己的表现，并根据需要调整努力、方向甚至策略。进一步地，反馈还需让学生达到一个阶段的学习目标后，可以进一步为下阶段学习设置适当的挑战性目标，从而为持续性的学习创造条件。需要说明的是，反馈和目标相关挑战之间的关系是复杂的，如果目标定义不明确，反馈就不能减少学生当前理解和目标之间的差距，因为当前学习和预期学习之间的差距还不足够清晰，不能让学生看到有减小这种差距的需求。从承诺度的维度看，当学生对实现目标有共同的承诺时，目标就更有效，因为他们更有可能寻求和接受反馈。教师可能通常认为学生对学习目标有共同的承诺，然而现实是，这种共同的承诺是需要培养和建立的。承诺的建立或诱发可能来自各个方面，如权威人物、团队伙伴、竞争、榜样、意图、激励和奖励的公开声明、惩罚等。

其次，如何实现这些目标。回答这个问题需要教师提供与任务或绩效目标相关的一些信息，通常涉及某些预期标准、先前的表现、特定任务的成功或失败。当反馈包含了进展或如何进行的信息时，它就更加有效。学生们经常寻求有关"他们将如何进展"的信息，尽管他们可能并不总是喜欢直接获得答案。经常发生的情况是，对如何实现目标问题的关注会导致评估或测试，而不是这个问题背后的基本概念。教学中的"考试"只是教师和学生解决这一问题的一种方法，但它往往不能及时传递反馈信息，来帮助教师和学生了解他们的进展情况。

最后，采取哪些行动取得更好的进展。教学是一个连续性的过程，教师提供信息、任务或学习意图，然后学生尝试完成这些任务，并随之产生一些学习结果。通常的情况是，这些学习结果往往包括更多的信息、更多的任务和更多的期望。这样，学生对"下一步去哪里"的答案就需要知道得更多。反馈的力量就可以用来专门解决这个问题，通过提供信息，导致更大的学习可能性，包括增强的挑战，在学习过程中更多的自我调节，更强的流利性和自动性，更多的策略和过程来完成任务，更深刻的理解，对什么是可理解或不可理解有更多的信息等。这些问题可以对学习产生一些强烈的影响。

195

二、教学反馈的层次与类型

(一) 教学反馈的层次

教学反馈可以分为四个层次，分别是：对任务的反馈、对过程的反馈、对自我管理的反馈、对个人自我的反馈。四个层次反馈的内容和教学效果都存在一定的差异性。

(1) 对任务的反馈。对任务的反馈在教学中是最常见的，通常被称为正确性反馈或结果反馈。这种反馈告诉学生一项任务的完成或执行情况如何，如何判断出正确和错误的答案。如果任务结果出现不是因为缺乏信息而是错误解读的时候，对任务的反馈就更加有效；如果学生缺乏必要的知识，进一步的指导比反馈信息则更有效。任务反馈存在的一个问题就是这种教学方式对某个问题的反馈一般不能推广到其他任务，因为任务反馈通常针对某个具体教学问题。正因为如此，任务反馈可能对较具体、明确和简单的问题进行反馈更有效，但对于笼统、模糊和复杂的问题可能就难以实现。

(2) 对过程的反馈。过程反馈是与完成任务或拓展任务相关的具体流程，这种反馈涉及环境中的关系、人感知到的关系、环境与人感知之间的关系等信息。对学习过程的一个浅层理解是收集、储存、复制和使用知识，这种理解与过程反馈更相关；对学习更深层的理解会涉及建设意义(理解)，涉及更多的关系、认知过程，并转换到其他更困难或未曾尝试过的任务。从提高深层学习的角度看，过程反馈似乎会比上面的任务反馈更有效。将过程反馈与目标设定结合起来，似乎是塑造个人任务策略的一种直接而有力的方式，相对来说，使用结果反馈则是塑造任务策略的一种效率更低的方式。

(3) 对自我管理的反馈。自我管理涉及承诺、控制和信心之间的相互作用，它是学生为实现学习目标所进行监督、指导和规范行动的方式。它意味着学生的自我治理、自我控制、自我指导和自律。这种自我管理包括自我产生的想法、感觉和行动，被计划和周期性地去适应个人目标的实现，能导致寻求、接受和适应反馈信息。有效的学习者在从事学术性的任务时，会创造内部反馈和认知惯例。对所有自我调节的活动来说，反馈都是内在的催化剂。当学习者监控他们对任务的投入时，内部反馈就会在监控过程中产生。自我管理涉及的内容较丰富，例如，包括创建内部反馈和自我评估的能力，投入努力寻求和处理反馈信息的意愿，对反馈正确性的信心或确定性程度，对成功或失败的归因，以及寻求帮助的熟练程度等。

（4）对个人自我的反馈。对学生个人自我的反馈也是一种非常常见的教学反馈。例如，教师表扬"好学生"或"好孩子"时，通常表达出了一种积极的评价，但它包含很少与任务相关的信息，也很少能转化为学生更多的参与、对学习目标的承诺、增强的自我效能，或对任务的理解。只有当自我反馈会导致学生的努力、投入或与学习或他们在试图理解任务时使用的策略相关的效能感发生变化时，它才能对学习产生影响。由于自我反馈往往缺乏与任务执行相关的信息，也没有为上文提及的三个核心教学反馈问题提供相关答案，这些信息可能无法带来学习上的收获。但是，如果表扬或赞赏的焦点可以调整到对努力、自律、投入或与任务及其表现相关的过程（如"你真的很棒，因为你运用这个概念很努力地完成了这项任务"），如此的表扬反馈则可以有助于提高自我效能，从而可以被学生转化为对任务的影响，其反馈效果也会改善很多。

（二）教学反馈的类型

有效的反馈给学习者提供了两种类型的信息：验证反馈和阐述反馈。前者是简单判断答案是否正确，而后者是提供相关的线索以引导学习者找到正确的答案。因此，从信息属性来看，我们通常可以将反馈分成验证性反馈和阐述性反馈。

（1）验证性反馈。确认一个答案是否正确可以通过几种不同的方式来完成，其中最常见的方式包括简单地陈述答案是正确还是错误。有了计算机，就有了更多的选择——有些是显性的，有些则是隐性的。在显性验证中，高亮显示或以其他方式标记一个响应以表明其正确性（如用一个复选标记）可以传递信息。例如，当学生的响应产生预期的或意外的结果（如在模拟中）时，就会出现隐式验证。这篇综述更关注显性反馈而不是隐性反馈，因为前者更容易受到实验控制。

（2）阐述性反馈。反馈的详细阐述比验证性反馈有更多的类型。例如，阐述性反馈可以包括：①阐述主题；②处理响应；③讨论特定的错误；④提供工作实例；⑤给予温和指导。前三种类型的详细反馈更具体和有指导性，而后两种类型的详细反馈更是具有一般性和促进性。一般来说，阐述性反馈通常会给出正确的答案，还可能解释为什么所选的回答是错误的，并指出正确的答案应该是什么。

三、商业模拟教学的反馈策略

（一）目标导向的反馈和激励

基于目标导向的反馈要为学习者提供朝着预期目标进展的相关信息，而不仅是对单个任务或反应提供反馈。研究表明，学习者的积极性和参与度取决于学习目标和目标实现预期之间的匹配度，如果目标太高而达不到，学习者很可能会感受挫败并变得气馁。当目标设定得太低而能确定达到，这种目标的实现也不能提升努力的动力。

（二）反馈适度的信息量与复杂性

在某些情况下，我们通常认为给予学生更具体一些的反馈可能对学习更有帮助，但同时，未来能达到更好的学习效果，我们总是需要考虑一下到底需要反馈到一个什么程度，这就涉及反馈内容的一个重要维度：信息量和复杂性。如果反馈信息太多或太复杂，许多学习者就会很难去注意到这些反馈信息，甚至将其视为一种无用的噪声。而且，冗长的反馈信息也会分散或淡化真正有用的信息。因此，反馈的重要策略之一就是把握反馈信息量及其复杂性。Shute(2008)将反馈信息按复杂度细分为12种类型，如表6-1所示。

表6-1 基于复杂程度的反馈类型

反馈类型	具体描述
没有反馈	学习者针对被提出的问题要求作答，但没有指出学习者回答的正确性情况
证实	也被称为结果知识或成果知识，它告诉学习者回答的正确性（如正确/错误），或正确的总体程度（百分比）

续表

反馈类型	具体描述
正确反应	也被称为正确反应知识,它告诉学习者一个特定问题的正确答案,但没有附加的信息
再试	也被称为重复直至正确的反馈,它告诉学习者是一个错误的回答,并允许学习者一次或多次尝试回答问题
错误标记	错误标记也称为错误定位,它强调解决方案中的错误,而不给出正确的答案
详细说明	作为一个通用术语,它指的是解释为什么一个特定的反应是正确的,它可以让学习者复习部分指导,也可能给出正确的答案
属性隔离	对被研究的目标概念或技能、详细的反馈提出说明中心属性的信息
主题看点	就目前正在研究的目标主题,为学习者提供相关的详细反馈。这可能只需要重新讲授材料
反应看点	详细反馈聚焦于学习者具体反应的。它可以描述为什么答案是错误的,为什么正确的答案是正确的。这未使用正式的错误分析
暗示/线索/提示	详细的反馈,引导学习者朝着正确的方向前进(例如,关于下一步该做什么的策略提示,或一个工作的例子或演示)。它避免了明确地给出正确答案
错误/误解	需要错误分析和诊断的详细反馈。它提供了关于学习者的具体错误或误解的信息(例如,什么是错的以及为什么)
信息辅导	这是最详尽的反馈,它提供了验证反馈、错误标记和关于如何进行的战略提示。通常不会给出正确的答案

资料来源:Shute V J. Focus on Formative Feedback[J]. Review of Educational Research, 2008, 78(1):153-189.

第七章

商业模拟教学实践技术与创新

许多研究显示商业模拟是一个极有价值的工具,它能对其他传统教学方式,如讲座、研讨会和专题报告等教学方法起到一个非常好的补充作用(Anderson and Lawton, 2009; King and Newman, 2009; Kumar and Lightner, 2007)。但同时,商业模拟教学的有效性需要花费大量的时间进行准备、组织和实施,如果我们没有相应配套的教学技术或支撑措施,单凭学生自己像去玩游戏一样进行商业模拟学习,其学习效果是非常难以保障的。因此我们认为,商业模拟作为一种具有发展潜力的教学方法,科学的教学软件平台只是学习变革的前提条件之一,另一个更重要的条件就是教师教学方法的同步变革,或者说,如何让商业模拟的教学有别于传统的教学,让学生在知识学习与能力提升上更具成效,是教师需要思考和持续创新的重要课题。为此,本章将针对商业模拟的教学技术做些探讨,我们从传统教育角色存在的问题与困境开始,尝试把传统教学之外的一些技术融入到商业模拟的教学中。我们所选择的教学技术在一定程度上都基于前文的理论与案例分析,以有效地提升商业模拟的学习成效。

第一节 商业模拟教学者的角色

一、传统教学的问题与困境

教师角色的转换不仅是因为商业模拟这一特殊教学方式的需要,同时也是由于我们传统教学本身存在了众多的问题和困境,商业模拟一定程度上就是要用一种新的技术来激发学习的变革。因此,我们对传统教学存在的问题与困境认知得越深刻,就更有助于我们找到商业模拟教学的变革方向。传统教学的问题与弊端已经探讨了许多年,以下几点是我们不能忽视的:

(一) 传统教学重知识目标,忽视价值目标

传统的课堂教学目标主要让学生掌握尽可能多的知识或工具,以能更好地适应或服务于外部社会的发展。这种观点只是注重课堂教学的外在价值,其忽略了课堂教学本身的内在价值,即课堂教学应该改善学生态度与行为,乃至在提升其生活意义和生命价值方面发挥重要作用。如果学生通过课堂学习掌握了知识和技能,却失去了生活的兴趣、激情和灵性,那么整个学习过程的价值将降低,变成了一个被动接受功利性知识和技能的过程。

(二) 传统教学重理论轻实践体验

传统教育将课程知识视为人类社会历史经验的提炼和概括,并根据知识分类逻辑分门别类地建构成学科理论知识体系,这些知识体系要求具有客观性和价值中立性的特点。也因此,知识的客观性和价值中立成为学校课程内容选择的重要标准和依据,但由此带来的一个重要缺憾就是,我们世界的丰富性、多样性和复杂性被严重地忽略了。在追逐这种理性科学知识的过程中,学生却远离了自己的生活世界,甚至忘却了学习的生活意义和实践价值。

(三) 传统教学重结果轻过程

现代教育心理学研究认为,与科学家的探索过程类似,学生的学习过程在本质上也是发现、分析、解决问题的过程。这个过程在暴露学生所面对的各种疑问、困难、障碍和矛盾的同时,也可以展示出学生的情感才智、独特个性与创造潜力。因此,学习过程至关重要,如果轻视过程,就会排斥学生的思考和个性,把教学过程简化到只需无批判地听讲和记忆一些信息和知识素材,这种教学模式下培养的"好学生"就是脑袋中灌满了知

识，但可以无须自主思考、批判反驳、创新创造等更高层次的学习。这实际上是对学生灵性与智慧的摧残。

（四）传统教学以教师为主，以学生为辅

传统教学已经形成了一种潜意识或假设：教师是课堂的管理者，是教学实施的主体，教师有责任和权利管理好整个教学过程；学生的责任就是遵循教师的安排，学习教师所教授的内容，达到教师提出的学习要求和目标。教师期望学生配合自己规划好的教案展开学习，当学生的学习兴趣和内容超出教案的规划范围时，教师就有责任和权利把学生拉回到"正轨"。规划好的教学方案成了一种操作流程或演出剧本，在教学过程中教师是唱主角的，学生成了配角或观众。学生学习动力主要来自学校的制度要求或学分压力，而不是来自对知识内在的兴趣、好奇和探索精神。

（五）传统教学缺乏主体之间的交往和对话

传统的课堂教学常陷于"主体-客体"两极互动思维和模式，即个体将自身以外的一切都视为客体，将他人视作自己目标实现的手段和工具，该思维往往会忽视人与人之间的交往和对话，造成课堂教学远离人的生活世界。这样造成的结果是：传统的课堂教学成为一种以知识传授为中心的单向的、机械的和强制的知识灌输过程，却忽视了教学活动更为重要的社会性、人文性和生命性，教师与学生之间成为"主体-客体"关系，一种认识与被认识、改造与被改造的关系，并造成教学主体的"个体化"和"自我化"，忽视了人与人之间的交往和对话。

二、商业模拟教学者的角色

（一）商业模拟教学融入教练角色

"教练"（coach）一词来自运动领域，但却逐渐在商业管理领域获得新的发展。在《网球的内心游戏》(*The Inner Game of Tennis*)一书中，网球教练出身的哈佛大学教育学专家蒂莫西·高威(Timothy Gallwey)提出了一个内

心博弈方程式：绩效＝潜能－干扰。"内心"这个词过去被用来指选手的内心状态，用高威的话说就是"真正的对手不是比赛中的对手，而是自己头脑中的对手"。高威宣称，"如果一名教练可以帮助一位选手摆脱或是减少影响他的内心障碍，那么不需要太多技术上的训练，强大而自然的学习能力和表现能力将给我们带来意想不到的成绩"（约翰·惠特默，2013）。

经过40多年的发展，教练技术在商业领域的成效已受到众多跨国公司的关注，并且都是引进教练技术并以此持续改善公司的管理水平，有效提升公司整体的生产力水平，成为受益于教练技术与文化的典型案例。同时，教练技术在国内也逐渐获得了发展，中山大学管理学院的EMBA教学与培训于2001年就引进了教练技术。此外，一些国内知名高校都举办过与教练相关的培训与专题演讲。具有专业教练认证资格的教练开始涉足教育领域，例如，郑磊和忻春两位国际教练联合会（ICF）的PCC级专业教练出版过《教练型教师》一书，该书基于两位专业教练自2017年以来在中国各类学校的培训实践，总结并提出了一套适合中国学校特色的教练技术和方法。两位PCC级教练积累了上百所学校的相关培训项目后，发现"教导学生和解决问题只占教师工作的一部分，而更多的工作是底层的、系统的，如帮助学生发现自己是谁，以及建立解决问题的动力和意愿，减除干扰、清晰目标。也就是说，教师不仅是让学生学习好，更主要的是帮助学生建立冰山下底层的软系统"（郑磊和忻春，2022）。

在商业模拟中运用教练技术能够更好地实现商业模拟训练的目标。首先，从知识的学习目标来看，商业模拟教学的重点不是传授新的知识点，而是要将学生已有的多学科知识进行融合后在模拟的情境中进行应用，这个过程就如同学会了网球比赛基本的规则和击打知识后，开始进行实战练习，这个难度跨越过程不仅非常困难，而且充满挫折。如果在这个跨越过程中教师还是沿袭传统的知识讲授或传授模式是远远不够的，还要求教师解决知识之外的许多问题，而且这些问题很多都是具有个性化的问题，即在同一个知识点上，学生的理解与体验都可能完全不同，需要教师像一位丰富的教练一样，耐心而有针对性地解决。其次，从能力的训练目标来看，商业模拟需承载知识学习与应用之外更多更复杂的任务，这就好比一位教练训练出一位优秀的运动员，除了传授运动的原理与技能之外，几乎还要理解和提升运动员个人生活的方方面面。在商业模拟教学的过程中，很多能力的提升往往还来自知识之外的因素，这些往往是传统的教学忽视的内容，但在商业模拟教学中却需获得重视，因为商业模拟教学需注重人的全面发展。最后，从教学自身的特征要求来看，商业模拟在教学过程中注重学生的学习体验，主要基于PBL教学方法来实施，非常重视在教学过程中给学生及时和有效的反馈，这都对教师的教学方法与能力提出了新的要求和挑战，恰当地借鉴和融入教练的角色与技术，将对商业模拟教学大有帮助。

（二）商业模拟教学融入引导角色

引导者(facilitator)是指能够帮助一群人形成共同目标并帮助他们实现目标的人，同时在这个研讨与帮助过程中，引导者并不会去表明自己的立场。在行为科学的一些研究者看来，引导者角色的出现是因为一些复杂的团体互动需要新的领导风格，同时传统的发布命令式或指令式的会议不再奏效。

这一角色的重要性正在被行为科学研究所发掘，虽然他们不会参与内容的讨论或企图影响会议讨论的结果，而是聚焦和解决会议进行的方式和效率。因此，题目为会议的参加者提供各种有效讨论的流程、工具与组织，他们主要是确保每个人都能发表自己的观点并被他人了解，而不是去赞同或否定那个观点，所以他们不会去发号施令或为参与者做出决定，而是支持参与者制定相应的目标与行动计划。

作为一种领导风格，引导者不提供解决方案，他们主要聚焦在创建团队协作氛围、提供架构和工具、促进团体有效互动等事项上，以此来帮助大家能够找到解决方案。例如，引导者可以帮助大家确定目标，确保有合适的规则保证互动有效；他们提供一系列的活动，感知研讨的氛围和节奏；他们知道什么时候该继续，什么时候需要小结一下；他们始终保持讨论或会议的聚焦并最终得到结论。同时，他们在引导过程中始终保持对讨论内容的中立，确保不干预参加者的决策权。由此可见，引导者参与会议，就是运用各种工具和流程来协助大家深入讨论，以便更好地达成共识，引导者的角色更有点类似赛场上的裁判，不是像一名球员一样参与比赛，而是要密切观察大家的互动行为，确保能遵守比赛规则，并发挥出自己最佳的竞技水平。

引导者角色与技术在商业模拟教学中具有非常重要的应用价值。首先，从引导者的角色定位来看，与传统教师非常不同，引导者不是知识权威，也不是学习监管，而是一名协助者或助产师。这一角色定位更有助于将学习的目标与责任更好地移交到学生身上，商业模拟教学者需要时时激发学生在学习过程中的主观能动性，时常提醒他们如果没有学生的主动积极投入，学习将不会发生，因此引导者的角色能很好地践行人本主义、建构主义与体验式学习的学习理念与逻辑。其次，从商业模拟教学的实践来看，商业模拟教学承载的知识内容与训练目标是可以不断自我超越的，而这种不断自我超越现象的发生与学生的投入程度和学习效率是非常密切相关的，如果想要达到一个更为理想的学习与训练效果，需要不断提升学习过程的组织效率。引导角色与技术在这个过程中产生重要作用，借助其独特与有效的组织方法、工具与技术，结合商业模拟教学本身的特点，将能更好地提升学生的学习与训练效果。

第二节　商业模拟中的教练角色与技术

一、教练的主要作用

在互联网技术出现之前，传统教师在信息获取和知识积累上具有较大优势，他们可以通过知识的积累和经验的沉淀来对学生进行学习指导，但是随着互联网尤其是移动互联网的发展，信息的不对称已经被打破，学生们可以通过不同的互联网信息渠道在全世界范围内来获取知识，对于互联网工具的使用，一些传统的教师甚至远远不如学生，学生获取新信息和新知识的速度对传统教师形成了一种挑战，教师如果仅仅依赖自己的经验去指导和帮助学生，将不能满足学生学习与成长的需求。尤其是对于新"千禧一代"，作为互联网的原住民，他们并不崇拜权威，更希望追求自己生命的意义，希望成为独特的自我，这些需求都迫切需要教师做出转型。因此作为教师，其角色已经不是传统意义上的传授知识，更重要的是要帮助学生成就一个更有价值的人生。应用教练技术不仅可以帮助教师更好地把知识传递给学生，而且能够引发学生找到自己内在的需要，更好地去追寻生命的意义。

如前所述，教练技术虽然起源于运动领域，但已经在商业和教育领域得到了广泛的应用。教练角色的重要作用主要表现在以下几方面：

1. 重建教练与学生之间的信任关系

教练的首要任务是建立一种新型的信任关系，这种信任关系与传统的师生信任关系相比会有一种质的飞跃。首先，教练需全然地相信自己的学生，相信学生的智慧，相信学生的能力，只有对学生抱着百分之百的信任，教练才会真正聚焦在学生自身的"学"，没有这种全然的相信，就会不自觉地将注意力放在传统的"教"上。其次，通过教练技术，让学生从内心深处相信自己潜在的力量。在这种信任建立过程中，教练不再是传统教学中的权威或监督者，而是一位富有亲和力的良师益友，要发自内心地接纳、欣赏与包容他人。教练要有很好的聆听能力，在眼神和语气中没有任何的评判与挑剔，而是要让学生真切地有"真懂我"的强大感受。

2. 强调知行合一的学习目标

在运动领域，"练习"是占据最为重要的地位，即教练讲再多的道理或理论，如果没有练习或行动，最终都将变成一场空。教练的一个重要教授方式是让选手在练习过程当中去学习，就像通常大家说的"想学游泳，必须先下水"。因此，教练过程更加强调行动成效，如果我们的"认知"没有导致"行为"的有效改变，就不能说我们完全学会了。在传统教学中我们将知识的理解与记忆作为一个重要的评价目标，在教练教学中我们则会趋向于将学生的行动能力与成效作为一个重要评价目标。例如，在商业模拟中，我们会强调团队合作的重要性，并且会将团队合作作为一个重要的评价内容。为此，我们不仅要评估学生是否对团队合作的方式和重要性有了一个深刻的认知，同时也要观察学生在实际的团队合作过程中是否表现出了良好的团队合作能力。如果仅表现在认知上有了提升，但团队合作行为的实际表现和绩效较差，则我们还需要强化相应的练习，真正把认知落实到行动上。

3. 采用即时反馈提升学习激励效果

传统教学在激励学生时，会将课程高分成绩、获得奖学金、找好工作以及幸福的人生作为激励的重要手段，这些激励因素在一些自律性强的学生身上感觉是有一定效果的，但同时对相当部分的学生来说似乎效果并不好。在我们的运动训练中，激励选手取得好成绩、获得奖品以及成为一个伟大的运动员，这些激励方式同样会产生效果，但是作为一个优秀的教练，会更懂得如何用即时反馈的方法来激励学生。即时反馈用简单的一句话阐释就是：让自己乐在其中。用心理学家米哈里在《心流》一书中的术语就是让人进入一种"心流状态"。"心流状态"形成有三个核心条件：设定的目标略具挑战性，任务难度略高于个人能力；集中注意力于自己的目标；行动能获得即时反馈。处于"心流状态"可以让我们内心更加有秩序，更有确定感，更加认同自我，并有可能让我们进入或者沉浸在一种专注的学习状态中，能极大地提高我们的学习成效。

4. 通过自主学习提升学生的成就感

教练帮助学生一起确立学习目标，围绕学习目标学生可以自主规划学习方式和进度，教练指导的核心原则就是相信学生能够通过自主学习去解决这些问题。当在学习过程中碰到困难与障碍时，教练也不是直接提供解决方案或最终答案，而是充分相信学生，通过不断的提问，促进学生进行反思和激发创造力，以最大地激发学生的潜力，来找到解决方案。面对每一个问题及其解决过程中，学生都在挑战自己，这种挑战不仅可以激发学生强烈的学习动机，同时挑战成功之后还可以给学生带来成长的成就感。

二、教练的重要技术

（一）深度倾听

"倾听"的内涵不是静静地听取对方的讲话内容就可以涵盖的，它也不是一个单向的流动过程，而是一个不断循环和逐渐清晰聚焦的过程，来为达成共识形成可行的行动方案。有效的倾听可以提升人们与他人沟通的过程中的直觉，帮助他人在心灵和意识层面产生更多的觉察。在《企业教练指南》一书中，比安科-马西斯等提出了倾听的三个层次，分别是内在倾听、专注倾听和整体倾听。第一个层次是内在倾听(internal listening)。这个层次的倾听仅仅会从自己的经验和需求出发进行倾听,听的内容和词语更在意能表达个人的意见、建议和讲述自己的故事。因此,这种倾听方式不能创建一种有效的交流空间。第二个层次是专注倾听(focused listening)。这种倾听会聚焦于对方身上,专注地倾听,并试图理解对方。个人通过点头认可、提问、澄清、反思、探询、支持以及解决问题等方式,表明你在倾听。这个过程重点是客户,而不是你。第三个层次是整体倾听(global listening)。这是最复杂的一个层次,也体现了教练的本质。它在第二个层次所有要素的基础上,还增加了观察、表达观察结果,进行类比、比喻,与同一情境下的其他想法与模式联系起来,注意说话者的语调、态度和表达的变化等方式。这能使自己的观察更丰富、更全面,并能引导客户采取行动。教练还能进一步指出客户身上的模式和关联,发掘出客户自身未曾意识到的问题,帮助客户更明确努力的方向,更坚定地行动和改变(比安科-马西斯等,2015)。

在商业模拟教学中,借助教练的倾听技术可以更好地实现知识学习与能力训练的目标。首先,通过倾听发现学生在知识体系上的不足。这种不足体现在多个方面,例如:①发现学生在决策思考与判断过程中由于相关知识的缺乏而带来的思维盲区;②对知识的理解深度不够,虽然了解和掌握了相关知识点的概念,但对于相关知识在经营决策中所带来的影响作用没有认知,也不知如何运用相应的知识来做决策思考与指导;③多学科知识的整合力不足,通过倾听可以发现和判断学生对不同学科知识之间关系的理解,以及是否可以对不同学科知识之间的关系进行思考与运用。

其次,通过倾听来评估与反馈学生的元认知能力。商业模拟不仅是对已学知识的实践与检验,更重要的一个训练是可以迫使学生思考自己所学知识的有效性,如果学生发现所学的相关知识在实际模拟中很难联系与应用时,其实教师不要仅停留在对知识的进一步澄清和阐释上,而是要引导学生深刻反思以往知识学习方法和模式的有效性,这种反思带来的学习改变将能深远地改变学生未来的学习成长。

最后,通过倾听来评估与检验学生的综合能力与素质。商业模拟不仅评估和提升学生知识学习的有效性,更能评估和检验商业模拟决策中学生表现出来的综合能力与素质,教师可以通过全方位的观察来判断学生的综合能力与素质，其中倾听是非常重要的途径，这种倾听需要具有一定深度、综合和整体性，其倾听的内容不仅局限于商业模拟决策的内容，还可以是学生之间互动的内容，不仅可以是学生正式的展示与演讲，还可以是非正式的沟通与讨论，因为这些综合与整体的内容更能将学生的能力与素质立体而丰富地展现出来。

（二）有力提问

1. 理解教练提问的重要性

教练的提问可以产生一些非常重要的积极作用：首先，有助于学生接受教练的辅导。要让学生能积极地行动，不在于让他明白如何去做，而是如何激发他行动的热情。个人一旦自己主动做出了决策，往往就会产生有力的行动力。其次，提问能够增强学生的自信和领导力。人们在做出重要决策的时候，虽然在自己的内心深处已经有了答案，但是由于缺乏足够的信心，没有勇气迈出行动的第一步，教练的提问能给学生带来自信心，鼓励其迈出关键的第一步，勇敢地去实现自己的目标。最后，提问能够增强教练者和学生双方的信任感。教练的提问可以帮助教练与学生建立一个良性的互动关系，通过提问、聆听和反馈，教练可以了解学生内心的真实想法。了解并肯定他人是建立信任的有效途径。

教练要实现有效提问的一个重要能力就是不断提出一些跟进式问题，来让问题不断地触及核心和根本，因为学生第一个问题的回答往往没法一下触及问题的根本，跟进提问就像"剥洋葱"，层层递进，深入地去探究到问题的根源。一般来说，教练想事先预设跟进式问题是很难的，但是可以掌握一些跟进提问的基本原则，例如：①先从发掘事实的问题开始，因为学生面临的决策困难可能是对相关的经营信息与事实掌握不够，从而无法将决策推进；②通过澄清性提问对学生的回应做出澄清，由于思考的角度与深度不同，教练不要期望一次提问就能让学生把握问题的关键或重点，而应通过多次提问来澄清学生的理解；③询问学生回答背后的逻辑，引导学生将问题思考到正确轨道上的一个好方法，是挖掘学生问题思考背后的逻辑，如果学生在思考逻辑上开始发生改变，问题的思考与解决的效率将得到提升；④询问事情是如何一步步展开的，当教练通过提问把事情的发展整体地展现在学生面前，学生的问题思考与解决就可能自己找到线索；

⑤教练可以使用探询式问问题的方式，来帮助学生深度挖掘关键实践中隐藏的情绪问题或认知心理障碍，例如一些学生如果对商业模拟这种学习模式产生莫名的抵制，其中的原因还找不到，学习就很难推进；⑥在学生缺乏思路的时候，使用从第三方视角来提问题有时候会取得非常奇妙的效果，例如在商业模拟中教练可以让成员与小组之间进行观察、提问或评估，有时可以帮助学生迅速找到自己的问题。

2. 针对不同个性和行为风格的教练提问

尽管教练在长期的磨炼中可以形成一套针对不同场景的提问方式或模板问题，但在具体的实施中，教练不能死板地照搬照抄，否则其教学模式就类似讲课时念讲义一样，根本无法调动学生的积极性，更别说带来认知的提升。好的教练方式是需要根据学生的性格和行为风格采取不同的提问方式。根据DISC行为风格理论的观点，人的行为特征大致可以分成四大类，分别是：D型的支配者风格；I型的影响者风格；S型的支持者风格；C型的严谨者风格。根据这些风格，我们可以采取以下不同提问策略：

（1）D是支配型（dominance），其特征是目标明确，关注结果。D型特质的人往往是目标导向，重视实际报酬，企图心强。D型的人需要明确的目标、方向、框架，同时能获得相应的成果奖励，因此，教练与支配型的学生交流应干脆利落，直奔主题，不需要过多的迂回绕弯子。教练在沟通的时候可以直奔所讨论的训练主题，问"学生如何采取行动，希望达成什么结果，理想的状态或成果是什么，需要获得什么样的外部支持，为实现目标需要做出什么努力，何时能达成目标，能获得什么经验和教训"等，说话用词尽量精练，让学生能够一目了然地直达目标和目的，这样提问和交流将最具效率和成效。

（2）I是影响型（influence），其特征是调动气氛，风趣幽默。I型特质的人同理心强，擅长语言表达和自我宣传。他们具有影响力和业绩，表达力强，但不喜欢唠叨和空谈。教练在与其交流时要让他们表达自己心中的感受，并对他们的想法多倾听多肯定。教练在提问时可以"直接问他们的真实感受，问他们对如何看待成员的感受，学习是否有兴趣，兴趣到底有多大，成员如何评价他们，他们对团队成员的期望和目标，希望获得哪些外部支持，何时会采取行动，获得了成果有什么感受。影响型的学生不但善于影响他人，同时对他人的感受和影响也非常敏感和重视，这些对其学习效果会带来直接影响"。

（3）S是支持型（steadiness），其特征是乐于配合，善于倾听。S型特质的人有良好的耐心，极佳的忍耐度，具有亲和力。他们不会直接做决定，但喜欢按自己的计划安排事情。教练在与他们沟通和相处时，不要施加太大的压力，可以多点关怀和关心，并表达出明确的做法或方向。教练在提问上可以问"他们自己在团队当中的角色是什么，是否会换位思考来理解团队其他成员的工作，他们希望支持到谁的工作，在资源允许的情况下最想做什么，需要外部的哪些资源支持，从外部环境或者团队成员那里学到了什么，你最擅长做什么且可以让其他成员获益，你做了哪些自己满意和成功的事情"，如此等等。

（4）C是严谨型（compliance），其特征是思维严谨，追求卓越。C型特质的人循规蹈矩，要求精确，责任心强。他们总是非常认真严谨地对待事情，同时也喜欢对事情进行质疑，思考问题追求逻辑化和精确化。他们有原则重逻辑，同时也缺乏变通思维，凡事讲原则求证据。教练在交流时可以问他们"心中理想的团队和伙伴是怎样的，如何进行职业规划以发挥自己的优势和特点，为实现个人的目标会做哪些重要的事情，在目标实现过程中如何承担自己的职责和任务，能否承担相应的压力，同时完成了哪些重要的任务来帮助团队目标的实现"等，严谨型的人不仅对自己要求高，同时对团队成员的要求也较严谨和高标准，教练的交流需对此有充分的理解。

（三）学习组织

教练的任务是要提高学生应用理论知识和工具的实践能力，能够有效地采取实践行动。在商业模拟实践中，教练需要鼓励学生在实践中进行自主学习、积极创新，从而为知识的学习、应用与创新奠定一个良好的基础。为此，教练需从多个方面来鼓励学生的实践倾向，并在实践中注重反思能力与认知能力的培养与提升。

1. 鼓励学生的合作学习与共同实践

有效与他人进行合作是商业模拟过程中知识学习的重要方法和途径。商业模拟学习可以通过项目团队和工作小组，鼓励组织成员在合作中充分沟通交流，进行知识互补，提倡以团队的形式来参与学习与竞争，在共同实践中获取经验性知识，促进隐性知识的创新与共享。同时，要鼓励团队正确对待合作与学习中的认知冲突，解决源于自身内部需求与外部现实之间差异的认知冲突，通常也会成为个体学习的一个重要动机。为此，在建立了充分信任和合作愿望的基础上，需要鼓励组织成员表达不同的观点和看法，使个体学习者带着对自我认知的了解和意识，通过实践探索来解决自我认知冲突，激发新的思维。

2. 制定开放式的学习任务目标

针对共同的组织目标，个体学习者都会因为自己的认知状况有不同的理解。所以，在确保组织绩效能够实现的基础上，采用开放式的任务目标制定形式，让个体成员综合组织和自己的发展需求，制定具有自我实现意义的任务目标，完成自我的内部发展。同时，开放式的学习需要鼓励反思性思维和系统性思维，通过对团队文化的营造与团队管理的制度设计，鼓励团队成员带着批判性精神去主动探寻自身学习中发生错误的深层原因，进行系统性的思考，可以使学生获得更为客观、真实的结论。

3. 鼓励自我评估

每个学习者在组织学习活动中获得的经验性知识不同，完成的自我发展状况也不同，不能用统一的标准来衡量学习者的绩效水平。在商业模拟中可以考虑多使用一些问题解决与能力提升等动态性指标，鼓励学生能不断超越自己。在对工作成果进行评估时，不能仅仅听取合作团队的汇报，还要听取学习者个体的汇报，鼓励学习者进行自我评估。与此同时，不仅要关注评估结果，更要注重评估行动的方向，在对学生进行阶段性评估时，着重检查学习者是否选择了最佳的行动方向，正确的过程比正确的结果有时候更加重要。

4. 培养个体自我管理的技能

提升个体的自我管理技能也是教练工作中非常重要的内容，其主要培养学生以下方面：在组织中的自我角色认知、工作中的时间管理、自我压力管理、界定问题和解决问题的决策管理等。针对这些技能开展相关的培训课程与实践锻炼机会，可以提高个体学习者的自我管理能力，促进学习成效的提升。

第三节　商业模拟中的引导角色与技术

一、理解引导师及其价值

在引导师的帮助下改变个人和团队的思考方式是一项重大挑战，引导师能帮助身处困境的团队与成员学习反思和改变他们的思考方式，进而可以帮助他们更为有效地一起共事。引导师通过诊断和干预来帮助团队提升辨识问题与解决问题的能力，并提升团队决策的有效性。引导师发挥价值存在一个基本前提，即无效的团队流程和结构降低了团队解决问题和做出决策的能力，因此，通过提升团队流程和团队结构的有效性，引导师可以帮助团队提升绩效和整体效率。

1. 引导师的主要任务

引导师的主要任务就是通过改进团队工作流程和结构来帮助团队提升有效性。流程指的是团队成员如何在一起共事，包括团队成员彼此如何进行沟通，如何辨识并解决问题，如何做出决策和处理冲突。结构指的是固定、反复出现的团队工作流程，如团队成员资格或团队角色等。在商业模拟决策中，由于决策点和数据分析量非常大，在有限的决策时间内，如果不能有效地进行团队沟通与合作，就可能造成问题分析不到位，决策随意拍脑袋，团队之间意见与矛盾冲突频发的情形。一些模拟决策团队会出现决策恶性循环的状态，团队的信心开始动摇和瓦解，士气低落、心灰意冷乃至放弃的心态出现。这时引导师的角色非常重要，恰当的引导可以帮助团队理顺合作模式与沟通方式，通过决策流程的改进与摸索，逐步找到自主决策能力提升的方向与信心，一旦团队成员的决策行动与效果得到回报，就有可能让一支团队的信念和能力获得重生。

2. 引导师拥有的信念

帮助学生决策团队获得信心的一个前提，是引导者不要轻易放弃任何一个团队和成员，引导者自己始终要秉承一个核心信念，一旦学生的内在动力得到激发，其爆发的潜力是无穷的，甚至能够带来"三个臭皮匠，顶个诸葛亮"的效果，引导师需要把团队智慧强于单个个体的信念逐步深植到学生的认知体系中。因此，一个合格的引导者必须自己相信：①每个学生都是有能力的，并且都有意愿想把事情做好，只要环境和条件得当，他们的能力将会充分地发挥出来；②团队可以比个人做出更好的决策，在一个复杂的商业决策面前，我们不能仅依赖个人的努力，团队的能力与智慧一定会超越个体；③每个团队成员的想法都有可能产生价值，不论他们的想法看上去正确与否，这些想法可以激发决策问题分析与解决的更多可能性；④学生有参与制订计划的意愿，并且愿意对所做出的决定承担责任；⑤如果外部能提供合适的指导和帮助，如决策工具和流程等，团队的合作与互动就能获得改善，也能够解决彼此的冲突和矛盾，最终一定可以得到相应的成果。

3. 引导师工作的关键原则

商业模拟中可以引入专业引导师所使用的方法、工具与技术，但是在使用这些方法和工具前，专业引导技巧必须理解在自己引导的工作始终应基于三个关键原则：①好奇心。好奇心是引发个人持续关注与投入的动力源泉，尤其面对复杂烦琐的数据处理与分析，如果对他人的观点持有好奇心，就能促使你有动力去了解对方的观点，持续地进行有效对话与交流，并了解自己与他人的想法为什么存在差异，以及是否可以与团队成员相互整合起来。②透明。透明能够带来信任与信心，以及团队成员更多的相互支持，透明也意味着你要分享自己所做的陈述与问题，以及行动背后的推论和意图，包括分享你是如何与他们开展对话的策略。③共同担责。共同担责可以激发团队的责任担当，也意味着就当前状况需要和他人分担责任及由此造成的一些后果。

4. 引导师的胜任力

在商业模拟教学中，作为引导师角色的教师需要发展出传统教师所不具备的一些重要胜任力，主要包括以下几个方面：第一，首先要理解引导师的任务、核心价值和信念，并在此基础上恰当地运用引导技能，如聆听、复述、提问、总结；能够协助指导学生团队管理模拟决策的时间进度，鼓励团队与成员的积极参与主动投入。第二，掌握不同功能的引导工具，指导学生团队设计决策讨论流程，学会使用一些决策方法和工具，模拟决策过程能够做清晰、准确的记录，制作相应的决策计划与时间安排，运用工具来激发学生的创新能力。第三，能够熟练地处理各种人际冲突，并且能够做到及时干预，学生团队在模拟决策过程中不可避免地出现团队内部和团队之间的矛盾，引导师要能够及时对矛盾的影响作用做出评估，并及时进行干预与引导，让矛盾具有可控性并向良性的方向发展。第四，处理突发的教学难题与组织问题，在商业模拟过程中会碰到一些例外的难题与问题，如果处理不好可能会影响学生模拟决策的效率与效果，从而影响整体教学成效，引导师除了基于自身经验来进行处理，确实需要逐步发展一套应对的策略与方法。

二、使用团队有效性模型

引导师在具体的工作过程中可以恰当地使用一些模型工具，来帮助判断团队何时出现了问题，识别这些问题的成因，并明确应该从何处着手实施干预来解决这些问题。罗杰·施瓦茨等（Schwarz et al.，2005）提出了团队有效性模型（Group Effectiveness Model，GEM），如图7-1所示，该模型明确了有效团队的标准，辨识出有助于提升有效性的要素以及这些要素之间的关系。在商业模拟教学中，我们不仅要提升学生个人的认知与能力，更重要的还要从团队和班级的层面来评估和提升学生的综合能力，因此在依托团队合作、学习与决策的商业模拟决策中，我们也可以采用此类团队有效性模型的基本原则和方法来引导和指导学生的团队决策与学习，主要从团队有效性的标准和影响因素两个方面来借鉴：

1. 团队有效性的三个标准

在传统课程中，我们比较注重个体对知识的学习绩效，通常以个体的考试或考察作为课程的绩效标准。但是，在商业模拟教学中，个体学习绩效依旧是评估的重点，但团队有效性会成为个体绩效的重要条件，在以团队合作、学习与决策的商业模拟教学中，对团队学习目标的实现丝毫不亚于个体学习目标，引导团队应投注相应的时间和精力，并采取有针对的团队评估方法和要求，首先就需要考虑团队有效的标准是什么。

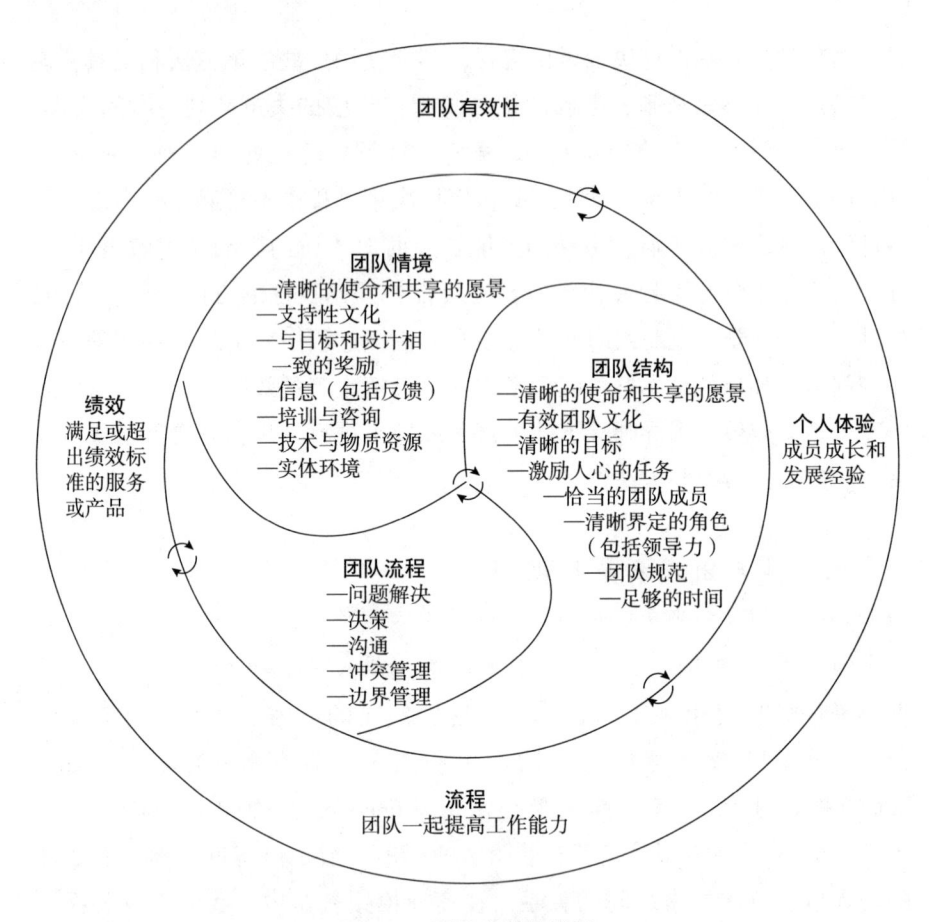

图 7-1 团队有效性模型

资料来源：罗杰·施瓦茨，等. 专业引导技巧实践指导[M]. 王志刚，刘滨，译. 北京：电子工业出版社，2021.

（1）标准一：绩效。客观标准在评估团队绩效时往往显得直接和公平，例如，在商业模拟中我们可以采用经过激烈市场竞争最终获得的企业经营绩效作为评估标准，但是，该绩效标准还是无法很好地反映团队的有效性。因为经营绩效带有很多偶然因素，同时团队之间也存在很大的差异性，这样简单的客观标准很难反映出学生和团队的努力与成长。因此，绩效不是简单地依照一些以最终数量衡量成果的客观标准，更好的方式是参考团队内部或外部客户的期望和满意度来判定其工作结果的接受程度。为此，我们一方面可以基于团队成员自己制定的学习与提升目标，然后评估其完成与满意程度；另一方面还可以基于其他成员、团队与指导老师的观察与评估标准,来对团队的绩效进行综合评估。

(2)标准二:流程。相对于最终的绩效标准,关注商业模拟学习过程可以反映更多的团队有效性信息。团队的有效性一方面可以基于团队投入的时间和精力来进行评估,另一方面就是团队在学习、合作与决策过程中逐步形成的各种流程、结构与制度有关,例如,流程对于长期合作的团队来说必不可少,包括个人工作流程与团队决策流程等,如果所使用的流程和结构不断完善,并能促进和改善团队成员一起共事的效率,提升他们持续共同合作的能力,这将成为团队有效性的最有力保障。

(3)标准三:个人体验。商业模拟学习最终还是需要将关注和改进个人的学习体验作为一项重要标准,即关注团队体验是否有助于团队成员的成长和幸福。团队体验与成长的基石来自每个个体成员,团队成员也有理由期望自己的团队能满足他们的某些个人需求,有效的团队是能够将团队目标与个人目标需求紧密联结,并且要相信能够满足个人需求的团队将更加具有有效性。

2. 团队有效性的影响因素

在该团队有效性模型中,三项因素发挥着共同作用:团队流程、团队结构和团队情境。每项因素内含了若干要素,各要素之间的相互关系相当复杂且互相影响。

(1)因素一:团队流程。为了保持有效性,一个团队必须管理若干流程,因为流程能更好地确保完成某项任务。团队流程主要包括五个要素:①问题解决。商业模拟决策是一个不断解决问题的过程,有效团队必须拥有有效的问题解决流程,该流程的形成反过来也提升了决策的有效性。由于团队的异质性,团队成员需要逐步摸索出自己的决策流程,这些流程看上去会存在差异性,但其核心的要素往往相似,例如所有的团队成员都必须关注决策问题,并能投入相应的时间和精力致力于解决这些决策问题。②决策。在商业模拟决策中,最关键的一步是最终决策,团队决策包括谁应该参与决策,何时参与决策,做何种决策以及如何做出决策。如果团队成员都能对选择做出内在的承诺,团队决策将变得更加有效。根据我们的观察,有效的商业模拟决策会存在多种流程模式,很难说哪种决策模式是必然有效的或无效的,但有效的决策模式似乎会遵循一种内在规律,即团队成员对决策的效果非常关注且愿意承担责任,也许只有这样才能获得最及时最有效的反馈和调整。③沟通。从本质上来看，沟通就是信息传递与交换，是整个决策的基础与保障，沟通流程必然嵌入在所有的团队流程之中。商业模拟中需要时时提醒学生自我观察和完善团队的内部沟通模式与流程，强化对沟通有效性的重视，有效的团队沟通是那些将沟通的深度与广度不断进行拓展并进入良性循环，反之则可能陷入恶性循环而无法实现决策的优化与提升。④冲突管理。冲突总是会存在于任何的团队活动中，商业模拟学习不要回避或担忧冲突的发生，相反应正面看待冲突的潜在学习效应，正是一些冲突激发了团队的学习动力与思维。有效的团队一般会正视冲突的存在，如果冲突管理得当可以提升团队成员互相协作完成任务的能力，同时促进个人获得成长，能更好地理解冲突，并在未来更有效地避免冲突。在每一轮的分享中可以鼓励大家对冲突管理的经验分享，一定程度上可以帮助管理和利用各种冲突。⑤边界管理。在有效的团队中，团队成员能够明确和聚焦于团队任务和需要他们负责完成的任务，并知道应该避开其他不相关的目标和任务。商业模拟决策中需要训练团队成员专注于自己的任务和目标，并且清楚自己所负责任务与整体决策的联系，也知道如何及时与团队其他成员进行信息分享与观点讨论，以及整合团队成员的决策观点以力图做出最优化决策。

（2）因素二：团队结构。团队结构是影响团队有效性的第二项因素，理解打造团队结构的互动关系非常重要，因为改变了活动中的关系也就改变了结构。在商业模拟决策中，我们可以让学生模拟公司的组织运作模式，来规划团队的运营，为此团队结构的要素可以考虑和涉及公司运作的一些基本模式与结构，主要包括：①清晰的使命和共享的愿景。团队的使命回答：我们为什么存在？愿景则是团队成员头脑中希望打造的未来图景。在有效的团队中，团队成员能清晰说明团队的使命和愿景，并且密切关注使命和愿景，时时用于指导自身的工作。②有效团队文化。团队文化是一套为团队成员所共享并指导他们行为的基本价值观和信念。在有效团队中，团队成员能清晰地说出团队的核心价值观和信念，而且能把价值观和信念体现在他们的行动和决策中。③目标、任务和团队成员。有效团队会拥有一个清晰目标，并与组织使命、愿景保持一致。清晰的目标利于团队衡量其进展，否则团队就难以解决问题和做出决策，甚至引起冲突。④清晰界定的角色。在有效团队中，大家能清楚地理解彼此所扮演的角色，以及清楚每个角色所应表现出来的行为，也因此可以更好地协调团队的行动来完成任务。⑤团队规范。规范源于构成团队文化的信念和价值观，是大多数团队成员共享的期望，指导着团队成员的行为，有效团队的规范应进行清晰的讨论并达成一致。⑥足够的时间。团队需要两类时间来完成任务和达到目标：一是任务执行时间，主要用于团队生产产品或提供服务；二是能力培养时间，主要参与到有助于提升团队能力和绩效的活动中。

（3）因素三：团队情境。团队情境是指能够影响团队有效性而团队又无法控制的层面。团队情境的要素主要包括"清晰的使命和共享的愿景、支持性文化、与目标和设计相一致的奖励、信息、培训与咨询、技术与物质性资源及实体环境"等。在商业模拟中，团队情境的营造存在一定难度，很难进行规划和控制，但教师必须清楚团队情境的影响是潜在且持续的，在教学中应在课堂的整体学习氛围中加以引导与强化，持续创造一个支持性环境。

第四节　商业模拟中的行动学习与技术

一、行动学习的要素与价值

行动学习理论并不是一个新的学习理论，早在20世纪70年代，雷金纳德·瑞文斯在《发展高效管理者》(*Developing Effective Managers*)一书中就开始正式使用"行动学习"这个术语了。在商业实践方面，瑞文斯在1974年受邀到英国通用电气公司开展行动学习商业项目，此次实践奠定了行动学习的项目实操基础，自此，行动学习成为人才发展和组织发展领域最有效的干预手段之一，并成为商业领域发展最快的管理工具之一。此后在不断的总结与完善下，行动学习也逐渐成为商学院青睐的教学方法，不仅用于企业的培训中，还逐渐运用到在校商学院学生的实践学习中。以下我们将行动学习的要素、理念和价值等内容逐一阐释，发现行动学习的理论与实践在商业模拟教学中竟然存在异曲同工之妙，因此，作为信息技术发展催化的商业模拟学习完全可以在理念与技术上来借鉴与融合行动学习的精髓。

（一）行动学习的要素

总的来说，行动学习是一个强有力的工具，在解决问题的同时还能够成功地提升领导者、团队和组织的能力；行动学习组织小组采取行动解决一些真实的问题，并从个人、团队和组织三个层面进行学习。行动学习有六个要素，当所有六个要素齐备，即既有学习又有行动时，行动学习的威力就会充分发挥。

（1）问题。行动学习一般以问题、项目或任务为中心。这些问题往往是重大且紧迫的，其解决方案对个人、团队或组织来说非常重要，小组对问题的解决负有责任。最关键的是，这些问题应该能为小组成员提供学习和获取知识的机会，并能有助于开发个人、团队及组织能力。在商业模拟学习中，我们一直在强调问题的重要性，一个个不断出现和递进的问题就像一根线，将商业决策所需的知识和能力联结起来，牵引团队的学习与成长。

（2）小组或团队。行动学习的核心主体是行动学习小组。小组的人数一般由4~8人组成，他们需要共同努力来解决所面临的重大问题。为了能够从不同的角度来思考问题，激发新思路和创新地解决问题，小组的组建应该尽可能鼓励成员背景和经验的多样化。因此，小组成员来源可以是：自愿参加的或被指派参加的；来自不同的职能或业务部门；来自其他组织或行业；供应商以及客户。在商业模拟学习中我们强调团队组建的合理性与科学性，目的是要激发大家的创新思维和学习效应。

（3）提问和反思。行动学习注重提问与反思，认为正确的提问比正确的答案更为重要，因为提问可以让学习者意识到自己知道什么以及不知道什么。提问还能够提升团队的凝聚力，激发创造力和系统思维，强化学习效果。有洞察力的提问能够让团队更好地理解事物的本质，甚至跳出盒子思考直接找到有效的解决方案。可以说，好的提问本身可能就孕育着出人意料的创新解决方案。在商业模拟中，不仅要设计教师的提问，还需要设计和鼓励学生与团队之间的提问，并且要不断强化学生的一种潜在认知，即好的提问与反思是有效学习的基础。

(4) 采取行动。行动学习需要就所要解决的问题采取切实行动,如果只是提供一些建议,学习小组就会缺乏动能、投入度和创造力。因此,行动学习小组成员必须有权自己采取行动,或者确保他们所提的建议得到实施。在想法或计划实施之前,没有人能确定它们是否有效,因此,只有采取了行动并且进行了反思,才可能有真正意义的或实际性的学习。可以说是行动强化了学习,因为行动可以为反思的界限提供基础和参照。

(5) 学习投入。尽管解决问题可以给组织带来即时的、短期的利益,但是每个小组成员及整个小组所获得的长期学习成果,以及这些学习成果在整个组织内的系统应用,对于组织的利益来说具有更全面和更长远的价值。因此,行动学习不仅给当前问题的解决带来战术优势,而且学习收获能为整个组织带来更大的战略价值。相应地,与解决当前的问题相比,行动学习中的个人与团队的学习和发展也许会更加重要,如果团队的能力越强,团队就会变得更加优秀,其做出决策和采取行动的速度就越快,从而能够带来组织的整体优势。

(6) 教练。行动学习教练可以通过有效提问和选择性地介入,来帮助小组提升业绩和开发领导能力。教练可以促进小组反思得更加深入和有成效,帮助小组反思他们是如何倾听的?如何重构问题的?他们的信念和行动存在哪些假设?如何制订计划和开展工作?如何相互反馈?此外,还可以帮助小组关注他们取得了什么样的成果、遇到了什么样的困难、正在运用的流程是什么,以及这些流程的影响效果如何。

(二) 行动学习的理念

我们可以总结出行动学习一些最重要的基本理念,主要有以下四点:

第一,行动学习是一种互助咨询式的学习方法。行动学习不是一个人独自读书学习,也不是坐在课堂上听专家讲课,而是组建行动学习小组,小组成员相互提问和相互帮助,形成紧密连接的互助解决难题的团队。

第二,行动学习重视相互提问。在瑞文斯提出的学习等式"$L=P+Q$"中(等式代表:学习=程序性知识+洞察性提问),行动学习是少量的"P"加大量的"Q"。他认为在复杂且具有不确定的环境里,不应过分强调确定的知识,而应重视洞察性提问的能力,通过提问厘清思路、调用知识才是解决难题的关键。

第三，行动学习重视实践承诺。参与者在团队会议结束后一定要采取行动，解决自己面临的真实挑战，这不但能缓解他们承担的压力和焦虑感，同时还能让他们有成长，并对他们的工作绩效产生推动作用。

第四，行动学习重视质疑和反思。参与者要有平等开放的心态，即使自己不是专家，也可以大胆地提问。门外汉往往更容易打破旧有思路，从全新的视角审视难题，为解决难题找到突破口。

由此可见，行动学习的真正目的是要让员工在解决真实业务难题的过程中提升技能、促成改变。具体来说，可以产生以下主要效果：

第一，打破组织内部壁垒，促进部门间的协同成长。行动学习让不同部门的伙伴聚到一起研讨，打破组织内部壁垒，共同努力解决难题。参与者可能来自各个部门和各个层级的管理者，他们借此机会交流、碰撞、分享和反思，重建组织内部的信任文化和学习氛围，让整个组织焕发新的创新活力。实践证明，许多企业在引入行动学习项目之后，跨部门协作得到极大改善，组织协同效率大大增强。

第二，缓解组织负面情绪，提升团队安全感。企业在激烈的市场竞争中，难免会将这种竞争压力传导给员工，很多员工在工作中会遇到压力和挫折，如果这些压力和挫折总是找不到疏通的方式，需要自己去默默承受，总有一天会形成一种负面情绪在组织中蔓延。当越来越多的负面情绪转化为公司的一种消极文化时，不仅对员工和团队的成长和业绩带来潜移默化的损害，而且对企业持续的竞争与成长将带来致命的打击。行动学习让参与者面对真实的工作难题，说出内心的困惑和焦虑，并帮助找出难题的根本原因，缓解焦虑与恐慌，提升自己和整个团队的安全感，帮助大家真正勇于创新、勇于开拓、不惧失败，敢于挑战自我。

第三，帮助个人和团队找到盲区和潜能区。天生我材必有用，每个人都有自己的优势和劣势。行动学习是一个自我诊断仪器，可以帮助个人和团队探测自己的盲区和潜能区。就像治病一样，其关键是找到病因和治疗的精准靶点。在行动学习过程中，只要大家能够坦诚相见，把自己知道和不知道的都公开进行分享，就会让个人和团队有一些惊奇的发现。你可以分享"自己知道，他人不知道"，同时也能发现"自己不知道，但他人知道"的盲区；更重要的是，整个团队会找到"自己不知道，他人也不知道"的潜能区。由此可见，不仅有可能给个人带来成长的巨大空间，而且更可能给团队的发展带来突破。

第四，建立深层次关系，激活团队的集体智慧。MIT 学者丹尼尔·金（Daniel King）教授于 2011 年针对团队成功提出过一个重要观点：关系质量决定了思考质量，思考质量决定行动质量，行动质量最终决定结果质量。许多人在解决问题时非常关注行动质量和结果质量，但对关系质量和思考质量关注较少；而行动学习特别关注关系质量和思考质量，希望建立良好的信任关系，然后由关系质量推动思考质量，从而保证了团队解决问题的创造性。行动学习不仅能激活个体智慧，更能激活集体智慧，其让团队摆脱有局限性的单打独斗型封闭思维模式，形成创新智慧更为活跃的分享共享型开放思维模式，最终带来更加创造性和变革性的学习成果。

第五，在"问题解决"中学，在"干中学"中成长。传统教学的理念是先学后用，先将自己的理论知识打扎实了，再到实践中去锻炼成长。行动学习鼓励边干边学，在实际的问题和难题中学，在"干中学"中获得成长。因此，行动学习更容易发展出实战型领导力，就像许多元帅都是在实战中获得历练与成长，却能打败那些军事学院里出来满腹经纶的毕业生一样。

（三）行动学习的价值

随着经济全球化和科技发展的日新月异，任何组织、团队和个人的生存与发展都面临越来越大的挑战。行动学习在应对这些挑战时是一种经济且有成效的学习方式，可以在诸多方面带来价值。

1. 突破性地解决问题

行动学习通过解决问题来深入学习。行动学习选择的问题不是一般的问题，通常是组织面临迫切需要解决且具有非常大的挑战性的问题。这些问题不是简单的思考和行动就能解决的，而需要行动小组付出艰巨的努力，常常需要小组成员采取长时间的调研、收集数据、小组讨论，在问题解决的过程中需要有多角度的思考与质疑，要求小组成员有整体和系统的思维，提出有突破性的解决方案，并且最终可以采取相应的行动。

2. 开发有效领导力

行动学习在领导力的开发上也具有重要价值。传统的领导力开发项目受到了一些批评，其学习通过课堂授课或案例研究等方式，在个人的领导力影响上往往非常有效。首先，其没有行动，仅仅是知识的学习，通常很难迁移应用到实际的工作中。其次,在外部环境日新月异的今天,领导力已不能仅仅依靠一些知识的学习来获得,即使是案例研究,也往往具有相当大的局限性,被认为是用后视镜来开车。最后,优秀的领导力一定是具有创新导向的,如果仅仅是复制或重复已有的经验,将很难成为一名优秀的领导者。因此,行动学习较好地克服了传统领导力开发方式的弊端,因为行动学习与工作和行动密切相关,行动学习采用的就是自己团队正面临的艰巨问题,这些问题没有现成的解决方案,必须要求团队成员用创新的思路和方法来解决。

3. 打造高绩效团队

行动学习是打造高绩效团队的有效方式。面对有挑战性的问题,团队成员必须全力以赴,在问题解决的过程中,每个成员必须表现出积极性和主动性,能够在困难面前勇敢地承担自己的责任,并且能为团队的绩效付出艰巨的努力。在这个过程中,团队的学习与工作氛围将得到巨大改善,成员之间的关系得到改善,合作精神得到锤炼,并可以形成强大凝聚力的团队文化。在问题解决和目标达成共识的过程中,团队的沟通更加高效、协作更加顺畅、学习更富成效。

4. 创建学习型组织

学习型组织是指那些能够进行持续的学习与改进,以成功地适应外界环境的快速变化的组织。在这样的组织中,富有成效和竞争力的学习可以发生在个人、团队及组织等各个层面。①个人层面的学习。行动学习会带来巨大的身体的、智力的、心理的以及社会的成长。在行动学习中,人们会更加了解自己的劣势与优势、盲点与潜力,可以让人在处理事情时变得理智,应用新获得的技能,并且深刻的学习体验可以触发个人信仰和信念的改变,从而促进更高维度的个人发展。②团队层面的学习。与团队成员共同奋斗和共渡难关对于创建优秀团队来说是一个良好的契机,小组成员可以学习到一些重要的团队技能,例如解决问题、系统思考、提问、倾听、协作、同理心和批判性思考等。在行动学习中,每个成员不仅要分享、展示和推销个人观点和方案,还要鼓励、支持和推动小组其他成员的学习。③组织层面的学习。随着个人层面和团队层面的学习获得成效,其学习效应将会逐渐扩散到整个组织层面,并产生共振效应,加速学习型组织的培育发展,能更好地对各个部门和整个组织的绩效产生颠覆性影响。

二、商业模拟的行动学习实践

（一）行动学习的步骤

行动学习提出者瑞文斯受家庭影响从小就加入了贵格会①，贵格会有一种被称为"澄心会议"的聚会形式：任何贵格会成员在遇到困难时都可以召集 5~6 位同伴，通过小组聚会的方式解决难题。会议中包含很多静默环节，为的是在安静中追求内心的澄明，因此会议用"澄心"（clearness）命名。这种会议形式让瑞文斯意识到了互助学习的力量。虽然那些同伴并不是专家，但他们坐在一起聆听并积极提问，就能形成互助咨询团队，其解决问题和促进学习的功效，甚至并不逊色于任何专家。正是瑞文斯从小接触到的"澄心会议"，让他认识到了互助学习的巨大力量，此后个人的一些工作和学习经历也为其创立行动学习做好了准备，并最终提出行动学习这种方法论。

与瑞文斯"澄心会议"的方法相类似，行动学习不断完善自己的学习形式，一般来说，通常会有以下几个步骤：

步骤一：提出难题。进行行动学习画布研讨，首先要说明目的，明确研讨规则，进行一些破冰活动以拉近关系、促进信任。然后从小组中选出一位难题提出者，由他介绍自己的难题。后续的研讨都将围绕这个难题进行。在商业模拟中，教师可以对整个课程教学的推进来设置每个回合的问题，这些规划性的问题像一棵大树的主干，但在这根主干之上需要学生和团队不断提出个人和团队面临的难题，这些就如主干之外的繁枝茂叶，构成了大树的勃勃生机。

步骤二：澄清难题。在难题提出者介绍难题后进入澄清难题环节。这个环节以提问为中心，参与者不可以提建议或陈述个人观点，而是要用提问的方式澄清难题。提问可以帮助参与者厘清难题的背景信息，梳理难题的逻辑。相比于陈述，提问更能表达参与者的关心，有助于拉近彼此的关系。必要时可以对小组成员的提问质量进行回顾与反思，从而促进研讨质量的持续提升。

---

① 贵格会（Quakers）是基督教教派，兴起于 17 世纪的英国。

步骤三：重构难题。难题提出者看到的往往只是难题的表面而非本质。对难题进行充分澄清之后，小组可以共同研讨"真正的难题到底是什么？"这一环节是整个流程的关键步骤，可以重新定义难题。找到难题的本质是解决难题的关键。对于重构难题，小组应该达成共识。这是为了增加承诺度，把难题提出者的难题变成所有人共同面对的难题。重构难题后，难题提出者应该设定解决难题的具体目标，明确最终要达成什么结果。

步骤四：创新方案。明确目标之后，小组开始研讨实现目标的创新方案。创新方案环节包含两个子步骤：第一个子步骤是创新提问，即参与者从不同的视角提问以激发难题提出者的思路。第二个子步骤是经历分享。对于难题提出者的难题，每位参与者可能都有一些相关经历，大家分享这些经历会启发难题提出者，还能促进彼此的互助和连接。要注意的是，这里要求的是经历分享，而不是提建议。空泛地提建议很容易触发心理防御机制，破坏彼此的信任关系。

步骤五：采取行动。根据创新方案环节所启发的思路，难题提出者可以制定解决难题、实现目标的行动方案。专业行动学习催化师要确保行动方案是具体的且有效的，它们能够帮助难题提出者实现目标。此外，这个环节还有一个"个人支持"的子步骤，每个人给难题提出者提供一个个人支持。这样一来可以达到解决难题的效果，二来还能增进小组成员的情感连接。

步骤六：学习反思。参与者分享在研讨流程和难题解决过程中收获的学习反思。反思能够帮助参与者将研讨难题的收获沉淀下来，变成自己的经验和认知，促使参与者在今后的行动中做出相应的改变。最后，参与者彼此赋能，彼此进行鼓励和肯定，再一次加强彼此连接。

（二）行动学习的提问技术

行动学习十分重视提问的力量。行动学习创始人瑞文斯提出的学习等式"L=P+Q"（学习=程序性知识+洞察性提问），等式中的Q代表学习者的洞察性提问，其背后有一个假设：每个人头脑中都有一些重要的程序性知识，这些知识能帮助解决难题。然而很多知识被遗忘，人们必须提问才能把这些知识激发出来。换句话说，优质的提问能够激发人们的思路，能够帮助解决难题，也能够帮助人们学习。

行动学习指导老师和参与者都需要掌握提问的技巧，但两者的提问方式并不相同。指导老师通过提问来推动研讨流程、激发学习反思，并在必要时通过提问进行干预介入。参与者则通过提问开展研讨，通过提问激发思路。他们的提问质量直接影响整场研讨的效果。指导老师的重要任务就是帮助参与者提高提问质量。虽然从根本上提高一个人的提问能力并不容易，但是可以帮助小组成员尽量提升研讨中的提问表现水平。通过综合使用多种干预策略，指导老师可以让参与者了解什么是好的提问，什么是不好的提问，并且让小组成员对现场提问质量有觉察，从而提出更多优质问题。

行动学习经常用到 5F 提问法，5F 代表着五种类型提问：事实类（fact）、感受类（feeling）、分析类（focus）、行动类（future）、发现类（finding）。通过输入 5F 提问法，并且组织相关的提问练习，可以让参与者知道应该问哪几类问题，提高多角度提问能力。5F 提问法结合了库伯经验学习圈，并综合了问题分析解决的逻辑：①先通过事实类提问深挖具体事实，明确难题背景；②再通过感受类提问了解自己和利益相关者的感受，通过这两类提问能对问题有更加整体的了解；③接下来通过分析类提问，找出造成难题的障碍因素、根源、局限性假设和思维的盲点；④下一步通过行动类问题，找出解决难题的方案、策略和行动计划；⑤最后使用发现类提问反思收获。

五类提问的先后顺序和行动学习的六个步骤有相应的对应关系，每个研讨步骤都有不同的提问侧重点。在提出难题和澄清难题环节，可以指导参与者多问事实、感受和分析类问题，了解问题的背景，找到障碍点。进入重构难题环节，需要更多地进行分析类提问，找到难题的本质，并体现每个人的假设。在创新方案和采取行动环节，侧重于行动类提问，以找到解决方案，制订行动计划。最后，发现类提问不仅局限于学习反思环节，而且贯穿研讨始终。参与者随时都可以提出发现类问题，捕捉转瞬即逝的学习点，如"我们团队的提问质量如何？""我们团队现在的聆听状态如何？"这样的问题可以让小组成员暂时从研讨中抽离出来，产生即刻的学习反思。

特别值得说明的是，5F 提问法是基本内功。当小组成员初步掌握这套方法之后，指导老师可以观察小组成员提问能力的具体表现，对小组成员的提问进行干预。例如,当小组成员没有搞清楚事实就开始深入分析问题时,指导老师可以提醒如何问有一些事实类问题,以更好地澄清难题背景。

(三) 行动学习中的反思

1. 提高反思质量

反思是行动学习质量的重要保障,当反思的质量高时,我们能明确感受到行动学习的力量和成果,反之,则可能给我们带来无力感甚至挫败感。因此在行动学习中需要每位参与者保障反思的质量。要想提高反思质量,可以有很多种尝试,这里给出两个较为实用的方法。第一个方法是要把矛头指向自己。如果把矛头指向别人,给人的感觉会不好,带来的学习效果往往也不好。所以提问时最好用"我",或者是用"我们",虽然只有一字之差,但是其背后的含义完全不同,可以自己体会一下这里面的微妙差别。第二个方法是要浮现和校正假设。假设是我们认为正确的观点和结论,我们的一切行动都基于我们内心的某种或某几种假设。如果我们的反思只关注行为的改变,那么就只看到了问题的表面,而深层次的思维模式并没有改变。深度反思是要看到行为背后的心智模式,浮现出行为背后的假设,并校正这个假设。这样的反思不仅看到了行为层面,而是深入了一层,修正了心智模式、假设或信念,让人们从根本上发生改变。

根据以上两种方法,可以把反思的深度分为四个层级:重复(repeat)、概括(recap)、回顾(review)、反思(reflect):①重复。主要指重复描述已经发生的事实,或者重复他人说过的观点。但这算不上是真正的反思,也没有体现任何反思心智模式。②概括。开始整合加工了别人的观点,或者再加上一点评论,但并没有自己的洞见。③回顾。开始关注到自己和自身差距,并会思考在类似情况下应该如何做得更好。但思考主要在行为层面,没有浮现和校正假设。④反思。检视自己的行为,思考心智模式上存在的问题,并能校正自己的内在假设,这属于真正的深刻反思。

2. 反思的层次

(1) 个人学习的反思。参与者个人在课题研讨、个体觉察、领导力发展等方面的学习反思,内容包括:①在研讨和解决难题的过程中,你有哪些收获和反思?②针对我们的研讨工具,你有哪些学习和收获?③在刚才的研讨过程中，你的提问、聆听质量如何？④如果重新再研讨一次，你会有哪些改变？⑤针对你想发展的能力，你在刚才的研讨中表现如何？做得好的方面是什么？可以更好的方面是什么？⑥你对自己有哪些新的觉察和发现？

（2）团队学习的反思。行动学习小组在团队行为方面的学习反思。内容包括：①作为一个团队，我们在研讨中做得好的方面是什么？②我们在研讨中可以做得更好的方面是什么？③如果重新再研讨一次，我们可以做出哪些改变？④从其他人的分享中，大家可以学到什么？

（3）组织学习的反思。关于如何将学习收获应用到组织中的学习反思，内容包括：①如何将你的学习反思更好地应用到工作中？②如果将学习点迁移到工作中，你觉得马上可以采取的行动是什么？③如何在你的工作团队中践行这种提问式的研讨方式？

参考文献

[1] Ak O. A Game Scale to Evaluate Educational Computer Games[J]. Procedia-Social and Behavioral Sciences, 2012(46): 2477-2481.

[2] Anderson L W, Krathwohl D R, Airasian P W, et al. A Taxonomy for Learning, Teaching, and Assessing: A Revision of Bloom's Taxonomy of Educational Objectives[M]. New York: Longman, 2001.

[3] Anderson P H, Lawton L. Business Simulations and Cognitive Learning: Developments, Desires, and Future Directions[J]. Simulation & Gaming, 2009, 40(2): 193-216.

[4] Antin J, Churchill E F. Badges in Social Media: A Social Psychological Perspective[C]. Acm Chi Conference on Human Factors in Computing Systems, ACM, 2011.

[5] Asiri A, Greasley A, Bocij P. A Review of the Use of Business Simulation to Enhance Students' Employability [C]. 49th Summer Computer Simulation Conference, SCSC, 2017: Part of the 2017 Summer Simulation Multi-Conference, SummerSim2017-Bellevue, United States, 2017.

[6] Avramenko A. Enhancing Students' Employability Through Business Simulation[J]. Education and Training, 2012, 54(5): 355-367.

[7] Barker B. Employability Skills: Maintaining Relevance in Marketing Education[J]. The Marketing Review, 2014, 14(1): 29-48.

[8] Bedwell W L, Pavlas D, Heyne K, Lazzara E H, Salas E. Toward a Taxonomy Linking Game Attributes to Learning an Empirical Study[J]. Simulation and Gaming, 2012, 43(6): 729-760.

[9] Berntson E, Marklund S. The Relationship between Perceived Employability and Subsequent Health [J]. Work & Stress, 2007, 21(3): 279-292.

[10]Bleumers L, All A, Marin I, et al. State of Play of Digital Games for Empowerment and Inclusion: A Review of the Literature and Empirical Cases[R]. The Joint Research Centre of the European Commission, 2012.

[11]Bonnard C. What Employability for Higher Education Students?[J]. Journal of Education and Work, 2020(12): 427.

[12]Chandler G N, Hanks S H. Founder Competence, the Environment and Venture Performance[J]. Entrepreneurship Theory and Practice, 1994, 18(3): 77-89.

[13]Chandler G N, Jansen E. The Founder's Self-assessed Competence and Venture Performance[J]. Journal of Business Venturing, 1992, 7(3): 223-236.

[14]Chang J, et al. Strategic Management: An Evaluation of the Use of Three Learning Methods in China[C]. Developments in Business Simulation and Experiential Learning: Proceedings of the Annual ABSEL Conference Association for Business Simulation and Experiential Learning, 2014.

[15]Chang J, Jennings D, Chester K M T, Sun L-N. Strategic Management: An Evaluation of the Use of Three Learning Methods in China[C]. Developments in Business Simulation and Experiential Learning: Proceedings of the Annual ABSEL Conference Association for Business Simulation and Experiential Learning, 2014.

[16]Corsun D L. We Sail the Same Ship: Response to "Shuffling Deck Chairs"[J]. Journal of Hospitality & Tourism Education, 2000, 12(3): 10-12.

[17]Crookall, David, Thorngate, et al. Acting, Knowing, Learning, Simulating, Gaming[J]. Simulation & Gaming, 2009, 40(1): 8-26.

[18]Crookall D, Saunders D. Communication and Simulation: From Two Fields to One Theme[M]. Clevedon: Multilingual Matters Ltd., 1989.

[19]Deci E L, Ryan R M. The "What" and "Why" of Goal Pursuits: Human Needs and the Self-determination of Behavior[J]. Psychological Inquiry, 2000(11): 227-268.

[20]Deterding S, Dixon D, Nacke L, et al. Gamification: Using Game-Design Elements in Non-Gaming Contexts[C]. Chi 11 Extended Abstracts on

Human Factors in Computing Systems. ACM, 2011.

[21] Duffy T M, Cunningham D J. Constructivism: Implications for the Design and Delivery of Instruction[M]// Jonassen D H (Ed.). Handbook of Research for Educational Communications & Technology. London: Routledge/Taylor & Francis Group, 1996.

[22] Egenfeldt-Nielsen S. Third Generation Educational Use of Computer Games[J]. Journal of Educational Multimedia & Hypermedia, 2007, 16(3): 263-281.

[23] Eyler J, Giles D. A Practitioner's Guide to Reflection in Service Learning[M]. Nashville: Vanderbilt University, 1996: 17-19.

[24] Faria A J, Dickinson J R. Simulation Gaming for Sales Management Training[J]. Journal of Management Development, 1994, 13(1): 47-61.

[25] Faria A J, Hutchinson D, Wellington W J, et al. Developments in Business Gaming[J]. Simulation & Gaming, 2009, 40(4): 464-487.

[26] Faria A J, Wellington W J. A Survey of Simulation Game Users, Former-users, and Never-users[J]. Simulation & Gaming, 2004(35): 178-207.

[27] Faria A J. Business Simulation Games: Current Usage Levels—An Update[J]. Simulation & Gaming, 1998, 29(3): 295-308.

[28] Faria A J. The Changing Nature of Business Simulation/Gaming Research: A Brief History[J]. Simulation & Gaming, 2001, 32(1): 97-110.

[29] Feinstein A H, Mann S, Corsun D L. Charting the Experiential Territory: Clarifying Definitions and Uses of Computer Simulation, Games, and Role Play[J]. Journal of Management Development, 2002, 21(10): 732-744.

[30] Festinger L. A Theory of Social Comparison Processes[J]. Human Relations, 1954(7): 117-140.

[31] Flavell J H. Cognitive Development: Children's Knowledge about the Mind[J]. Annual Review of Psychology, 1999(50): 21-45.

[32] Freitas S D, Oliver M. How Can Exploratory Learning with Games and Simulations within the Curriculum be Most Effectively Evaluated? [J]. Computers & Education, 2006, 46(3): 249-264.

[33] Fu Y C. The Game of Life: Designing a Gamification System to

Increase Current Volunteer Participation and Retention in Volunteer - based Nonprofit Organizations[R]. Undergraduate Student Research Awards, 2. 2011.

[34] Gagne R M. Learning Outcomes and Their Effects: Useful Categories of Human Performance[J]. American Psychologist, 1984(39): 377-385.

[35] Garris R, Ahlers R, Driskell J E. Games, Motivation, and Learning: A Research and Practice Model[J]. Simulation & Gaming, 2002, 33(4): 441-467.

[36] Garris R, Ahlers R. A Game-based Training Model Development, Application, and Evaluation[R]. The Interservice/Industry Training, Simulation Education and Conference IITSEC, 2001.

[37] Geneva. Training for Employment: Social Inclusion, Productivity, and Youth Employment; Human Resources Training and Development; Vocational Guidance and Vocational Training[C]. Report V International Labour Conference (88th Session, 2000), Fifth Item on the Agenda 2000: 65.

[38] Goi C-L. The Use of Business Simulation Games in Teaching and Learning[J]. Journal of Education for Business, 2019, 94(5): 342-349.

[39] Graham R G, Gray C F. Business Games Handbook[R]. New York: American Management Association, 1969.

[40] Granzin K L, Mason M J. Motivating Participation in Exercise: Using Personal Investment Theory[J]. Advances in Consumer Research, 1999(26): 101-106.

[41] Hacker S, Von Ahn L. Matchin: Eliciting User Preferences with an Online Game[C]//Sigchi Conference on Human Factors in Computing Systems. ACM, 2009.

[42] Hallinger P, Wang R. The Evolution of Simulation-Based Learning Across the Disciplines, 1965-2018: A Science Map of the Literature [J]. Simulation & Gaming, 2020, 51(1): 9-32.

[43] Hattie J, Timperley H. The Power of Feedback [J]. Review of Educational Research, 2007, 77(1): 81-112.

[44] Hmelo-Silver C E. Problem-Based Learning: What and How Do Students Learn? [J]. Educational Psychology Review, 2004, 16(3): 235-266.

[45] Horn R E, Cleaves A. The Guide to Simulation/Games for Education

and Training[M]. Beverly Hills, CA: SAGE Publications, 1980.

[46]Hyman R T. Simulation Gaming for Values Education: The Prisoner's Dilemma[M]. New Brunswick, NJ: University Press of America, 1978.

[47]Jain S. Teaching of Simulation at Business Schools[C]. WSC '14: Proceedings of the 2014 Winter Simulation Conference, IEEE Press, 2015: 3684-3695.

[48]Jonassen D H, Hung W. All Problems are Not Equal: Implications for Problem-Based Learning[J]. Interdisciplinary Journal of Problem-based Learning, 2008, 2(2): 6-28.

[49]Jonassen D H. Instructional Design Models for Well-structured and III-structured Problem-solving Learning Outcomes[J]. Educational Technology Research & Development, 1997, 45(1): 65-94.

[50] Jonassen D H. Toward a Design Theory of Problem Solving[J]. Educational Technology Research & Development, 2000, 48(4): 63-85.

[51]King M, Newman R. Evaluating Business Simulation Software: Approach, Tools and Pedagogy[J]. On the Horizon, 2009, 17(4): 368-377.

[52]Komine A. The Making of Beveridge's Unemployment: Three Concepts Blended[J]. European Journal of the History of Economic Thought, 2004, 2(11): 255-280.

[53]Kraiger K, Ford J K, Salas E. Application of Cognitive, Skill-Based, and Affective Theories of Learning Outcomes to New Methods of Training Evaluation[J]. Journal of Applied Psychology, 1993, 78(2): 311-328.

[54]Kriz W C, Auchter E. 10 Years of Evaluation Research into Gaming Simulation for German Entrepreneurship and a New Study on Its Long-Term Effects[J]. Simulation & Gaming, 2016, 47(2): 179-205.

[55]Kriz W C, Hense J U. Theory-oriented Evaluation for the Design of and Research in Gaming and Simulation[J]. Simulation and Gaming, Simulation and Gaming, 2006, 37(2): 268-283.

[56]Kumar R, Lightner R. Games as an Interactive Classroom Technique: Perceptions of Corporate Trainers, College Instructors and Students[J]. International Journal of Teaching and Learning in Higher Education, 2007, 19(1): 53-63.

[57] Lainema T. Perspective Making: Constructivism as a Meaning-Making Structure for Simulation Gaming[J]. Simulation & Gaming, 2009, 40(1): 48-67.

[58] Landers R N. Developing a Theory of Gamified Learning: Linking Serious Games and Gamification of Learning[J]. Simulation & Gaming, 2014, 45(6): 752-768.

[59] Law B. Career – learning Space: New – dots Thinking for Careers Education [J]. British Journal of Guidance & Counselling, 1999, 27 (1): 35-54.

[60] Lazzaro N. Why We Play Games: Four Keys to More Emotion without Story[Z]. XEODesign, © Inc, March 8, 2004: 1-8.

[61] Malone T W, Lepper M R. Making Learning Fun: A Taxonomy of Intrinsic Motivations for Learning[M]//Snow R E, Farr M J (Eds.). Aptitude, Learning, and Instruction: Vol. 3. Conative and Affective Process Analyses (pp. 223-253). Hillsdale, NJ: Lawrence Erlbaum, 1987.

[62] Man T W Y, Lau T, Chan K F. Home-Grown and Abroad-Bred Entrepreneurs in China: A Study of the Influences of External Context on Entrepreneurial Competencies[J]. General Information, 2008, 16(2): 113-132.

[63] Man T W Y, Lau T, Chan K F. The Competitiveness of Small and Medium Enterprises: A Conceptualization with Focus on Entrepreneurial Competencies [J]. Journal of Business Venturing, 2002, 17(2): 123-142.

[64] Man T W Y, Lau T, Snape E. Entrepreneurial Competencies and the Performance of Small and Medium Enterprises: An Investigation Through a Framework of Competitiveness[J]. Journal of Small Business & Entrepreneurship, 2008, 21(3): 257-276.

[65] Man T W Y, Lau T. The Context of Entrepreneurship in Hong Kong: An Investigation Through the Patterns of Entrepreneurial Competencies in Contrasting Industrial Environments[J]. Journal of Small Business and Enterprise Development, 2005, 12(4): 464-481.

[66] McClelland D C, Boyatzis R E. Opportunities for Counselors from the Competency Assessment Movement[J]. The Personnel and Guidance Journal, 1980, 58(5): 368-372.

[67] McNamara D S, Jackson G T, Graesser A C. Intelligent Tutoring and

Games (ITaG)[M]. Brighton, UK: IGI Global, 2010.

[68]McQuaid R W, Lindsay C. The Concept of Employability [J]. Urban Studies, 2005, 42 (2): 197-219.

[69]Medler B, Magerko B. Analytics of Play: Using Information Visualization and Gameplay Practices for Visualizing Video Game Data[J]. Parsons Journal for Information Mapping, 2011, 3 (1): 1-12.

[70] Morris M H, Webb J W, Fu J, et al. A Competency—Based Perspective on Entrepreneurship Education: Conceptual and Empirical Insights [J]. Journal of Small Business Management, 2013, 51(3): 352-369.

[71]Mott T. The Inner Game of Tennis[J]. Journal of Nervous & Mental Disease, 1976, 162(3): 561-567.

[72] Naylor T H. Computer Simulation Experiments with Models of Economic Systems[M]. John Wiley & Sons, Inc., 1971.

[73]Norman G R, Brooks L R, Colle C, Hatala H. Relative Effectiveness of Instruction in Forward and Backward Reasoning[C]. Paper Presented at the Annual Meeting of the American Educational Research Association, San Diego, CA, 1998.

[74]Norman G R, Trott A D, Brooks L R, Smith E K. Cognitive Differences in Clinical Reasoning Related to Postgraduate Training[J]. Teach. Learn. Med., 1994 (6): 114-120.

[75]Pool L D, Sewell P. The Key to Employability: Developing a Practical Model of Graduate Employability [J]. Education & Training, 2007, 49 (4): 277-289.

[76]Przybylski A K, Rigby C S, Ryan R M. A Motivational Model of Video Game Engagement[J]. Review of General Psychology, 2010, 14 (2): 154-166.

[77]Richter G, Raban D R, Rafaeli S. Studying Gamification: The Effect of Rewards and Incentives on Motivation [M]. Berlin: Springer International Publishing, 2015.

[78]Roopashree B J. PBL: Future Challenges for Educational Practice and Research[J]. I-manager's Journal on School Educational Technology, 2014, 10 (2): 9-16.

[79]Schwarz R, et al. The Skilled Facilitator Fieldbook[M]. San Francisco:

Jossey-Bass Publishers, April 2005.

[80]Shute V J. Focus on Formative Feedback[J]. Review of Educational Research, 2008, 78(1): 153-189.

[81]Siang A C, Rao R K. Theories of Learning: A Computer Game Perspective[C]. International Symposium on Multimedia Software Engineering. IEEE, 2004.

[82]Simonin B L. Ambiguity and the Process of Knowledge Transfer in Strategic Alliances[J]. Strategic Management Journal, 1999(20): 595-612.

[83]Summers G J. Today's Business Simulation Industry[J]. Simulation & Gaming, 2004, 35(2): 208-41.

[84]Tomlinson M. The Degree is Not Enough: Students' Perceptions of the Role of Higher Education Credentials for Graduate Work and Employability[J]. British Journal of Sociology of Education, 2009, 29(1): 49-61.

[85] Vargo S L, Lusch R F. Evolving to a New Dominant Logic for Marketing [J]. Journal of Marketing, 2004, 68(1): 1-17.

[86]Vassileva J. Motivating Participation in Social Computing Applications: A User Modeling Perspective[J]. User Modeling and User-Adapted Interaction, 2012, 22 (1): 177-201.

[87]Vogel J J, Vogel D S, Cannon-Bowers J, et al. Computer Gaming and Interactive Simulations for Learning: A Meta-Analysis[J]. Journal of Educational Computing Research, 2006, 34(3): 229-243.

[88]Wilson K A, Bedwell W, Lazzara E, Conkey C. Relationships Between Game Attributes and Learning Outcomes Review and Research Proposals[J]. Simulation & Gaming, 2009, 40(2): 217-266.

[89]Wilton N. Business Graduates and Management Jobs: An Employability Match Made in Heaven? [J]. Journal of Education & Work, 2008, 21(2): 143-158.

[90]Wolfe J, Crookall D. Developing a Scientific Knowledge of Simulation/Gaming[J]. Simulation & Gaming, 1998, 29(1): 7-19.

[91] Yorke M, Knight P. Being Strategic about Employability [J]. Educational Developments, 2004, 5 (4): 6-8.

[92]埃德加·莫兰.复杂性理论与教育问题[M].陈一壮,译.北京:北京大学出版社,2004.

[93]L.W.安德森,等.学习、教学和评估的分类学:布卢姆教育目标分类学(修订版)[M].皮连生,译.上海:华东师范大学出版社,2008.

[94]蔡敏."角色扮演式教学"的原理与评价[J].教育科学,2004(6):28-31.

[95]常经营,兰伟彬.布鲁姆教育目标分类的新发展[J].南阳师范学院学报,2008,7(5):84-86.

[96]陈洪澜.论知识分类的十大方式[J].科学学研究,2007,25(1):26-31.

[97]陈威.建构主义学习理论综述[J].学术交流,2007(3):175-177.

[98]陈勇.大学生就业能力及其开发路径研究[D].杭州:浙江大学博士学位论文,2012.

[99]L.迪·芬克.创造有意义的学习经历——综合性大学课程设计原则[M].胡美馨,刘颖,译.杭州:浙江大学出版社,2006.

[100]范敏.指向教学行为转变的知识分类:一种分析框架[J].教育科学,2013(3):40-44.

[101]弗吉尼娅·比安科-马西斯,辛西娅·罗曼,莉萨·内伯斯.企业教练指南[M].徐中,胡金枫,译.北京:机械工业出版社,2015.

[102]高松,汪金爱,林小桢.行动学习:理论、实务与案例[M].北京:机械工业出版社,2015.

[103]高文,徐斌艳,吴刚.建构主义教育研究[M].北京:教育科学出版社,2008.

[104]耿冬梅,潘月杰.以就业能力为导向的《战略管理》教学新模式[J].高教论坛,2014(5):56-58.

[105]胡永青.大学生就业能力结构与社会需求的差异研究[J].国家教育行政学院学报,2014(2):84-87.

[106]蒋莹.组织知识创新中的个体元认知能力开发[J].现代商业,2007(26):156-157.

[107]卡尔·罗杰斯,杰罗姆·弗赖伯格.自由学习[M].王烨晖,译.北京:人民邮电出版社,2015.

[108]D. A. 库伯. 体验学习：让体验成为学习和发展的源泉[M]. 王灿明, 朱水萍, 译. 上海：华东师范大学出版社, 2008.

[109]李玲玲, 许洋. 靠个人还是靠学校——我国大学生就业能力结构及其培育机制再思考[J]. 教育发展研究, 2022, 42(23)：20-27.

[110]李文君. 体验式学习理论研究综述[J]. 教育观察, 2012(6)：83-89.

[111]联合国教科文组织总部中文科. 教育—财富蕴藏其中[M]. 北京：教育科学出版社, 1996.

[112]林可全. 体验式学习在企业经营模拟课程中的应用研究[J]. 大学教育, 2016(7)：164-166.

[113]刘俊, 祝智庭. 游戏化——让乐趣促进学习成为教育技术的新追求[J]. 电化教育研究, 2015, 36(10)：69-76.

[114]刘丽虹, 张积家. 动机的自我决定理论及其应用[J]. 华南师范大学学报(社会科学版), 2010(4)：53-59.

[115]罗杰·施瓦茨, 等. 专业引导技巧实践指导[J]. 王志刚, 刘滨, 译. 北京：电子工业出版社, 2021.

[116]洛林·W. 安德森, 等. 布卢姆教育目标分类学：分类学视野下的学与教及其测评[M]. 蒋小平, 张琴美, 罗晶晶, 译. 北京：外语教学与研究出版社, 2009.

[117]马奎特, 郝君帅. 行动学习实务操作——设计、实施与评估(第3版)[M]. 北京：中国人民大学出版社, 2022.

[118]盛群力, 褚献华. 布卢姆认知目标分类修订的二维框架[J]. 课程·教材·教法, 2004(9)：90-96.

[119]庞维国. 论体验式学习[J]. 全球教育展望, 2011, 40(6)：9-15.

[120]史秋衡, 文静. 中国大学生的就业能力——基于学情调查的自我评价分析[J]. 北京大学教育评论, 2012, 10(1)：48-60+188.

[121]宋国学. 基于可雇佣性视角的大学生职业能力结构及其维度研究[J]. 中国软科学, 2008(12)：129-138.

[122]Spencer L M Jr PhD, Spencer S M. 才能评鉴法：建立卓越的绩效模式[M]. 魏梅金, 译. 汕头：汕头大学出版社, 2003.

[123]唐长军. 行动学习画布[M]. 北京：电子工业出版社, 2019.

[124]王峰. 基于供需耦合的大学生就业能力结构优化及实证研究[D].

徐州：中国矿业大学博士学位论文，2018.

[125]王洪才，郑雅倩.大学生创新创业能力测量及发展特征研究[J].华中师范大学学报(人文社会科学版)，2022，61(3)：155-165.

[126]王辉，张辉华.大学生创业能力的内涵与结构[J].国家教育行政学院学报，2012(2)：81-86.

[127]王辉.创业管理：战略成长视角[M].北京：北京大学出版社，2017.

[128]王辉.创业能力与关系网络：新创企业成长绩效机制[M].北京：北京大学出版社，2015.

[129]王建安，叶德营.知识分类与知识表征——评赖尔的知识分类和围绕它的争论[J].自然辩证法通讯，2010(4)：13-18.

[130]王攀峰，张天宝.试论传统课堂教学的基本特征及其面临的困境[J].教育理论与实践，2011，31(5)：49-53.

[131]魏迎梅.严肃游戏在教育中的应用与挑战[J].电化教育研究，2011(4)：3-7.

[132]严云芬.建构主义学习理论综述[J].当代教育论坛，2005(15)：35-36.

[133]英格里德·本斯.引导：团队群策群力的实践指南[M].任伟，译.北京：电子工业出版社，2019.

[134]约翰·惠特默.高绩效教练[M].徐中，姜瑞，佛影，译.北京：机械工业出版社，2013.

[135]恽亚刚.计算机模拟技术的发展及其应用[J].造纸装备及材料，2021(12)：82-84.

[136]曾德琪.罗杰斯的人本主义教育思想探索[J].四川师范大学学报(社会科学版)，2003(1)：43-48.

[137]张连峰.商务网络信息生态链价值协同创造研究[D].长春：吉林大学博士学位论文，2016.

[138]郑磊，忻春.教练型教师：从教书育人到启智润心[M].北京：电子工业出版社，2022.

[139]郑晓明."就业能力"论[J].中国青年政治学院学报，2002，21(3)：91-92.

241

附　录

附录一　不同教学方法的调研问卷

【问卷调查说明】

本调查将需要花费约 5 分钟时间，主要想了解各位对本课程的真实感受和评价，回答结果不作为课程的评分依据。本问卷为**匿名**调查，请根据个人自身的实际情况对以下描述如实进行评价和回答。

本学期的创业管理课程主要有以下四个学习模块，本课程想了解四个模块学习效果的差异，请根据自身的实际体验，对这四个学习模块发挥的作用做客观的比较评价。

（1）理论学习：老师课堂讲授各章节知识点，同时辅以学生自主学习。

（2）案例分析：分小组进行案例分析，然后老师组织案例课堂讨论与分享。

（3）创业项目：分小组选择和策划创业项目，并运用相关理论进行分析与分享。

（4）创业模拟：组成小组进行创业经营实践模拟，并对经营结果进行讨论与分享。

【评分标准：1—非常差；9—非常好】

1. 请比较四个学习模块对"理论知识点的理解"分别发挥了怎样的作用。

2. 请比较四个学习模块对"理论知识点的运用"分别发挥了怎样的

作用。

3. 请比较四个学习模块对"自己知识的个性化构建"分别发挥了怎样的作用。

4. 请比较四个学习模块对"自主学习能力的提升"分别发挥了怎样的作用。

5. 请比较四个学习模块对"沟通与合作能力的提升"分别发挥了怎样的作用。

6. 请比较四个学习模块对"实践能力的提升"分别发挥了怎样的作用。

7. 请比较四个学习模块对"问题分析与解决能力的提升"分别发挥了怎样的作用。

8. 请问四个学习模块对"创业决策综合能力的提升"分别发挥了怎样的作用。

9. 请比较你对四个学习模块的"学习兴趣"分别有多高。

10. 请比较你认为四个学习模块的"学习难度"分别有多高。

11. 请比较你在四个学习模块上"学习时间投入"了多少。

12. 请比较你对四个学习模块的"学习方式与过程"的满意度。

13. 请比较你对四个学习模块对"理论知识学习"的满意度。

14. 请比较你对四个学习模块对"个人能力提升"的满意度。

15. 请比较你对四个学习模块的"综合满意度"。

16. 你的专业是_____。

17. 你的性别是_____。

附录二　工商模拟教学问卷调查

【问卷调查说明】

本调查将需要花费 5~10 分钟时间，主要想了解各位对本模拟课程的真实感受和评价，回答结果不作为课程的评分依据。本问卷为**匿名**调查，请根据个人自身的实际情况，对以下描述如实进行评价和回答。非常感谢参与此次调查，我们也非常乐意与你分享此次调查的整体分析结果。

【评价标准：1—非常小；9—非常大】

一、模拟认知与评价

1. 请问本次模拟决策系统的复杂程度如何？
2. 你认为本模拟决策系统与真实世界的企业经营与决策相似度如何？
3. 请问本次模拟经营决策的分析工作量怎么样？
4. 请问本次模拟决策对你的挑战性如何？
5. 本次课程需要投入的时间多不多？
6. 为了本课程学习，你课后是否还需要投入时间？
   □是　　　□否
7. 为学习本课程，你课后所投入时间主要做什么？（可多选）
   □登录系统做决策　□查阅决策指南　□学习相关专业知识
   □分析决策数据　　□与同学讨论决策
8. 课后投入的时间大概是多少？
   □0~1 小时　□1~2 小时　□2~3 小时　□3 小时以上
9. 请问你认为本模拟课程具有什么优势？（可多选，最多选 5 项）
   □具有挑战性　□具有趣味性　□具有竞争性　□决策结果及时反馈　□灵活运用所学知识　□互动式学习　□上课氛围很自由
   □团队合作相互学习　□学习没有压力　□可以自己主导学习
   □课后作业少　□不需要死记硬背　□没有期末闭卷考试　□其他

优势(请说明)＿＿＿＿＿＿＿＿＿＿＿＿＿＿＿＿＿＿

10. 请问你认为本模拟课程具有什么不足？(可多选，最多选5项)
□决策系统太复杂　□分析决策工作量大　□决策过程太枯燥　□决策时间紧迫　□学习目标不清晰　□学习没有人监督　□课后任务太多　□团队成员贡献不均衡　□学习没人激励　□课堂讲解时间少　□缺少详细的指导　□其他(请说明)＿＿＿＿＿＿＿＿

二、知识学习效果

11. 本次模拟中，哪些方面知识对做出正确决策最重要？(可多选，最多5项)
□战略管理　□市场营销　□财务管理　□会计与报表分析　□生产运营管理　□人力资源　□技术研发　□市场竞争　□成本管理　□国际经营与投资　□金融投资　□经济学　□其他知识(请补充)＿＿＿＿＿＿＿＿＿

12. 在本次模拟中，你对"企业战略管理"知识的学习与理解程度如何？
13. 在本次模拟中，你对"市场竞争策略"知识的学习与理解程度如何？
14. 在本次模拟中，你对"市场营销"知识的学习与理解程度如何？
15. 在本次模拟中，你对"财务与会计"知识的学习与理解程度如何？
16. 在本次模拟中，你对"技术研发"知识的学习与理解程度如何？
17. 在本次模拟中，你对"人力资源管理"知识的学习与理解程度如何？
18. 在本次模拟中，你对"生产运营管理"知识的学习与理解程度如何？
19. 在本次模拟中，你对"国际经营与投资"知识的学习与理解程度如何？
20. 在本次模拟中，你对不同学科知识的综合理解与应用程度如何？

三、个人能力与技能训练效果

21. 本次模拟决策训练，你认为主要对哪些方面的能力或技能进行了有效训练？(可多选，最多5项)
□沟通与合作能力　□数据分析与判断能力　□市场前景分析与判断　□竞争对手分析与判断　□战略规划能力　□市场营销决策　□财务管理决策　□生产运营决策　□人力资源与研发决策　□问题分析与判断　□其他能力或技能(请补充)＿＿＿＿＿＿＿＿＿

22. 通过模拟决策训练，你的"沟通与合作能力"有怎样的改变？

23. 通过模拟决策训练，你的"问题分析与判断能力"有怎样的改变？

24. 通过模拟决策训练，你的"市场前景分析判断能力"有怎样的改变？

25. 通过模拟决策训练，你的"竞争对手分析判断能力"有怎样的改变？

26. 通过模拟决策训练，你的"市场营销决策能力"有怎样的改变？

27. 通过模拟决策训练，你的"财务管理决策能力"有怎样的改变？

28. 通过模拟决策训练，你的"生产运营决策能力"有怎样的改变？

29. 通过模拟决策训练，你的"人力资源管理"有怎样的改变？

30. 通过模拟决策训练，你的"产品研发决策能力"有怎样的改变？

31. 通过模拟决策训练，你的"公司战略规划能力"有怎样的改变？

32. 通过模拟决策训练，你的"决策数据处理与分析能力"有怎样的改变？

四、团队能力与技能

33. 在模拟决策过程中，你们团队内部成员的沟通效率有怎样的变化？

34. 在模拟决策过程中，你们团队的分工与合作效果有怎样的变化？

35. 在模拟决策过程中，你们团队内部在决策方案的分歧与辩论上的激烈程度如何？

36. 在模拟决策过程中，你们团队的决策效率有怎样的变化？

37. 你们团队在决策效率与效果的提升空间还有多大？

五、绩效评价

38. 本次模拟决策学习与训练过程的趣味性如何？

39. 你对本次模拟决策学习与训练的胜任状况如何？

40. 对本次模拟决策学习与训练的方式与过程，你的满意程度如何？

41. 对本次模拟决策学习与训练的结果，你的满意程度如何？

42. 你未来参与此类模拟决策学习与训练的兴趣有多大？

个人信息

43. 你的性别：_____

44. 你的专业：_____

45. 你的年级：_____